|读国学·诵经典|

道德经 全解

韩非 编著

中国华侨出版社

图书在版编目（CIP）数据

道德经全解 / 韩非编著． — 北京：中国华侨出版社，2015.7（2021.2重印）

ISBN 978-7-5113-5568-3

Ⅰ．①道… Ⅱ．①韩… Ⅲ．①道家②《道德经》—研究 Ⅳ．①B223.15

中国版本图书馆 CIP 数据核字（2015）第 165978 号

● 道德经全解

编　　著	/	韩　非
责任编辑	/	文　喆
责任校对	/	王京燕
装帧设计	/	环球互动
经　　销	/	新华书店
开　　本	/	730 毫米×1030 毫米　1/16　印张 /20.5　字数 /335 千字
印　　刷	/	三河市嵩川印刷有限公司
版　　次	/	2016年3月第1版　2021年2月第2次印刷
书　　号	/	ISBN 978-7-5113-5568-3
定　　价	/	58.00 元

中国华侨出版社　北京市朝阳区静安里26号通成达大厦3层　邮编：100028
法律顾问：陈鹰律师事务所　　编辑部：（010）64443056　　64443979
发行部：（010）64443051　　传　真：（010）64439708
网　　址：www.oveaschin.com　　E-mail：oveaschin@sina.com

前　言

　　《道德经》是中国最经典的名著之一，也是中国最具智慧的书籍之一。它是春秋之时老子的著作，书中提出了"道"的概念，用以代表宇宙的本源和宇宙之间的普遍规律。"道"独立而不改，并行而不殆，是一切事物和行动都应遵守的准则。也正是因为如此，饱含治世、处世良策的《道德经》历来被人们视为智慧宝典，在各朝各代备受推崇。

　　《道德经》文约义丰，博大精深，涉及经济、教育、军事、美学、历史等方方面面。它是一部体系完备、逻辑严密的伟大哲学专著，全文八十一章，看似相互独立，其实一脉相承，结构严谨。人们通常将前三十七章称为"道经"，论述老子对"道"的理解，后四十四章为"德经"论述老子的道德观、历史观。书中老子通过朴素的辩证法观点，认识到世间万物都处在不断地变化和循环之中，提出了"有无相生"、"祸福相依"、"以无为而为"、"以不争而争"等众多极具智慧的观点。

　　历史上有无数文人、学者对《道德经》进行研究、解读。人们从不同的角度来解读这本智慧的奇迹。有人认为此书是一部养生学著作，有人认为此书是一部哲学著作，有人认为是一部政治学著作，有人认为是一部兵法，有人认为是一部科学论述，等等，众说纷纭。这些解读有合理的一面，同时也存在片面的一面。"道"是"众眇之门"，同时也衍化到世间的方方面面。学者可以从中学到安身立命的法则，统治者可学到治世救国的良策，领兵者可以悟出用兵克敌之谋，道士等还可以悟出道家养气之术，可谓仁者见仁，智者见智，天地万物皆包含在一书之中。

如今，距离老子生活的春秋时代已经过去了两千多年，但《道德经》所散发出来的智慧馨香并未稀疏半分，人们依然能够从中获得无限的启发。"无为而治"的思想和现代社会所提倡的减少人治，实施法治息息相关；"损有余，而补不足"最早将割裂社会的贫富分化提到人们面前；"圣人无心，以百姓心为心"鲜明地提出了以民为本的观点，是后世统治者维持统治的圣律；"富贵而骄，自遗其咎"则是对骄奢富人的严正警告；"曲则全，枉则直"则为人们处理问题提供了新的思维方式……

除了在国内具有崇高的地位，《道德经》的影响还涉及到了整个世界。国外的哲学家和学者们从19世纪初就开始了对《道德经》的研究，到20世纪的四五十年代，有六十多种《道德经》译本在欧洲流传。那些最著名的哲学家如黑格尔、尼采、叔本华等对《道德经》都有深入的研究，并有专著或专论留下。黑格尔的辩证法、叔本华的唯意志主义哲学和悲观主义、莱布尼兹的"二进制"、物理学的"宇宙大爆炸"理论中无不可以寻找到《道德经》的痕迹。

本书通过采集先哲今贤研究的精华，对《道德经》这本名著进行了解读，并列举了一些相关的历史典故来验证老子言论的正确性和前瞻性。书中注解详细，译文通俗易懂，即使初次阅读的读者也能很容易体悟简短文字中所蕴含的博大智慧。由于《道德经》解读历来丰富多元，各家自成一言，难以面面俱到，本书尽量采取与现实生活相接近的观点，以使该书能最大程度地裨益读者。

目 录

第一章　大道无常 …………………………………… 1
第二章　辩证的道 …………………………………… 5
第三章　无欲则刚 …………………………………… 9
第四章　和光同尘 …………………………………… 14
第五章　以道治民 …………………………………… 18
第六章　回归自然 …………………………………… 22
第七章　大道无私 …………………………………… 26
第八章　上善若水 …………………………………… 30
第九章　适可而止 …………………………………… 34
第十章　玄　　德 …………………………………… 38
第十一章　有无之用 ………………………………… 42
第十二章　远声色 …………………………………… 46
第十三章　宠辱若惊 ………………………………… 50
第十四章　掌握规律 ………………………………… 54
第十五章　圣人之容 ………………………………… 58
第十六章　静以观道 ………………………………… 63
第十七章　我自然 …………………………………… 67
第十八章　仁义之伪 ………………………………… 70
第十九章　绝圣弃智 ………………………………… 74

第二十章	保持独立	78
第二十一章	唯道为德	83
第二十二章	以曲求全	86
第二十三章	希言自然	90
第二十四章	不矜不伐	93
第二十五章	法自然	97
第二十六章	戒轻躁	101
第二十七章	善为不为	105
第二十八章	大制不割	110
第二十九章	不为不执	115
第 三 十 章	恃强取祸	120
第三十一章	兵者，不祥之器也	125
第三十二章	始制有名	130
第三十三章	知人者智	134
第三十四章	不自为大	138
第三十五章	道用无穷	142
第三十六章	柔弱胜刚强	146
第三十七章	不欲以静	149
第三十八章	上德不德	153
第三十九章	得一而不穷	158
第 四 十 章	反者道之动	163
第四十一章	道隐无名	167
第四十二章	强梁者不得其死	171
第四十三章	无有入无间	176
第四十四章	知足不辱	181
第四十五章	大成若缺	184
第四十六章	知足常足	187
第四十七章	执道知天下	191

第四十八章	无为无不为	196
第四十九章	圣人常无心	200
第五十章	摄生之道	204
第五十一章	尊道贵德	208
第五十二章	知其子，守其母	211
第五十三章	贼民者盗	215
第五十四章	观天下	218
第五十五章	物壮则老	222
第五十六章	知者不言	226
第五十七章	以无事取天下	230
第五十八章	福祸相依	234
第五十九章	俭以养德	238
第六十章	治大国若烹小鲜	242
第六十一章	大邦者下流	245
第六十二章	道者，人之宝	248
第六十三章	大小多少	251
第六十四章	善始慎终	255
第六十五章	去巧智	259
第六十六章	甘为民下	262
第六十七章	圣人"三宝"	265
第六十八章	不争之德	269
第六十九章	哀兵必胜	272
第七十章	大道谁知	276
第七十一章	圣人不病	279
第七十二章	民不畏威	283
第七十三章	天网恢恢	287
第七十四章	民不畏死	291
第七十五章	民穷在于官富	294

第七十六章	柔取生，强取亡	298
第七十七章	损有余而补不足	301
第七十八章	正言若反	304
第七十九章	天道无亲，常与善人	307
第 八十 章	小国寡民	310
第八十一章	为而不争	314

第一章
大道无常

作为《道德经》的开篇,只有正确理解了本章的玄妙哲理才能认识和把握老子的思想体系。在这里老子破天荒地提出了"道"这个概念,作为其哲学思想体系的核心。"道"的涵义博大精深,人们可从历史的角度来认识,也可从文学的方面去理解,还可从美学原理去探求,更应从哲学体系的辩证法去思维……

原　文

道可道也①,非恒道也。名可名也②,非恒名也。无,名万物之始也;有,名万物之母③也。故恒无欲也,以观其眇④;恒有欲也,以观其所徼⑤。两者同出,异名同谓。玄之又玄,众眇之门⑦。

注　释

①道可道也:第一个"道"是名词,指的是客观规律、真理原则等。第二个"道"是动词,作解说、表述讲。

②名可名也:第一个"名"是名词,指"道"的形态。第二个"名"是动词,作说明、解释讲。

③母:本源,根源。

④眇(miǎo):通妙,微妙。

⑤徼(jiào):边际、边界,引申为端倪。

⑥众眇之门:世间一切奥妙变化的总门径,宇宙万物的唯一本源。

译文

"道"可以用语言来表述，但不是通常所说的道；"名"可以用文辞来命名，但不是平常所起的名。用"无"来表述天地万物形成初始的状况；而用"有"来描述宇宙万物产生的本源。因此，要常从"无"中去领悟"道"的奥妙；要常从"有"中去体会"道"的端倪。"无"和"有"这两者，本源相同，只是指称各异。"道"就是如此的玄妙而深奥，它是洞悉天地万物之奥妙的总门径。

经典解读

在这一章里，老子重点介绍了他的哲学范畴——"道"。道到底是什么，其属性是唯物的还是唯心的？古今中外学者对其争论不休，意见纷呈。有人说老子讲的道是基于世间万物运行之理而提出，是以物为基础的唯物主义；有人则说老子的道是虚无缥缈，脱离现实的唯心主义，是他所认为存在于物质之上的超越万物的本源。与老子年代相距不远的韩非子在《解老》中这样说："道者，万物之所然也。万理之所稽也。理者成物之文也。道者万物之所以成也。故曰道，理之者也。"他将道与物区分为两种不同的存在，即"道者，万物之所然也。"同时，万物还须遵循道，这是"之所然"的含义，这表明了道的二元属性，它不是像宗教哲学和唯心主义、唯物主义哲学那样以一种存在掩盖另一种存在，也不是将两种存在的关系颠倒或模糊，而是清清楚楚地说明两种存在，一种是物，另一种是道，道是物质与精神的结合，它是一种超越普通存在的存在。

可以说这种说法与《易经》的"一阴一阳谓之道"相合。在《易经》之中，阴阳既是构成天地间万物的本源，又是世间万物运行的终极规律。阴阳交合而生万物，万物的生老病死、兴衰存亡又无不遵循着阴阳消长的大道。

《淮南子》中说："……道之可以弱，可以强；可以柔，可以刚；可以阴，可以阳；可以窈，可以明；可以包裹天地，可以应待无方……""夫道者，覆天载地，廓四方，柝八极，高不可际，深不可测，包裹天地，禀授无形。……山以之高，渊以之深，兽以之走，鸟以之飞，日月以之明，星历以之行，麟以之游，凤以之翔。"更是明确地提出了道为万物之本，道为万事之律，它变化无穷，无所不在。

老子的"道"是两千年来中国传统哲学、传统文化的重要源泉。

当今社会，有很多人习惯了大都市的生活，灯火酒绿，车水马龙，山珍海味，歌舞嘈杂，然而在这繁华与光彩之下，难以掩饰的是人类心灵上巨大的空虚，和精神上的压抑与窘迫。那种出于生物本性的对于天地自然、万物规律的思考从来就没有停止过。弗洛伊德的"快乐原则"说就论述了文明给人类带来物质利益的同时，也给人类的精神带来了极为沉重的压抑，这是文明之一大缺憾。面对这些压力和精神、心灵上的迷茫，更多的人开始研究博大宏深的中国传统文化，《道德经》便是其中最重要的智慧源泉之一。人们相信老子所言的"道"，能指引迷茫的人找到归途，能引导狂躁的心灵恢复平静，能让失落的人重新燃起希望。

那么，在现实生活中我们应当如何理解道，如何遵从道？首先，我们应当敬畏道，敬畏遵从道而运作的大自然，敬畏天地间合理存在的万物，静心体会那些不可言说的宇宙奥妙，用心灵去感受世间一切；其次，我们要在纷呈的生活中寻找到自己应当坚守的一些道，不因为恶劣的环境而放弃自己的立场，做到仰俯天地之间而无愧；再次，我们坚守道的同时还应认识到道并非一成不变的，它随着时间、随着外部环境的改变随时也发生着微妙的变化，我们在生活中应当顺应道的变化而调整自己的立场与观点，与时俱进，顺应世界潮流的发展，调整自己的心态和行为，跟上周围环境的变化，不使自己成为"落伍者"。

哲理引申

物生道，还是道生物，这个问题又回到唯物与唯心的争论之上，很难说得明白。但世间万物并非混乱无章的，它们都遵从着一定的规律，这是肯定的。所以说：万物皆有其道，天地有道，故能长存；日月有道，故能常升；君子有道，故能周行天下而不困。

对于生活在现代社会中的我们来说，生活的方方面面都是"有道"的。从生老病死到衣食住行无不遵守着各种规律，道德法律、规章制度乃至人内心的各种原则、底线都规定了我们如何行事，如何做人。人类在长期的文明积淀之中总结、创造出了这些"人生之道"，也必须时时刻刻遵循着它们，没有这些社会就会变得混乱，组织就会陷入瘫痪，个人也会迷失、不知所从。古今中外的圣哲贤人们提出了很多治国之道、齐家之道、修身之道，指导着人类在茫茫历史之中不断前进。

春秋时楚国的令尹子文就是一个在行动中坚持大道的人。他家中有个触犯法律的人，廷理把他抓了起来，但听说是令尹的家人就放了，子文找来廷理责备说："设立廷理就是要管犯王令国法的人，那些正直的人持掌法律，柔和却不屈服，刚烈却不折服，现在违背法律而把犯人放掉，这是作为法官却不公正，心中怀有私念，这不是说明我有结党的意思吗，你怎么能够违背法律呢？我掌握如此高的职位，是给官员和百姓做表率的，官员和百姓们有的人有怨言，我也不能免于法律，现在我的家人犯法，你因为我的缘故而放了他，那我的不公正在国家就彰显了。我掌握一个国家的命运却让别人听到我有私心，这就违背了我所坚持的道义，不如死了。"于是他将其家人交给廷理，说："不给他判罪，我就死。"

廷理不得已判了那个人的罪。楚王听说了，来不及穿上鞋就跑去子文家中，说："我年纪小，执法官员安排错了人，让你委屈了。"因此罢黜了廷理，而且抬高子文的地位，让他管理内政。国家的老百姓听说了之后，说："令尹这样公正，我们这些人还有什么可担忧的呢？"

行为源于意识，意识源于信仰。你心中坚守什么样的大道，决定了你将会做什么样的事情，也决定了你将会成为一个什么样的人。正确的"道"铸就伟大的人格，错误的"道"则导致错误的人生追求。信仰和坚持中华古今美德，吸取中华民族各个时期的伟大智慧成果，战胜偏执和无知，为实现"中国梦"而不断奋斗，这也许是《道德经》能提供给我们最重要的启示了。

第二章
辩证的道

老子通过美与恶、有与无、难与易、高与下、长与短等事物表象的相互对立、相互依存关系，说明世间万物相互联系、相互统一的规律，确立了对立统一的永恒普遍法则。然后，在这种辩证观点的基础之上，又提出了圣人处世、治世的无为之道。

原　文

天下皆知美之为美，恶已①；皆知善，斯不善矣。有无之相生②也，难易之相成③也，长短之相刑④也，高下之相盈⑤也，音声之相和也，先后之相随，恒也。是以圣人居无为之事⑥，行不言之教⑦，万物作而弗始⑧也，为而弗志也⑨，成功而弗居也。夫唯弗居，是以弗去。

注　释

①已：通"矣"。

②相生：相互生成转化。

③相成：相互形成、显现。

④相刑：刑，通"形"，在对照中显现出来。

⑤相盈：相互依存。

⑥居无为之事：对人们不强加干涉管束，任其自然行事。

⑦行不言之教：用无言的方式进行教化，没有刑罚等强制的手段。

⑧万物作而弗始：任万物自然兴起而不妄为其创始。

⑨为而弗志也：有所作为，却没有私人倾向，即顺道而为。

译　文

　　天下人都知道以美为美，那么丑就存在了。都知道以善为善，那么不善就存在了。有和无是相互生成的，难和易是相互显现的，长和短是相互对照出来的，高和下是相互依存的，音与声相互谐和，前和后相互接随，这些都是永恒不变的真理。因此圣人对于人民无为而治，用无言的方式施行教化，听任万物自然兴起而不妄为创始，顺道有为，不加私人倾向，功成之后而不自居。正因为不居功，所以功绩才不会失去。

经典解读

　　老子对美恶、善不善、有无、难易、长短、高下、音声、先后等的论述，是中国哲学史上最早系统而深刻地揭露事物之间对立统一规律的文辞，这也是老子哲学思想中最重要的一部分。老子以矛盾法则为基础，深刻地指出了，世间万物的发展变化都是在矛盾对立的状态中产生的。对立着的双方互相依存、互相联结、互相转化。这种相互之间的变化是自然万物的根本性质。

　　本章，老子首先提出一种对立统一的世界观，然后在其基础之上探索"圣人"治国处事的方式，即"居无为之事，行不言之教"。通过顺应天地大道，世间最根本的那些自然规律而达到一种内与外，大与小，个人与集体的和谐。很多朝代，尤其是战乱刚刚结束之后，社会复苏的时候，老子的思想对于治国、治家来说就极为重要。比如汉初实行黄老思想，提倡无为而治，使国家在秦末的战乱废墟上逐渐恢复过来，实现了著名的文景之治。

　　需要指出的是，老子提出的无为而治的方法论并非是毫无作为，相反它是大有作为，在遵守事物客观规律的基础上，在掌握主次矛盾的基础上的作为。无为是指不违反世间大道，不肆意妄为，不对事物的正常发展横加干涉。比之于汉初，就可见无为而治并非不治，有国，有吏，有法，但国策宽松，法律温和，官吏治民能顺应民意，劳役税收皆能体谅民力，合符节气，故能"无为为之而合于道，无为言之而通乎德"（《淮南子·原道训》）。

　　老子所提出的一系列辩证统一的对立面在人类社会生活中亦随处可见，善恶、是非、强弱、祸福等，都蕴含着丰富的哲学思想，人生真谛。在生活中只有知道这些，才能从黑暗中发现光明，从困境中找到希望，茫茫乱世中坚守一方清净；只有了解这些，才能做到不断进取，居安思危，正确地思考所遇到事情的是非善恶；只有清晰地认识到这些才能透过事物的表象，去观察它们的本质，寻找隐藏在表象内部的真实，才能站在更高的角度去纵观万物。

哲理引申

"道"贯穿于天地万物之间，盛衰存亡，生死病老无不依道而行。春耕夏锄，秋收冬藏，是农民种地应该遵从的规律，晚种或是早收都必将违反植物生长之道，使生产受损。"揠苗助长"便是最好的例子，将麦苗硬生生地拔出来，不仅不会让它生长更快，还会导致枯萎。小到教育儿童，大到国家的治理，社会的改革无不如此。

秦朝末年各路诸侯相互征战，中华大地一片荒芜，刘邦击败项羽称帝后又先后进行多次剿灭异姓诸侯王的战争，最后虽然统一天下，但到处都是流离失所的民众，到处都是一片颓废景象。又经诸吕之乱，到汉文帝刘恒登基时，国库空虚，民力凋零，社会陷入了停滞之中。

汉文帝清晰地看到了国家、社会破败萧条的状态。他并没有立刻采取严厉的法治政策，而是采用了无为而治的方针。首先，实行轻徭薄赋，减轻人民负担。进一步降低田租的税率，按"三十税一"征税。这是中国封建社会田赋税率最低的时期，而且以后长期未变。其次，鼓励生产、发展经济，增加政府财政收入。劝课农桑，鼓励人民开荒，开放山川泽林，任人们进入开垦。再次，提倡节俭，禁止浪费。汉文帝在位期间，宫室苑囿，车骑服御，都无增加。他曾经想做一个露台，预算报上来，需要百金，他便放弃了这一想法。他说："百金相当中产人家十家的财产总和了，我继承先帝的宫室，还常觉得羞耻，怎么能花百金建露台。"为了减免人民税赋，他还减少自己的开支，裁减侍卫人马。最后，实行集权与分权相结合的管理体制，在国体上实行了郡国并行制。允许地方因地制宜地实行一些惠民政策，如齐国工商业发达，又有渔盐之利，便不征农业税。吴国则有铜山、海盐能获巨利，故无赋税。

汉景帝时继承了文帝的治国思想，他重用晁错，提高粮食价格，促进农民生产的积极性。汉景帝还下诏不接受地方贡献的锦绣等奢侈物品，并禁止地方官员购买黄金珠玉，否则以盗窃论罪。

文景二帝还抑制豪强，废除严厉的刑罚，实施更加人性化的法律制度。经过两代的休养生息，使当时社会经济获得显著的发展，封建统治秩序也日臻巩固，西汉初年，大侯封国不过万家，小的五六百户；到了文景之世，流民还归田园，户口迅速繁息。列侯封国大者至三四万户，小的也户口倍增，而且比过去富实得多。农业的发展使粮价大大降低。文帝初年，粟每石十余钱至数十钱。据《汉书·食货志》记载，汉初至武帝即位的七十年间，由于国内政治安定，只要不遇水旱之灾，百姓总是人给家足，郡国的仓廪堆满了粮食。大仓里的粮食由于陈陈相因，致腐烂而不可食，政府的粮仓有余财，京师的钱财有千百万，连串钱的绳子都朽断了。

第三章
无欲则刚

在春秋时代的大动乱、大变革中老子深刻地认识到,盲目尚贤的危害,他主张"不尚贤"、"使民无知、无欲",他设想要人们回到一种无矛盾的"无为"境界。

原 文

不上贤①,使民不争;不贵难得之货②,使民不为盗;不见可欲③,使民不乱。是以圣人之治也,虚其心④,实其腹,弱其志,强其骨,恒使民无知、无欲也。使夫知不敢⑤。弗为⑥而已,则无不治矣。

注 释

①上贤:上,同"尚";崇尚贤者。
②难得之货:稀缺难得的财物。
③不见可欲:见(xiàn),通"现",显露。不炫耀引起人们欲望的事物。
④虚其心:使人们心里空虚,无思无欲。
⑤使夫知不敢:使那些有才的智者也不敢妄为。
⑥弗为:同"无为"。

译 文

不崇尚有才的贤者,避免人民相互争名夺利;不珍重稀缺难得的财货,避免人民前去偷盗;不炫耀引起欲望的事物,避免民心迷乱。因此,圣人治民的原则是:空虚百姓心机,充实百姓肚子,削弱百姓野心,强壮百姓身体,使百姓没有智巧、没有欲望。使那些有才的智者也不敢肆意妄为。只需按照"无为"的原则去治理天下，那么，天下就可以得到治理了。

经典解读

上一章，老子提出了无为而治的思想，这里又继续深化，指出如何才能达到无为而治："虚其心，实其腹，弱其志，强其骨，恒使民无知、无欲也。"有人认为这是老子平均思想的体现，但也有人认为这是老子"愚民"的思想。我们在研究时依然应该用到辩证法的思想，既要看到它的局限性，也要联系老子所处的时代特征、这一思想提出的背景，看到它的进步意义。

春秋战国之世，诸侯纷争，国家兼并，百姓生灵涂炭者不计其数。各大国为了相互争霸，变法制、扩兵备、访贤才。尊贤尚才成为一时风气，许多学者也纷纷提出尚贤、尚才的主张。然而，当时很多所谓的贤才并非真正的治世之才，他们投靠一些野心家，争权夺位、抢占钱财、大国争霸、小国兴兵、士人奔走游说、挑动干戈，使天下更加混乱、道德更加颓废。于是老子才提出了"不尚贤"的主张。

这和其他学派的学者观点截然不同。孔子的学说极力崇尚贤者，教导弟子们要做"君子儒"，要"里仁为美"，之后的孟子、荀子等无不提倡尚贤，要求"居必择乡，游必就士"。墨家更是将"尚贤"作为理想，希望把贤人政治推广到全国，让贤能之人做上级正首，做下级的楷模，从而达到社会稳步发展的目的。法家虽然韩非说过"贤智不足慕"的话，但其思想、政策还是重视贤人的，李斯的《谏逐客书》更是明确地喊出了贤才对于国家的重要。

对于我们现代人来说，无知无欲是很难接受的，信息的专制、消息的封锁都是一种退步的表现。但在两千年前，战火频仍、民不聊生的时代，无知无欲、与世无争的生活确是很多民众可望而不可求的梦想。《列子·黄帝》篇就提出了一个理想中的华胥氏之国："华胥氏之国在弇州之西，台州之北，不知距齐国几千万里；盖非舟车足力之所及，神游而已。其国无帅长，自然而已。其民无嗜欲，自然而已。不知乐生，不知恶死，故无夭殇；不知亲己，不知疏物，故无爱憎；不知背逆，不知向顺，故无利害：都无所爱惜，都无所畏忌。入水不溺，入火不热。斫挞无伤痛，指摘无痒。乘空如履实，寝虚若处床。云雾不硋其视，雷霆不乱其听，美恶不滑其心，山谷不踬其步，神行而已……"可见当时的人认为痛苦来源于"知"，若能无知，则可无夭伤、无爱憎、无畏忌。《庄子》也言:"吾生也有涯,而知也无涯。以有涯随无涯,殆已!已而为知者,殆而已矣!为善无近名,为恶无近刑,缘督以为经,可以保身,可以全生,可以养亲,可以尽年。"

老子及其思想继承者们相信,"知"是人类痛苦、厮杀之源头。"无知"使百姓们没有盗取利禄之心,没有争强好胜之志,这样做,就顺应了自然规律,就做到了无为而治。使人人都回归纯洁的、无知无欲的自然本性,以天地大道治理人事,天下自然可以得到治理了。

"不尚贤"、"使民无知、无欲"的观点虽然在当代显得过时了,但并非完全错误,正如前面所言,世间万物、天地大道都在不断地进化和发展之中,我们也不应该以固定不变的观点去解读老子的学说,而要对它进行更深的发扬和繁衍。比如"尚贤"要尚什么贤,如何尚贤,什么"欲"该有,什么"欲"该无。

很多青少年盲目追星,致使现在的新闻媒体上到处都是明星大腕的八卦新闻,很多"粉丝"、"影迷"因为追星而耽误了学业,甚至做出了很多令人难以想象的事情,这种社会上对歌星、影星的过分热捧难道不该进行深入反思吗?这样的"尚贤"是不是不如"不尚贤"呢?同样我国作为世界奢侈品消费最重要的市场,大城市的步行街上随处可见豪华的奢侈品店,很多名包、名表的价格超过普通家庭多年的收入。这种对名车、名包、名表、名手机盲目追求的欲望岂不是一种病态。此时,在一定程度上提倡老子"无欲"的思想不仅必要,而且十分迫切。

哲理引申

统治者是人民的榜样,他的所作所为都会影响到人民的处世方式。统治者如果不喜好稀缺难得的财货,不炫耀引起人民欲望的事物,人民就会安分守己,各操其业;反之,如果统治者骄奢贪婪,到处搜刮珍宝,竭尽嗜欲,其统治之下的人民也会变得心神迷乱,争财夺利。所以,历史上有道的统治者无不生活简朴,以淡泊无欲的心态治理人民;贤能的大臣,也都知道劝谏君主远离奢侈、欲望,以天下百姓为本。

奢侈、贪婪是人最大的错误之一,虽然他拥有整个天下,一旦被欲望所支配,生活奢侈起来,天下都将不堪重负,最终他将失去一切。商纣王初始继位的时候,并没有那么昏庸无道,历史上记载他是个很有才的人,思维敏捷,善于奔跑,力气大得可以徒手搏击野兽。也正是因为如此,他的父亲才将帝位传给了他，所有的人都认为，这样一个聪慧有才的君主，一定会为殷商带来复兴。然而，纣最终却成为了历史上暴君的典型，成为了殷商自己的灭亡者。

商纣王的祸患，要从一双筷子说起———双象牙做的筷子。纣王开始生活并没有那么奢侈，平时用度都遵照着先王的旧例。但一次，外邦使臣觐见，进献了一双精美的象牙筷子。纣王对这双筷子十分喜欢，每餐都要使用，还在朝堂之上拿出来给大臣们看。他的这一行为，被大臣箕子看到了，箕子立刻忧愁哀叹起来。同列的大臣不知缘故，便问箕子："您为何看到了君王的象牙筷子便哀叹呢？我们国家虽然不大，但区区一双象牙筷子有什么可值得珍惜的？"箕子感慨道："我并不是为了一双象牙筷子而心痛，我所心痛的是大王将要变坏了，这双筷子只是一个开端而已。"别人不能理解，箕子继续说道："你们没看到大王拿着筷子那副骄傲自得的样子吗？这表明他已经放弃了先王简朴的生活传统，开始走向奢侈荒淫。他得到了那样的一双筷子，自然不会把它放在土制的碗盘之上，一定要有美玉雕刻的餐具才配得上它；有了美玉雕成的餐具，难道还会装清淡平常的食物吗？一定要装着野兽的心肝、奇鸟的肉髓才可以。有了这些以后，他肯定还不会满意，一定要穿精美华贵、缠金佩玉的衣服；一定要住雕栏玉柱、重楼叠阁的宫殿……这样必然要剥掠百姓、征发他们服徭役，长久下去百姓不堪重负，就会不满，怨恨他，斥责他，他也将对不满者进行镇压，用残暴的手段对待人民。那样他就失去民心了，我们的国家也就危险了。"

箕子所说并没有引起大臣们的注意，很多人都认为他是杞人忧天，对他的忧虑一笑而过，然而，事实却证明箕子的预言果然在纣王、殷商王朝身上得到了验证。纣王的生活越来越奢侈，欲望越来越多，不断地耗费民力，满足自己的欲望。身边那些奸佞的小人，看到他如此，纷纷阿谀奉承，进献好玩、好吃的东西给他，加深他的迷乱，提出更加荒谬的建议，助长他的无道。那些忠正的大臣们再去进谏，纣王已经完全听不进去了。大臣们进谏多了，纣王便感到厌烦，于是设立了炮烙之刑，来惩罚无辜的人，于是没人再敢劝谏。纣王又建造了酒池肉林，每日和宠姬、近侍在里面饮酒作乐，对百姓的疾苦不闻不问。

几年以后，殷商的百姓要么放弃昏君，逃往国外，要么变得和纣王一样，只知道追求奢侈、享乐。天下的诸侯见到殷商无道，也逐渐生出了背叛之心。不久，西方的周武王兴师讨伐殷商，纣王众叛亲离，大军临阵反戈，他只能逃到耗费民力兴建的鹿台之上，点火自焚而死了，殷商也随之灭亡。

纣王给后世的统治者们树立了一个典型的反面教材——骄奢淫逸一定会导致亡国亡身。所以那些志在天下的人，无不告诫自己远离奢侈、坚守淡泊无欲的生活。汉高祖刘邦开始进入咸阳之时，立刻被秦宫之中的珍宝、美人所吸引，索性居住在秦宫之中，日日和美人饮酒作乐。大臣们见此，非常忧虑，于是樊哙、张良等人纷纷进谏，劝说道："秦王正是因为贪图这些宝物、每日饮酒作乐而灭亡的，大王您刚进入咸阳就如此，难道是要步暴秦的后尘吗？"刘邦并非昏庸之辈，恍然大悟，于是封藏好所有珍宝，立刻离开了秦宫。他没有看重那些"难得之货"，赢得了民心，最终取得了天下。

开创文景之治的汉文帝，也是生活简朴的典型。他身为天子，富有四海，却从来不搜求什么珍宝财货。从前那些各地照例进贡的财货，他也一一取缔。有一次，地方献给皇帝一匹千里马，汉文帝见了并没有给进献的官员奖赏，反而下了一道诏书，命令各地官吏，再也不要进献难得的货物，再也不要耗费民力搜寻什么宝物。诏书中明确告知："朕不受献也，其令四方毋复来献。"

难得之货可以满足耳目之娱乐，但对于统治者来说害处多多。首先，它们带来的奢侈、享乐会消磨一个人的志向，让人在享乐之中不断沉沦；其次，君主崇尚奢侈，会给大臣、百姓都树立负面的榜样，带坏国家的风气；再者，统治者追求难得之货，难免就要搜刮百姓，浪费民力，引起人民的不满，最终失去民心，乃至国家。所以，无论一个人拥有多少财富，处于何等地位之上，都必须提防欲望带来的灾祸，坚持简朴淡泊的生活作风。

第四章
和光同尘

"道"无形无象,它像空虚的容器一样能容纳万物,却没有边际,没有穷极。正是这虚虚实实、可大可小的"道"中蕴含着世界的创造性因素。老子指出是"道"创造了万物,是"道"支配着世间万物,做人也要像"道"一样虚怀若谷,朴实内敛,兼收并蓄。

原文

道冲[1],而用之有弗盈[2]也。渊[3]呵!似万物之宗。锉其兑[4],解其纷[5],和其光[6],同其尘[7]。湛[8]呵!似或存[9]。吾不知其谁之子,象帝之先[10]。

注释

[1]道冲:冲,通"盅",器物虚空。指"道"就像器物中间那样,是虚空无形的。

[2]用之有弗盈:有,通"又";盈:满,引申为尽。指"道"应用无穷,没有穷尽。

[3]渊:深远。

[4]锉其兑:锉,消磨;兑,通"锐",锐利、锋利。消磨它的锐气。

[5]解其纷:化解它的纷扰。

[6]和其光:调和它的光芒。

[7]同其尘:将其自己混同于尘俗。

[8]湛:幽隐难见。

⑨似或存：若无若存。
⑩象帝之先：似乎在天帝之前它就已经存在了。

译　文

"道"是空虚无形的，但其作用又无穷无尽。深远啊！它好像万物的祖先。消磨它的锐气，化解它的纷扰，调和它的光芒，将自己混同于尘俗之中。幽隐啊，似有似无的样子。我不知道它是谁的后代，似乎在天帝之前它就已经存在了。

经典解读

本章老子通过形象的比喻，把"道"呈现在人们面前。它难以名状，但囊括世间万物；它空虚无形，但永远不会枯竭。它是万物的主宰，天帝都是由其创造出来的。除了道是宇宙本源的思想外，老子还提出了自己的人生处世观点"锉其锐，解其纷，和其光，同其尘"，即虚怀若谷、收敛锋芒、顺应外部环境。

将道比喻成空虚的容器，在后面的篇章中还会出现。可以说这一比喻十分形象，是对道的神秘性、不可触摸性和无限作用的最直观譬喻。他这种超常的描述方式，给予后来道家人物自由放荡的思想和行为以先导和启迪意义。《庄子》中就经常描述一些离奇诡异的得道的人、神，或是说"存在"，来象征"道"、表现"道"。这些形象超离表象，甚至与表象截然相反。可以说道家追求的是一种内在的美，而非世人常常注重的外表。正是在这种"弃末求本"、"遗世脱俗"的思想下，产生了很多恣肆不羁的人物，尤其是在魏晋玄学发展时期，风流雅士无不"越名教而任自然"。当时名士，如竹林七贤中的嵇康、阮籍、刘伶等人皆思想放荡、性格不羁，在世俗之人眼中他们举止怪异、行为荒诞，与圣人之教格格不入，他们"非汤武而薄孔周"，唾弃世俗礼教，随性而为，将自己身心融入大自然的怀抱之中，至今还让后人津津乐道。

有人认为，嵇阮之徒行为狂荡，并非按照老子所说的"和光同尘"来处世，其实这是一种误解。老子的"锉其锐，和其光，解其纷，同其尘"和儒家所讲的中庸之道并不相同。儒家所讲中庸，是孔子针对"过犹不及"这一现象所说，后世"小人之儒"常常将其理解为甘于平庸，也是对孔子的一种误解。而老子的思想，既不同于"甘为平庸"，也不同于孔子的本意。正如《淮南子》中曾云："方不中矩，圆不副规。"挫锐解纷并不是像儒家要求的那样"割不正不食，席不正不坐"，而是要摆脱世俗的条条框框，顺道而行，随性而安，不为称贤封圣而戚戚焉，不为被世俗认可而劳神损形，不恃才傲物、锋芒毕露。嵇康、阮籍诸人正是如此，他们任性恣肆，不与世俗同流，举世誉之而不乐，举世非之而不惭。

老子不是告诉人们做缩头乌龟，而是告诉人们万物皆依道而行，圣贤不值得仰慕，光芒不值得炫耀，要收敛含蓄，谦虚圆润，不管有多大才能不可唯我独尊。

哲理引申

道冲，故而能用之而不盈，它广阔无边，故能囊括万物，无所不包。人也是如此，只有心胸广阔才能容人之所不能容，怀天下万事，成不世之功。古代那些著名的君主，都是极具气度之人，他们能允许别人指责自己的缺点，能包容别人的不足，能对有很大缺陷的人量才而用；相反也有一些人求全责备，严于律人，宽于律己，别人有一点缺陷就受不了，自己的缺陷有人指出时就愤恨不已，这样的人，没有人能接近他们，他们有了缺点也没人敢于当面进谏，最后，他们只能在激烈的竞争中败下阵来，成为笑柄。

东汉末期，天下大乱，诸侯纷争，经过一轮轮惨烈的决战，北方地区最重要的两个势力就是曹操和袁绍了，一场决定天下命运的对决随时展开。当时袁绍势力占据绝对优势，他手下有冀、幽、青、并四州，军士百万、战将如云、谋士如荼。反观曹操，刚刚平定中原，周围又有张绣、刘备、刘表等对立势力，可谓势孤力疲，四面受敌。

建安四年（199年）六月，袁绍挑选精兵十万，战马万匹，企图南下进攻许都。消息传到许都，曹操部将也大多认为袁军强大不可敌。但曹操却根据他对袁绍的了解，认为袁绍志大才疏，胆略不足，刻薄寡恩，刚愎自用，兵多而指挥不明，将骄而政令不一，于是决定和袁绍进行大决战。曹操得到了一些重要谋士的支持，如郭嘉、荀彧，他们都提出了一些曹操必胜、袁绍必败的论据，其中重要的一点就是"度"。荀彧说："绍貌外宽而内忌，任人而疑其心，公明达不拘，唯才所宜，此度胜也。"郭嘉说："绍外宽内忌，用人而疑之，所任唯亲戚子弟，公外易简而内机明，用人无疑，唯才所宜，不间远近……"

曹操气度之广最突出的事例就是对待张绣。197年，张绣投降了曹操。但曹操进了宛城后，却纳了张绣的寡婶邹氏。张绣觉得受了奇耻大辱，与贾诩商议反曹。在夜间突袭曹营，曹操的大儿子曹昂、侄子曹安民、爱将典韦等人都被张绣的军队杀死。按理说杀子、杀侄之仇深似海，可是曹操从大局出发，不仅没有继续报仇，反而对张绣分外亲热。张绣在贾诩的劝告下投降了曹操，二人见面时曹操像遇到久别重逢的老朋友一样，拉着张绣的手摇了又摇，用丰盛的宴席招待张绣，封张绣做扬武将军，还让儿子曹均娶了张绣的女儿。

反观袁绍，虽然也是一时枭雄但和曹操比起来肚量就差得远了。他准备出兵时，手下谋士田丰持反对意见，又言辞激烈。袁绍听了十分愤怒，立刻下令将田丰捉了起来。后来，他出战果然不顺。有人对田丰说："您一定会受到重用。"田丰说："袁公表面宽厚但内心猜忌，容不得人。如果他得胜，一高兴，或许能赦免我；打了败仗，心中怨恨，内心的猜忌就会发作。我不指望活命了。"袁绍回来后，说："我没有采纳田丰的意见，果然被他耻笑。"与田丰不和的逢纪乘机进谗言："田丰听说将军败退，拍手大笑，正为他预言正确而欢喜呢！"于是袁绍杀了田丰。

许攸也是袁绍的重要谋士，为袁绍出了很多谋略，但大多不被采用。曹操及袁绍始交战时，许攸就建议袁绍偷袭许昌，这本是一条很好的计谋，袁绍却不愿冒险而不采纳。恰好此时许攸家里有人犯法，袁绍疑心许攸出谋划策都是怀有私心的，甚至怀疑他暗中勾通曹操。许攸一怒之下，投奔了曹操，向曹操进献了袭击乌巢的计谋，从而使大战形势一下扭转。

战争结束后，曹操的军队在清理战利品时，发现了大批信件。官员抱着这些信件向曹操汇报，其中有一批信件，是京城和曹军军营中的一些人暗地里写给袁绍的。曹操接过来看了看，这些信大都是吹捧自己的敌人袁绍的，有的还表示要离开曹营投奔袁绍。

曹操的亲信都十分生气，向曹操建议说将这些书信打开，按名字将那些心怀二意者全部抓起来。但曹操微微一笑下令将这些书信全部烧掉。众人十分不解，曹操又说："不要查了。当时袁绍比我们强大那么多，连我都感到不能自保，何况大家呢？"于是，那些信全部被烧光了。过去那些暗通袁绍的人也都放了心，而且暗自惭愧，之后更加忠心于曹操了。

正是因为这样，曹操才能在群雄纷争之时崛起，统一北方，才能击败袁绍、吕布等众多对手，才能得到天下贤才的拥护。

第五章
以道治民

　　老子表达了自己无神论的思想倾向，反对将天地、"道"进行人格化的观点。他认为天地是自然的存在，无所谓仁也无所谓不仁，它对世间万物没有特定的感情，只是任其自生自灭、自由发展。同样，圣人治理天下也应如此，让百姓自劳自息，尊崇自然规则，采取无为而治的方式。太多的冗政繁令只会让人们不知所从，造成混乱。

原　文

　　天地不仁，以万物为刍狗①；圣人不仁，以百姓为刍狗。天地之间，其犹橐龠②乎？虚而不屈③，动而俞出④。多闻数穷⑤，不若守于中⑥。

注　释

　　①刍狗：古代祭祀时用草扎成的狗。祭祀完毕，就把它扔掉或烧掉。在本文中比喻轻贱无用的东西。

　　②橐龠：古代冶炼时为炉火鼓风用的助燃器具——袋囊和送风管，是古代的风箱。

　　③屈（gū）：穷尽。

　　④俞：通"愈"，更加的意思。

　　⑤多闻数穷：博学多闻，反而会加快穷困的到来；也指统治者政令繁苛，反而会导致无法治理，伤害百姓。数，通"速"，加快。

　　⑥守于中：守住虚静。中，通"冲"。

[第五章] 以道治民

译文

天地无所谓仁慈之心，它将万事万物都看作是轻微的草狗一样。圣人也无所谓仁爱之意，他们将百姓也看作是轻微的草狗一样。天地之间，岂不就像个大风箱吗？它空虚但从不枯竭，越鼓动风就越多。政令繁多反而会使人民更加困惑，政令难行，不如保持虚静。

经典解读

老子认为天地是一个物理的、自然的存在，它不具备人类所拥有的那些善良、仁爱等感情，它不会对其间存在、生长的万物有任何偏爱。这一见解，表现了老子反对鬼神术数的无神论思想，是值得重视的进步思想。

大多数宗教都将"神"看为世间的主宰，包括由老子思想发展而成的道教——老子本人也演化出了太上老君的形象，但这并非是老子本意。诸子百家存在很多相信天地有灵的思想，墨子就创造出了"天志"、"天意"的观念，认为天有意志，天知善恶，并具有"兼爱"的精神。关于儒家对"天"的理解历来争论颇多。有人认为孔孟等人是肯定天有意志的，比如孔子说"获罪于天，无所祷也"，孟子说"死生有命，富贵在天"；但也有人认为孔子等人是不相信所谓的天命的，如《论语》中有"子不语怪力乱神"等。但换个角度思考，其实他们的思想观念都是息息相通的，几乎都是以老子的思想为源泉或是材料的。

有与无本就是相依相形的，天志、天意的有无也是这样。只不过老子在这里将天地和"道"进行了一个分割，"天地之间"说明此处的"天地"即真实存在的天地，而"道"则退到了幕后，是支撑天地的规律，或是产生天地的本源。天虽然没有善恶、美丑之心，但它依然是有规律的，这就是支配着万物的"道"。而在孔墨等人言论中的"天"则与"道"合而为一，可以说天就是道。"死生有命，富贵在天"，即与"顺道可生可贵，逆道可败可亡"是同样的意思。对于"天地不仁"这句话，荀子的"天道有常，不为尧存，不为桀亡"更加接近。在天道有无这个点上，各个思想家虽然表述各异，对"天"与"道"的关系及其各自内涵也有不同的观点，但在人要"依道而行，顺天而行"上却是完全一致的。

作为一个勇敢的批判者，老子比同时代和以后诸多哲学家更具睿智和胆识。他第一个讲出了"天地不仁"这样的真理，并将其推广向治世上。在老子的眼中，天不带有任何人类道义和道德方面的感情，它只按自己的客观规律——即"道"运行。天虽然不讲仁慈，但也无所偏向，不怀恻隐之心，但也不具暴虐之性。它滋生万物，并非出于喜好；它降灾致疫，也不是出于厌恶。因此，"圣人"治理百姓也不可讲仁慈，应该顺应自然之道，顺应百姓之性，无为而治。如果人为的干预过多，各种矛盾就会激化，反而使社会更加混乱。

哲理引申

勤政似乎是衡量一个官员、一个帝王好坏的标准。大多数人相信，"夙夜在公"的官员必定是个好官、能官、爱民之官；而那些经常饮酒作乐的官员则是庸官、懒官、害民之官。其实，一个官员的好坏并不能仅仅靠勤政与否来衡量。崇祯皇帝兢兢业业十几年，事必躬亲，整天为国事愁眉苦脸，甚至为此不近美色，不好游猎，但他并未能拯救大明帝国，最终做了亡国之君。汉文帝实行无为而治的政策，最终实现了文景之治的盛况。有些官员顺势而为，可能不用宵衣旰食就能将人民治理好；有些官员则过于勤政，不仅不能治理好民众，还会扰乱人民正常的生产，自己也累出一身病。

《吕氏春秋·察明》记载了宓子贱鸣琴而治的典故。宓子贱是孔子的学生，鲁国国君派他去治理单父这个地方。宓子贱刚到单父不久，该地的大小官吏就都前往拜见。宓子贱叫两个副官拿记事簿把参拜官员的名字登记下来，这两人遵命而行。当两个副官提笔书写来者姓名的时候，宓子贱却在一旁不断地用手去拉扯他们的胳膊，使两人写的字一塌糊涂，不成样子。写完后，宓子贱又拿着乱糟糟的名册，把他们狠狠地训斥了一顿，嫌他们写得不好。两个副官受了冤屈、侮辱，心里非常恼怒。事后，他们向宓子贱递交了辞呈。宓子贱不仅没有挽留他们，而且火上浇油地说："你们写不好字还不算大事，这次你们回去，一路上可要当心，如果你们走起路来也像写字一样不成体统，那就会出更大的乱子！"

两个副官回去以后，满腹委屈地向鲁君汇报了宓子贱在单父的所为。他们以为鲁君听了这些话会向宓子贱发难。没有料想到鲁君竟然负疚地叹息道："这件事既不是你们的错，也不能怪罪宓子贱。他是故意做给我看的。过去他在朝廷为官的时候，经常发表一些有益于国家的政见。可是我经常扰乱阻挠其政治主张的实现。你们在单父写字时，宓子贱有意掣肘的做法实际上是一种隐喻。他在提醒我今后对他治理单父的事不要干扰过多，在他治理时不要掣肘。"

鲁君说罢，立即派其亲信去单父，对宓子贱说："从今以后，单父再不归我管辖。这里全权交给你。凡是有益于单父发展的事，你可以自主决断。你每隔五年通报一次就行了。"于是宓子贱在单父按照自己的理念进行治理，将其治理得井井有条。

宓子贱在治理单父之时，每天十分逍遥，闲暇时就弹琴取乐，悠闲自在很少走出公堂。而后，孔子的另一个弟子巫马期来治理单父，巫马期治理单父之时十分勤奋，每天星星还高挂在天上时就出门工作，直到星星又高挂天上时才回家，日夜不得安宁，事事都亲自办理，很多事搞得他头昏脑胀，好不容易将单父治理好了，自己也病倒了。

于是他向宓子贱请教治理单父的道理。宓子贱说："我治理单父之时任用贤人，顺从百姓本性，而你治理之时，用的都是自己的力量。"后人称赞宓子贱的治理之法，四肢安逸，耳目不烦，心平气和，而百官得其位，人民得其道，只是因为顺从了治理之道的缘故。而巫马期则智力疲劳，身体穷乏，政令繁多，未能得治民之道。

可见，如果想要达到最好的治理效果，上级不能对下级干扰太多，以免在其施政中掣肘；治理的人不能对人民干扰太多，以免政令繁冗，使民不知所从。所以说，"勤政"，不一定是最好的方式。

第六章
回归自然

老子提出了"谷神"的概念,用"谷"来象征其形状,说明它广大而虚无;用"神"来摹其变化,阐述它变幻无穷。他用"玄牝之门"来比喻"道",形象地描绘了一个天地万物"生产"于道的画面。

原　文

谷神不死①,是谓玄牝②。玄牝之门③,是谓天地之根。绵绵若存④,用之不勤⑤。

注　释

①谷神:谷即毂,《尔雅·释言》:"毂,生也。"《广雅·释诂》:"毂,养也。"谷神者,生养之神。高亨先生解释说:"谷神者,道之别名也。"严复先生在《老子道德经评点》中阐述,"谷神"不是偏正结构,是联合结构。谷,形容"道"虚空博大,象山谷;神,形容"道"变化无穷,很神奇。

②玄牝:玄,指深远、神秘、微妙难测。牝,本义是雌性的兽类动物,这里借喻具有无限造物能力的"道"。玄牝,指玄妙的母性,这里指孕育和生养出天地万物的母体。

③门:指产门。这里用雌性生殖器的产门的具体义来比喻造化天地生育万物的根源。

④绵绵若存:绵绵,连绵不绝的样子。若存,若,如此,这样。若存,据宋代苏辙解释,是实际存在却无法看到的意思。

⑤勤：尽，穷竭。

译　文

生养天地万物的谷神（道）是没有终止，永恒长存的，这就是玄妙的母体。玄妙母体的生育之产门就是天地的根本。（道啊）连绵不绝，永存永续，它的作用是无穷无尽的。

经典解读

何为"谷神"，众多学者各有解释。有人认为它是用"道"的特质，来代指"道"的，"谷"指空虚博大，"神"指变幻无穷；用"谷"来象征"道"体的虚状；用"神"来比喻"道"生万物的绵延不绝。"谷神不死"道出了道的特性：空虚广大、变幻无穷，没有穷尽。也有人对"谷神"另有解释，比如南怀瑾先生在《老子他说》中就提到，谷开始就是一般所谓山谷的简称，因为山谷的特殊构造，其中气流涌动，声音回环如有神人居住，古时人们见识浅薄，便依此形成宗教式的神话，塑造了很多莫须有的传说。可以说这种"谷神"和平时常说的"山神"、"河神"相似，老子在这里说谷神，只是借用了其中间空而无物的性质。

"玄牝之门"、"天地根"，都用来说明"道"为产生天地万物的始源。"玄牝"一般都被解释为母体生产之门，也有观点认为"玄"即天，"牝"即地，《易经》中即有"天地玄黄"、"牝马地类"之说。故而"玄牝之门"和"天地根"只不过是换了一种说法而已。

玄牝产生万物的形容十分形象，其实人类在思索天地产生的时候，经常与母体、生殖相互联系。例如，神话传说中盘古就是产生于一个阴阳相交的大蛋中，而后才开辟出了天地万物。无独有偶，心理学大师弗洛依德在论及人与文明的关系时，也使用了类似的描述方法。他把人类的住房分析成是母亲的替代物，说："子宫是第一个住房，人类十有八九还留恋它，因为那里安全舒畅。"

人类最原始的本性表现为对母体的依恋，而天地，即大自然就是人类整体的母体。司马迁在《史记·屈原列传》中写道："天者，人之始也；父母者，人之本也。人穷则反本……"这种本性在人类精神需求上，就表现为向往自然，依赖自然的强烈愿望。可惜现在的现代化进程中人类失去了太多的东西——无论在物质还是在精神之上。城市的喧嚣、工业的污染、生态的恶化、都市中巨大的精神压力，都要求人类重新思考人与自然的关系，重新定位人在世间万物中的地位。人类只有依照天地大道行事，遵从自然规律，才能让社会持续发展，越来越繁荣，即"绵绵若存，用之不勤"，这也是老子在两千多年前就已经告诉人们的道理。

哲理引申

什么才是人生真正的追求，也许每一个人都有不同的回答。中国读书人多倾向于儒家学说：修身、齐家、治国、平天下；立德、立功、立言。他们热衷于入世入仕，以"为往圣继绝学，为天下开太平"为己任。然而，这并非是所有人都向往的生活，功名利禄也不是所有人都汲汲若渴的。《列子》、《庄子》等著作中就讲了很多真正的得道之士，他们或埋名于市井，或隐姓于山川，以清心寡欲为好，以淡泊名利为则。可能他们的名字不为后世所知，但他们真正得到了人生的乐趣，真正做到了老子所谓的"无名、无为"。

还有一些人，开始积极入世，后来饱经红尘，感悟了人生大道，从此开始追求清净闲适的生活。北宋文学家晁补之在经历宦海沉浮后写了一首《摸鱼儿·东皋寓居》就很能体现这种思想：

买陂塘、旋栽杨柳，依稀淮岸湘浦。东皋嘉雨新痕涨，沙觜鹭来鸥聚。堪爱处，最好是，一川夜月光流渚。无人独舞。任翠幄张天，柔茵藉地，酒尽未能去。

青绫被，莫忆金闺故步。儒冠曾把身误。弓刀千骑成何事？荒了邵平瓜圃。君试觑。满青镜、星星鬓影今如许！功名浪语。便似得班超，封侯万里，归计恐迟暮。

晁补之生性聪敏，有很强的记忆力，他刚懂事就会写文章，王安国一见到他就感到很惊奇。十七岁那年，父亲到杭州做官，他随同前往，于是荟萃了钱塘山川风景人物的秀丽，写成《七述》一书，带去见杭州的通判苏轼。苏轼原先也想有所感赋，读了他的书赞叹说："我可以搁笔了！"

晁补之少时熟读四书五经，满怀治世救国的理想。宋神宗元丰二年（1079年），他考中进士，参加了开封府考试和礼部别院的考试，全部都第一。宋神宗看了晁补之的文章后说："这是深于经术的，可以革除现在的浮藻风气。"他被调为澶州的司户参军、北京国子监教授。宋哲宗元祐初年，晁补之任太学正，李清臣推荐并认为他可任馆阁，皇帝召他面试，他被升为秘书省正字，又迁校书郎。元祐七年（1092年）任著作佐郎。但当时朝廷党争激烈，根本没有供他一展才华的机会。元祐末、绍圣初，宋王朝政局大变，章惇为相，新党复起，乃尽逐元祐相臣，晁补之因与旧党苏轼等人关系紧密，受累离开京师。

以后的官宦生涯中，他随着党争形势而起起伏伏，如同乱流中的落叶，到处迁徙。最后他看清世事，回家修筑了一座"归来园"以自娱，自号归来子，忘情于仕途，羡慕陶渊明的为人。

美国著名作家梭罗的《瓦尔登湖》读起来脍炙人口，完全感受不到现代那种喧嚣烦杂的世俗社会，很多人好奇这样的著作是怎么创作出来的。其实梭罗和我们平时想象中的作家大不一样，他还是一位环保主义者，是一位关注人类生存状态的生态主义哲学家。1845年7月，梭罗决定开始一项为期两年的试验，于是移居到离家乡康科德城不远，优美的瓦尔登湖畔的次生林里，尝试过一种简单的隐居生活。正是这种对自然的拥抱，让他拥有了源源不断的灵感，从而创造出了一部伟大的著作。

随着我国城市化进程的不断推进，大多数人都生活在城市之中，整天面对着钢筋水泥、电子产品。拥堵的交通、喧嚣的噪音、紧张的生活节奏压得人们喘不过气来，"现代病"、"城市病"、"职业病"越来越多，成为社会和谐的重大不足。而且，随着城市的扩张，社会本身也开始越来越脱离自然，甚至很多地方城市、现代化和大自然截然对立。在这种环境下，为了社会的可持续发展，为了人生更加美好，回归大自然，拥抱大自然显得越来越重要。当你被生活中的喧嚣折磨得难以入睡，当你被城市的雾霾熏得头昏脑胀时，不妨去大自然中走走，去那里寻找心灵真正的归宿。

第七章
大道无私

　　天地万物皆由道生，但道在天地之中又表现为不同的形式，有自然之道，有养生之道，有处世之道，有耕植收获之道……老子在此以天地无穷无尽之道来论述为人处世之道，提出"无私长存"、"后其身而身先"等道理。他用朴素辩证法的观点，说明利他和利己是统一的，利他往往能转化为利己，这种谦退无私精神，有积极的意义。

原　文

　　天长地久。天地之所以能长且久者，以其不自生也①，故能长生。是以圣人后其身而身先②，外其身而身存③，非以其无私邪？故能成其私。

注　释

①以其不自生也：因为它不为自己生存。以，因为。
②后其身而身先：谦卑退让，反而能领先于人。
③外其身而身存：将自身置于度外，反而能保全自身。

译　文

　　天长地久，天地之所以能够长久存在，正是因为它们不是为了自己的存在而运行着，所以才能够长久存在。因此，合乎"道"的圣人遇事谦卑退让，反而能领先于人；将自身置于度外，反而能保全自身。这不正是因为无私吗？所以能成就他们的自身。

经典解读

道生万物,为"天地根",同时天地也是道最直观、最真实的体现者。我们常常说的"自然"就是这样,它一方面代表天地间不经人为改造的万物,也指那种顺应万物本性,任其发展的方式。天地就是客观存在的自然之物,它依道而生,依道而运行,虚而不屈,绵绵若存。

老子赞美天地,同时也以天地之道推出人道,指出圣人处世所坚守的"后其身"、"外其身"之道。在老子的观念中,人道即以天道为依归,也就是天道在具体问题上的具体运用。圣人是处于最高地位的理想的治者,他们能切实效法天地的无私无为来立身治世,以其无私,成就其私。这其中包含有辩证法的因素,不自生故能长生;不自私故能成其私,说明对立着的双方是可以互相转化的。说"天地无私"和"天地有私"本就没有什么区别。《阴符经》中就有:"天之至私,用之至公。""大公"达到极点就是"大私",反之亦然。正是因为如此,历史上有很多满口"天下为公"的大儒,被人们指责为自私自利的伪君子,也有很多像杨朱一样,呼吁着"拔一毛以利天下,无不为也"的口号而寻求治国救世的哲人。

本章道理应用到现实即"不自私"、"不争夺"、"甘为人后"。这是一种极高的为人处世的智慧,以无争争,以无私私,以无为为。有人指责老子这种学说是讲诈术,尤其是"非以其无私邪?故能成其私"一句,常被人们引用为论据,圣人的无私、外身都是有目的的,是为保住自己的权位,获得"私"而服务的。其中仁者见仁,智者见智,你可以这样理解,但联系老子通篇思想,尤其是前几章"无名"、"无为"的观点,会发现这只是对老子思想的曲解。本章所言的"成其私"只是一种对结果的描述,老子认为圣人不专门求私,也不避免"成其私"。这是一种顺道而为,却无意中成就的。其实,和儒家所言"安贫乐道"、"富贵不骄"倒颇多相似。

对于自私这一行为的由来,很难说得清楚。虽然社会上经常呼吁利人、无私,但几乎所有的人都会有自私的行为,完全不为自己着想的人是不存在的,这样的人在社会上是无法生存下去的。理查德·道金斯在《自私的基因》中对该问题进行了深入的探讨。他举了很多探究自私是否动物本性的例子,其中有刚出壳就开始排挤同类的黑头鸥,也有为了保护群体而不惜主动丧命的工蜂。他认为我们要承认人类所拥有的自私的天性,但也不能任其肆意泛滥,用老子的话说就是顺道。天长地久是因为顺道，圣人成私也是顺道。顺应人性规律，顺应发展规律，遵循得失相依，有无相生，利己利他相互转化的辩证关系，以利人达到利己，以利己达到利世，这才是当前社会发展最需要的。

哲理引申

明朝末年，天灾瘟疫加上朝政混乱、宦官专权弄得民不聊生。李自成等农民起义军揭竿而起，关外女真人也咄咄逼人，逐渐占领了整个东北，整个大明江山如残破的草房在暴雨腥风中摇摇欲坠。崇祯皇帝虽然兢兢业业一心想挽救整个帝国，但因为本性多疑，不但没有拯救危局，反而使形势越来越严峻。

1643年10月李自成攻破潼关，大明帝国最后一支可以依靠的镇压农民军重要力量被消灭，督师孙传庭战死。次年1月李自成在西安称帝，建立大顺政权。接着领兵东征北京，突破宁武关，攻克太原、大同、宣府等地，京城岌岌可危。

此时，当那些继续为大明江山奋战流血的将士在战场上绝望地呼号时，北京城内也在上演着一场"泣涕交横"的表演。招募士兵，打造兵器，构建防御设施，以及调外地军队勤王无一不需要大量军费，而现今经过多年用兵，国库已经空虚，只能拿出四十万两的白银，这对庞大的需求来说简直是九牛一毛。户部、兵部的官员撤换、惩罚了很多，都不能解决这些问题。崇祯帝只好将所有京官、权贵召集起来，要大家筹备军费钱粮。

户部官员首先建议从内帑中拿出一些钱财以充军饷，内帑即宫廷皇室的仓库，说白了就是皇帝的私人钱库。为此大臣们反复上疏恳请崇祯帝将自己的私房钱捐出来一点。但这无疑是割皇帝的肉，崇祯帝向大臣们哭穷说："内帑业已用尽。"

皇帝不肯拿，只好让那些富可敌国的皇亲贵戚、权贵亲信们出了。但大家看到皇帝如此吝啬，对保卫自己的江山都不肯拿出一个子，当然也都十分不情愿了。国丈周奎是崇祯的岳父，也是当时最有钱的富豪之一，当募捐的司礼监太监徐本正到他的府上劝他捐钱救国时，这位老皇亲讲了满口为国分忧的大道理，可是一提到钱就哭穷。崇祯皇帝知道后，想让岳父给文武百官们做个"好榜样"，密令周奎，让他捐十万两，以起表率作用。周奎虽然既是岳父又是臣子，于公于私都该遵从，但对着白花花的银子，他可一点也不含糊，继续哭穷，称勒紧裤腰带也只能捐出一万两。崇祯认为一万两实在太少，至少也要两万两。周奎不敢讨价还价，暗地里向女儿求援。于是，周皇后背着皇帝，从内帑里取出了五千两给了他,周奎这才极不情愿地把钱捐了。

其他后台不如周奎那么硬的大臣们,虽然不敢表面推脱,但个个都开始装起穷来。魏藻德出任多年首辅,知道一分钱不出肯定说不过去,于是含着眼泪捐了五百两银子,还哭着说多年清廉为官只攒下这么多。阁臣陈演更是在皇帝面前表白自己一向清廉,从未索贿卖官,一两银子也不捐。总之从上到下,大家集体哭穷,崇祯帝凑了几十天也没把军费凑齐。

没有军费,士兵衣食都无法保障,坏了的军械、防务设施都不能及时修补,士气极其低落,城市、要塞纷纷沦陷,很快李自成就攻进了北京城。崇祯帝在绝望之下只得跑到煤山上吊而死。让人吃惊的是,李自成攻占北京后,从崇祯皇宫内搜出的白银就多达三千七百多万两,其他金银珠宝、古玩字画更是数不胜数。李自成下令对明朝皇亲贵戚、高官将领的财产进行查封。崇祯的老岳父周奎,起初掉着眼泪捐了两万两银子,结果被送进农民军大营,在夹棍的威胁下,将所有钱财都交了出来,从其家抄出的现银就达五十多万两。魏德藻这位"清官"也被抓进了刘宗敏的大营,几十年搜刮的钱财不计其数,不仅都成了农民军的战利品,他自己和儿子也被严刑处死。那位清廉得没一两银子的陈演也被绑起来搜出了四万两白银。

人们常说,"覆巢之下,焉有完卵"、唇亡齿寒,可惜在大明王朝的最后关头,这些饱读诗书的权贵大臣硬是没有弄明白这个道理。他们总是期望着别人来割肉解决整个帝国的危机,而自己流一滴血都不愿意。这种人人的自私终于害了大家,结果城破国亡,谁也没有逃掉被清算的命运。

第八章
上善若水

圣人之所以能"无尤",是因为他们"不争"。圣人的品格就像水那样,停留在众人都厌恶的地方,泽被万物却不居功自傲。他们的居所、思想、行为、言论、治理天下的理念,无不透着这种如水般的智慧。

原　文

上善若水①。水善利万物而不争②,处众人之所恶③,故几于道④。居善地;心善渊⑤;与善仁⑥;言善信;政善治⑦;事善能;动善时⑧。夫唯不争,故无尤⑨。

注　释

①上善若水:上,最的意思。上善即最善,即前章所说的"圣人"的德行。此句是说,圣人的言行有类于水,而水德是近于道的。

②争:居功。

③处众人之所恶:恶,厌恶。即居处于众人所不愿去的地方。

④几于道:几,接近。即接近于道。

⑤心善渊:渊,沉静、深沉。即心要像深潭一样深沉平静,不受外界环境所扰。

⑥与善仁:与,指与别人相交相接。善仁,指有修养之人。

⑦政善治:为政善于治理国家,从而取得治绩。

⑧动善时:行为动作善于把握有利的时机,即顺时而作。

⑨尤：怨咎、过失、罪过。

译　文

圣人的德行就好像水一样。水善于滋润万物而不居功自傲，停留在众人都不喜欢的地方，所以最接近于"道"。（圣人）居处最善于选择地方，心胸像深潭一样深沉平静，不受外界环境所扰，待人真诚、友爱和无私，说话恪守信用，为政懂得治理之道，能把国家治理好，处事能够善于发挥所长，行动善于顺势而为。（圣人）正是因为具有不争的美德，所以没有过失，没有怨咎。

经典解读

老子在自然界万事万物中最赞美水，认为水德是近于道的。它没有固定的形体，随着外界的变化而变化；它没有固定的色彩，"染于苍则苍，染于黄则黄"；它没有固定的居所，沿着外界的地形而流动；它最大的特性就是多变，或为潺潺清泉，或为飞泻激流，或为奔腾江河，或为汪洋大海；它川流不息，却没有穷竭之时。这不就是老子在前面几章中描绘的道的特质吗？

居善地：即处于适当的位置，它不一定是最好、最高的位置，还可能是别人最厌恶的地方。我们常常说在社会中最重要的是找准自己的位置，如上学时选择专业，出来后找工作。有时我们太过看重外界的评价，太过注重虚荣，而换来换去，殊不知适合自己的才是最重要的，即使在别人看来，它很低下。

心善渊：人的心要像深潭一样平静而深远，即要有涵养，能包容，不浅薄，不狭隘。有宽广的胸怀才能包容不同的人和事，才能更好地融入社会当中。

与善仁：与别人交往要怀有仁慈和爱之心，像水一样善利万物，默默无闻，不求回报，以不争之心而争。

言善信：水客观地映照天地万物，人也应像水一样，恪守信用，直行危言。

政善治、事善能：治民皆应顺应大道，无为而治；行事应该效仿水，遵从潮流，圆润而不僵化。

动善时：水总是依规律应时而动，人亦当如此，遵规应时，顺势而为。

水不像火那么热烈，也不像石那么刚强，但人们又知道，水可以灭火，水滴石穿。王夫之说："五行之体，水为最微。善居道者，为其微，不为其著；处众之后，而常德众之先。"以不争争，以无私私，这就是水的最显著特性。它滋润万物而不居功，它甘心停留在最低洼、最潮湿的地方，这正是圣人处世的要旨，即"居下不争"。

《荀子·宥坐》记载了孔子答弟子子贡问水的一段对话："孔子观于东流之水。子贡问于孔子曰：君子之所以见大水必观焉者，是何？孔子曰：夫水，徧与诸生而无为也，似德。其流也埤下，裾拘必循其理，似义。其洸洸乎不屈尽，似道。若有决行之，其应佚若声响，其赴而仞之谷不惧，似勇。主量必平，似法，盈不求概，似正。淖约微达，似察。以出以入，以就鲜洁，似善化。其万折也必东，似志。是故君子见大水必观焉。"可见儒家所描述的君子人格和老子所说的圣人之行，有颇多相似之处，谦虚、利人、心胸广湛、仁和诚信是他们共同的优秀品质，也是老子、孔子从水上得出的智慧启迪。

哲理引申

孙叔敖是春秋时期楚国名相（令尹），他辅佐楚庄王施教导民，宽刑缓政，发展经济，使楚国国力大增，为楚庄王争夺霸主之位奠定了坚实的基础。

孙叔敖年少的时候，有一次出去游玩，碰到了两头蛇，就把它杀了并且埋了起来。回到家中就哭泣起来。（孙叔敖的）母亲问他哭泣的原因，孙叔敖说："我听说见到两头蛇的人一定会死，现在我见到了，恐怕（我）要抛下母亲先死了。"母亲说："两头蛇现在在哪？"孙叔敖说："我怕后来的人又会看见，就把它杀了并且埋了起来。"母亲说："我听说暗中助人的人上天对他必定有善报，你一定不会死。"等到（孙叔敖）长大，出任楚国令尹，还没有推行自己的治国主张而国人就已经信服他的仁义了。

孙叔敖出任令尹以后主张宽刑缓政，着力发展经济。当时，淮水流域常常会闹水灾，影响了农业的发展。为使百姓富足，国家强盛，他就去亲自调查，主持兴修水利设施。孙叔敖反对繁苛的政令。一次，楚庄王曾认为当时楚国的车子太小，遂命令全国一律改造高大的车子。孙叔敖劝谏说，若以命令行事，会招致百姓反感，不如把都市街巷两头的门槛做高，人们就会自觉改造高车了。当时的楚国通行贝壳形状的铜币，叫作"蚁鼻钱"。楚庄王嫌它重量太轻，下令将小币铸成大币，但老百姓却觉得不方便，特别是商人们更是蒙受了巨大损失，纷纷放弃商业经营，这使得市场非常萧条。更严重的是，市民们都不愿意在城市里居住谋生了，这就影响了社会的安定。孙叔敖知道后，就去见楚庄王，他以便民为先，请求恢复原来的币制。庄王答应了，结果三天后，市场又恢复到原来繁荣的局面。

孙叔敖任令尹期间，三上三下，升迁和恢复职位时不沾沾自喜；失去权势时不悔恨、不叹息。作为令尹，他的权力在一人之下、万人之上，但从来都轻车简从，吃穿简朴，妻儿不衣帛，连马都不食粟。由于行政、治军有功，楚庄王多次重额封赏，孙叔敖坚辞不受。他为官多年，家中没有任何积蓄，临终时，连棺椁也没有。

孙叔敖生病将要去世的时候，将他的儿子叫到病榻之旁，告诫他说："楚王曾数次想封我土地，但我都没有接受。现在我要死了，楚王一定会封你，你一定不要接受肥沃的土地。楚国、越国之间有一块荒芜土地'寝之丘'，这地方名字不好，土地贫瘠，楚国人害怕这儿有鬼，越国人也很迷信。你如果不得不接受封地，就要这一块土地吧。"孙叔敖死后，楚庄王果然以肥沃的土地分封他的儿子，但他的儿子记着父亲临死的遗言，坚辞不就，最后不得已接受了"寝之丘"。后来楚国历经混乱，很多曾经封到肥沃之地的功臣后代都因富贵而丧身失位，唯有孙叔敖的后人保留着那块土地长久不失。列子说："孙叔敖的智慧，知道不以利为利。知道处于别人所厌恶的地方，这就是得道者与众不同之处。"

孙叔敖遵从百姓的意愿，反对繁冗政令，可谓无为而治；他任令尹而不喜，罢官也不忧，正如本章所说的水，不争不求，能"居善地"；他有了功绩，却不求奖赏，也正是"善利万物而不争"；他要儿子求封于寝之丘，甘愿"处众人之所恶"。正是因为他这种超人的智慧，才能辅佐楚庄王成就霸业，才能保全子孙后代。

第九章
适可而止

日中则仄，月满则亏，至阴则阳，至阳则阴。万物相生相息，相互转变，是天地间最普遍的自然规律。老子认为做什么事都不能过度，自骄自满，锋芒毕露都是不能长久的。盈则倾覆，锐则致咎，一个人在成就了功名之后，就应当顺时而退，才是长保之道。

原 文

持而盈之①，不如其已②；揣而锐之③，不可长保④。金玉满堂，莫之能守；富贵而骄，自遗其咎⑤。功成身退⑥，天之道也⑦。

注 释

①持而盈之：持，手执、手捧。此句意为持执盈满，自满自骄。

②不如其已：已，止。不如适可而止。

③揣而锐之：把铁器磨得又尖又利。揣，捶击的意思。

④长保：长久保存。

⑤咎：过失、灾祸。

⑥功成身退：身退，不居功贪位。即功成名就之后，不再身居其位，而应适时退下。

⑦天之道：指自然规律。

译 文

执持盈满，不如适时停止；显露锋芒，锐势难以长久保持。金玉满堂，无法守藏；富贵且骄横，是自寻祸患。功成名就之后，就要及时收敛，及时退下，这才是符合自然规律的大道。

经典解读

追求圆满是世人的通病，在功名、利禄、权位唾手可得之时，有几个人能保持一颗知足之心呢？大多数人都是恨不得有多少要多少，唯恐得到的少。殊不知此时已经被名利迷了心智，用文艺作品中的话就是，此时已经不是人支配财物了，而是财物迷惑、控制了人的灵魂。人已经变成了"名利僵尸"。更有些人，想出名，想发财，丧失了根本的礼义廉耻，整天脑袋里就是那些声色犬马的东西，为了出名发财寡廉鲜耻，无所不为。

建功立业是很多人的梦想，但成功以后该如何做呢？有些贪慕功名利禄的人，往往不知满足，得寸进尺，将追求更高的官，更多的钱当成余生最大的乐趣。

富贵而骄，自古就是取祸的最重要途径。在孙叔敖的典故中，狐丘丈人就说："爵高者，人妒之；官大者，主恶之；禄厚者，怨逮之。"孙叔敖，志益下，心益小，施益博，才能免于祸患。而现实中比他得到帝王的宠幸，享有更多的财物，占据更大的地位的人数不胜数。其中大多数人不知道收敛，骄奢淫逸，斗富斗强，引得同僚侧目，天下怨恨。比如秦丞相李斯即是如此。李斯官至丞相之职，权大势重，富贵无比。然而却不知道功成身退之道，反而为了维护自己的私利，不惜损害国家利益。勾结赵高、胡亥，陷害忠臣，篡改遗诏，最后终于自食恶果，被赵高陷害，做了阶下囚，被腰斩处死。临刑时，他对儿子说，"吾欲与若复牵黄犬，出上蔡东门，逐狡兔，岂可得乎？"不仅丞相做不成了，连做一个布衣百姓与儿子外出狩猎的机会也没有了！

古语说："富不过三代。"是有一定道理的。一个人如果从小就生活在锦衣玉食之中，只见金玉满堂，而不知道父辈创业之艰辛，就会变得骄傲自大，不知收敛欲望。到头来再多的财物也会被用得一空。人生与其汲汲不断地追求这些身外之物，倒不如潜心修德，体悟天地之大道。

极盛而衰，极满而亏，是天地自然之道。小到一花一树，一虫一兽，大到一家一族，一朝一代，无不是如此。事物的发展都是向着其自身的反面在一定条件下不断转化的，人们说的"否极泰来"、"福祸相因"都是这个道理。因此，老子依道奉劝人们急须趁早罢手，见好即收，在功成之后，不要贪恋权位名利，不要锋芒刺人，而要收敛欲望，及时隐退。

哲理引申

贺若弼是北周、隋朝的名将，他在伐陈统一战争中立下了汗马功劳，但却终因骄傲夸功，不知进退之道而受到诛杀。

贺若弼出生在将门世家，他的父亲贺若敦为北周将领，以勇武而闻名一时。北周保定五年（565年），贺若敦对北周权臣宇文护不满，口出怨言，传到宇文护耳中之后，宇文护大怒，逼令其自杀。在临死之前，贺若敦将贺若弼叫到面前，嘱咐他说，自己一生的抱负就是平定江南，但却因为口无遮拦而惹下了杀身之祸，甚是悔恨，一方面让贺若弼继承其讨伐江南的遗愿，一方面对他说："我因为口舌之祸而死，你不可不将这教训记在心中。"于是拿出锥子，将贺若弼的舌头刺出鲜血，以让他永远不忘这个教训。

贺若弼"慷慨有大志，骁勇便弓马，解属文，博涉书记，有重名于当世"。北周齐王宇文宪闻后，对他十分器重。此时贺若弼依然牢记着父亲的遗训。当时周武帝对太子要求十分严格，太子宇文赟德行不端，又害怕父皇知情，于是矫情掩饰，所以，太子的过失周武帝毫不知情。一次，上柱国乌丸轨曾对贺若弼说："太子一定不能身担大任。"贺若弼对他的看法也很是同意。乌丸轨便借机对武帝说："太子不是帝王人选，我也曾和贺若弼讨论过这件事。"周武帝忙召问贺若弼，贺若弼牢记父亲临终遗言，唯恐祸及其身，于是回答说："皇太子德行操守日有所新，我没有看见他有什么缺点。"武帝听后默然不语。事后，乌丸轨指责贺若弼出卖了自己。贺若弼说："君主若不有所隐藏就会失去臣服于自己的大臣，大臣若不有所隐藏就会失去自己的身家性命，所以我不敢轻率发表对太子的评议。"后来太子宇文赟继位，即北周宣帝，他痛恨乌丸轨当初的谏言，不久就找借口将其诛杀，贺若弼因为沉默而免受其祸。

杨坚建立隋朝以后，急欲统一江南，此时高颎向他推荐了贺若弼，于是杨坚拜贺若弼为吴州（今扬州一带）总管，委派给他平陈之事，经略一方，做灭陈准备。

隋开皇九年（589年），隋军伐陈。贺若弼军提前发起进攻，他军令严明，秋毫无犯，先后击败田瑞、鲁达、周智安、任蛮奴、樊毅、孔范、萧摩诃等众多陈将，从北掖门进入建业城。但此时西路军总管韩擒虎已率五百骑兵于朱雀门先期入城，并俘获陈后主，占据了府库。贺若弼遗憾自己没有先期抓获陈叔宝，功劳在韩擒虎之后，又愤恨自己与陈军苦战，而韩擒虎却捡了大便宜，就与韩擒虎争功相骂，甚至挺剑而出。

隋文帝灭陈之后十分欣喜，对二人同时安抚。贺若弼地位更加显贵，他的兄弟并为刺史、列将。其家有珍玩不可胜数，婢妾都身穿绫罗绸缎，生活奢侈。功成名就的他完全忘记了父亲临死之时的教训，自以为功名在群臣之上，常以宰相自许。他对身处自己之上的高颎、杨素颇多不屑，心里很是不平衡，还经常在大庭广众之下将不满的情绪显露出来，并一度因此遭致罢官、下狱。一向待人宽厚的隋文帝责问他说："我任命高颎、杨素为宰相，你却总是放言，说这两个人只是酒囊饭袋，这是什么意思？"贺若弼回答说："高颎，我的老朋友了，杨素，我的舅子。我都知道他们的为人，所以才说这些话。"公卿认为贺若弼怨愤过重，奏请处以死刑。隋文帝犹豫数日，考虑到他的功劳，于是免他一死，除名为民。几年之后，隋文帝念及他灭陈之战中的大功才恢复了其爵位。

隋炀帝杨广即位后，贺若弼就被疏远了，于是他心中更加不满，时常口出怨言。大业三年（607年）七月，贺若弼随杨广北巡至榆林。杨广命人制造了一个可容纳数千人的大帐篷，用来接待突厥启民可汗及其部众。贺若弼认为这太过奢侈，与高颎、宇文弼等人私下议论。杨广认为他们这是诽谤朝政，他可没有隋文帝那么宽厚，于是将贺若弼与高颎、宇文弼等人一起诛杀。可惜贺若弼被刺了舌头，最终还是死在了口舌之上，"富贵而骄，自遗其咎"，真可谓千古名言。

第十章
玄　德

懂得自然之道，不对事物加以过分的干扰，才能求得内心的平静，才能洗清杂念，才能治理好民众。产生万物、养育万物而不占为己有，作为万物之长而不主宰他们，才是"玄德"。

原　文

载营魄抱一①，能无离乎②？专气致柔③，能如婴儿乎④？涤除玄鉴⑤，能无疵乎？爱民治国，能无为乎？天门开阖⑥，能为雌乎⑦？明白四达，能无知乎⑧？生之畜之⑨，生而不有，为而不恃，长而不宰，是谓玄德⑩。

注　释

①载营魄抱一：载，助词，相当于夫；营魄，魂魄；抱一，合一。本句即身体与精神合一。

②离：分离，分开。

③专气致柔：专，结聚之意，专气即集气。专气致柔即修养身性，以求内心柔和、宁静。

④能如婴儿乎：能像婴儿一样（完全无欲）吗？

⑤涤除玄鉴：涤，扫除、清除。玄，奥妙深邃。鉴：镜子。玄鉴即指明澈如镜、深邃灵妙的内心。此句即清除内心的杂念。

⑥天门开阖：天门，一说指耳目口鼻等人的感官；一说是指人的心神出入即意念和感官的配合等。开阖，即动静、变化和运动。

⑦雌：宁静。
⑧知：通智，指心智、心机。
⑨畜：养育、繁殖。
⑩玄德：盛德、玄秘而深邃的德性。

译　文

　　精神和形体合一，能不分离吗？聚结精气以致柔和温顺，能达到婴儿那种无欲的状态吗？清除之间的杂念，能毫无瑕疵吗？爱民治国能遵行自然无为的规律吗？感官与外界的对立变化相接触，能保持宁静吗？明白四达，能不用心机吗？让万事万物生长繁殖，产生万物、养育万物而不占为己有，作为万物之长而不主宰他们，这就是"玄德"。

经典解读

　　本章开头六句，提出了老子在修身、养性、治国、为学等多方面的思考。对于这些句子，历来都存在不同的解释。有的认为这疑问，"载营魄抱一"、"专气致柔"、"涤除玄鉴"等是老子认可的修行方式，而"无离"、"无疵"、"如婴儿"则是修行所要达到的目的，最后"生而不有，为而不恃，长而不宰"是修道者所应具有的"玄德"。也有人认为，这是种反问，老子所想说明的是人们平时采取那种刻意的修为不能达到"无离"、"无疵"等目的，而想要实现幽深玄妙的德行，只能采用"无为"的方式，遵守大道，任性发展就可以了。

　　"载营魄抱一，能无离乎？"身体和灵魂应该合二为一，不相分离。灵魂是精神上的，是无形的；而肉体是现实的，是真实存在的。没有灵魂，人只能被称为行尸走肉；同样，肉体也是灵魂的载体，如果完全脱离现实，人就成了空想家。"专气致柔，能如婴儿乎？"虽然后世有性善、性恶之争，但在老子看来，显然婴儿的心灵是最无暇、最宁静的。修道者正应如此，保持心灵的洁净，从喧嚣烦杂之中重归朴质自然。"涤除玄鉴，能无疵乎？"只有除却心头偏见，才能洞悉事物的本源，在现代社会中，外部的世界越来越纷呈多彩，人要受到的诱惑也越来越多，越来越难以抗拒，如何在此时保持心灵的明净，如何不被世俗所淹没，值得所有人深深思索。"爱国治民，能无为乎？"只有采取无为之治，不胡乱妄为干扰百姓，才能称得上是爱国治民。"天门开阖，能为雌乎？"即人在感官行动之时，能否保持柔和低调？谦虚不争一直是老子主张的处世之道。

"明白四达，能无知乎？"聪明通达而没有特别的心机，所谓大智若愚者是也。

在本章，人们可以看到修身养心之道，可以看到治国治民之道，可以看到为人处世之道，一些道教人士还能得出养生练气之术，在老子的观点中道本来就是无所不在，支配万物的。

哲理引申

丙吉，字少卿，西汉大臣。他虽然为法吏出身，但为政宽大，与当时那些酷吏极为不同。他保护汉宣帝，为后来的汉室中兴做出了巨大贡献，但为人低调，从不以功劳自居，福荫子孙，后代数世封侯。

丙吉年轻时研究律令，担任鲁国狱史，后来逐渐升迁为廷尉右监。因牵连罪案免职，回到州里做了从事。汉武帝征和二年（前91年），巫蛊之案发生，丙吉被征召到朝廷，受命治理巫蛊于郡邸狱。当时酷吏横行，尤其是江充等人严刑酷法，将污诟、陷害他人作为自己向上爬的本钱。但丙吉对那些因为巫蛊案被牵连入狱的无辜罪犯十分同情，经常照顾他们，尤其是卫太子才出生几个月的孙子刘病已。他对这个皇曾孙关照无微不至，谨慎挑选厚道善良的女囚犯养护他，这个孩子就是后来的汉宣帝刘询。刘询多病，丙吉经常嘱咐养护他的乳母小心看护，还用私人财物供给他衣食。

汉武帝晚年相信术士，他病重时听望气的人称长安狱中有天子气，便下令要使者分别登记监狱中关押的犯人，无论罪行轻重一律杀掉。内谒者令夜晚到郡邸狱，丙吉听到了这一消息闭门拒绝使者进入，说："皇曾孙在，别的人无辜杀死都不可，何况皇上的亲曾孙？"双方相持到天明，使者都不能进去，于是回去报告武帝，并弹劾丙吉。此时，汉武帝已经醒悟了，说："这是天的保佑。"于是大赦天下。

后来，丙吉升任大将军长史，大将军霍光很看重他，调到丙吉至朝中担任光禄大夫、给事中，汉昭帝驾崩后，没有继承人，大将军霍光派丙吉迎昌邑王刘贺即位，但因为其行为不守法度不久又将其废除。于是，丙吉向霍光陈述说，武帝的曾孙刘病已在掖庭外百姓家，精通经术，很有才能，办事稳重又有礼节。霍光听后，便派宗正刘德与丙吉到掖庭迎接刘询。刘询即位后，赐丙吉爵关内侯。丙吉为人极为低调，他绝口不谈以前对刘询的恩德，所以朝廷上几乎没有人能知道他的功劳，就连汉宣帝自己也是在亲政以后才知道丙吉对自己幼时的巨大恩惠的。那时，掖庭宫婢女中有个名则的让她丈夫上书，陈述曾经有护养刘询的功劳。奏章下给掖庭令考问，则的供辞说当时丙吉知道情况。掖廷令把则带到御史府给丙吉看。丙吉认识，对则说："你曾经犯过养皇曾孙不谨慎的过错，挨过板子，你哪里有功？独有渭城的胡组、淮阳的郭征卿有恩罢了。"丙吉分别上奏胡组、郭征卿供养曾孙的劳苦情况。宣帝诏令丙吉寻找这两个人，她们已经死了，其子孙都受到厚赏。汉宣帝下诏免去则的奴婢身份为庶人，赏钱十万，这才知丙吉对自己有旧恩。

汉宣帝认为丙吉很厚道，便下诏说："朕低微时，御史大夫丙吉对朕有旧恩，他的德行很美。《诗经》说过，无德不报。封丙吉为博阳侯，食邑一千三百户。"丙吉上书坚决谢绝封侯，陈述不应凭空名受赏。刘询回答说："朕封您，不是空名，而您上书归还侯印，是显示朕不知报德啊。当今天下太平，您还是集中精神，少思虑，延医吃药，自己保重。"丞相魏相去世后，丙吉接替魏相担任丞相。他虽然是从狱法小吏兴起的，但却崇尚宽厚，喜欢礼让，身边的人有了过错从不深究。

当时很多功臣如霍光，自己死后子孙后代大多骄奢淫逸，随之家破人亡。但丙吉的后代因为他的恩泽余荫爵位失而复得，长久传递，直到王莽之时，才断绝。

第十一章
有无之用

人们利用事物"有"的那部分,却不知道这功用正是"无"造就的。有无相生相成,才构成了能为人类所利用的世间万物。

原　文

三十辐共一毂①,当其无,有车之用②。埏埴以为器③,当其无,有器之用。凿户牖以为室④,当其无,有室之用。故有之以为利,无之以为用⑤。

注　释

①辐:辐条,车轮中连接轴心和轮圈的木条,古时代的车轮由三十根辐条所构成。毂:车轮中心的木制圆圈,中有圆孔,即插轴的地方。

②当其无,有车之用:有了车毂中空的地方,才有车的作用。"无"指毂的中间空的地方。

③埏埴:埏,和;埴,土。即和陶土做成器皿。

④户牖:门窗。

⑤有之以为利,无之以为用:"有"给人便利,"无"也发挥了作用。

译　文

三十根辐条汇集于一根毂中的孔洞中,有了车毂中空的地方,才有车的作用。揉和陶土做成器皿,有了器具中空的地方,才有器皿的作用。开凿门窗建造房屋,有了门窗四壁内的空虚部分,才有房屋的作用。所以,"有"给人便利,"无"是其发挥作用的根本。

[第十一章] 有无之用

经典解读

在本章老子举了三个十分生动的例子，车毂、埏埴与凿室，形象地说明了无的作用。古代大木车的车毂，中间是空的，三十根辐条连在这里，正是因为它的空，才有了它作为中心支点的作用，使车子能够远行千里，担当重物，旋转不休。这种车轮的形象极具启发力，中间空无的原点，向四方延伸，等距离地联结着真正接触土地的轮圈。它虚实结合，而不偏不倚，它没有固定的倾向，却能运转不休，永无止境。透过它，可以看到一种可用于修身治世的道：中心无物，通过自然的法则操纵万物，无偏无倚，合和众力。

埏埴而成的器皿，其间空空如也，而人们利用的正是这种无。只有心中放空，才能装载万物。我们常常用倒掉杯中水，来说明这一道理。清除心中杂念才能专注于正事，消除心中偏见，才能容得别人，忘记过去的不快记忆，才能迎接新的生活。空，是一种难得的智慧。

老子反复讲述有与无的关系，就是为了让人们明白"有无相生"、"有之以为利，无知以为用"的道理。在现实社会生活中，一般人只注意实有的东西及其作用，而忽略了虚空的东西及其作用，被眼前能看到的真相所迷糊，而忽略了真正事实。真正的智者并非只注重所谓的"实在的"东西，他们知道在那些实在的东西背后有很多真正重要，却未能显示出来的事物。

当然，在重视"无"的时候，也不能忽略"有"的承载性。冯友兰先生就曾说："老子所说的'道'，是'有'与'无'的统一，因此它虽然是以'无'为主，但是也不轻视'有'，它实在也很重视'有'，不过不把它放在第一位就是了。……老子认为碗、茶盅、房子等是'有'和'无'的辩证的统一，这是对的；但是认为'无'是主要对立面，这就错了。毕竟是有了碗、茶盅、房子等，其中空的地方才能发挥作用。如果本来没有茶盅、碗、房子等，自然也就没有中空的地方，任何作用都没有了。"

王安石在其撰写的《老子注》中也写过一篇文章，他认为老子的观点过于片面，毂虽以其"无"为车之用，但毂辐本身就是"有"，只要工匠将其做出来，组装起来，中间的空洞就自然出现了，也就是有了"无"的作用。

老子强调有无共重还是无更加重要，见仁见智，说法不一。但在现实生活中的确需要有无并重。对于自身修养来说既不能太过功利化，也不能成为一个空想家，立足于实际地生活在理想之中才是最好的处世方式；对于外部事物来说，要同时认识到它"有"的一面和"无"的一面，有时候正如庄子所说的"无用之用，方为大用"。

哲理引申

《庄子·逍遥游》中记载了惠子和庄子的两段对话，其中阐释了庄子对有用无用的看法，与老子在本章中的观点一脉相承。

惠子对庄子说："魏王送给我大葫芦种子，我将其培植起来后，结出的果实就有五石容积。用它去盛水浆，它的坚固程度承受不了水的压力。把它剖开做瓢也太大了，没有什么地方可以放得下。这个葫芦不是不大呀，我因为它没有什么用处而砸烂了它。"庄子说："先生实在是不善于使用大东西。宋国有一善于调制不皲手药物的人家，世世代代以漂洗丝絮为职业。有个旅客听说了这件事，愿意用百金的高价收买他的药方。全家人聚集在一起商量：'我们世世代代在河水里漂洗丝絮，所得不过数金，如今一下子就可卖得百金。还是把药方卖给他吧。'游客得到药方，来游说吴王。正巧越国发难，吴王派他统率部队，冬天跟越军在水上交战，大败越军，吴王划割土地封赏他。能使手不皲裂，药方是同样的，有的人用它来获得封赏，有的人却只能靠它在水中漂洗丝絮，这是使用的方法不同。如今你有五石容积的大葫芦，怎么不考虑用它来制成腰舟，而浮游于江湖之上，却担忧葫芦太大无处可容？看来先生你还是心窍不通啊！"

惠子又对庄子说："我有棵大树，人们都叫它'樗'。它的树干扭曲充满疙瘩，不符合绳墨取直的要求，它的树枝弯弯扭扭，也不适应圆规和角尺取材的需要。虽然生长在道路旁，木匠连看也不看。现今你的言谈，大而无用，大家都会鄙弃它的。"庄子说："先生你没看见过野猫和黄鼠狼吗？低着身子匍伏于地，等待那些出洞觅食或游乐的小动物。一会儿东，一会儿西，跳来跳去，一会儿高，一会儿低，上下蹿越，不曾想到落入猎人设下的机关，死于猎网之中。再有那犛牛，庞大的身体就像天边的云；它的本事可大了，不过不能捕捉老鼠。如今你有这么大一棵树，却担忧它没有什么用处，怎么不把它栽种在什么也没有生长的地方，栽种在无边无际的旷野里，悠然自得地徘徊于树旁，优游自在地躺卧于树下。大树不会遭到刀斧砍伐，也没有什么东西会去伤害它。虽然没有派上什么用场，可是哪里又会有什么困苦呢？"

汉高祖刘邦，年轻时无所作为，整日饮酒厮混，连他的父亲都认为他是个无赖。可后来，正是他攻入咸阳，灭暴秦，兴大汉，奠定四百年江山。姜子牙、郦食其、朱买臣等都是老年得志，年轻时"不务实事"，被身边的人轻视、瞧不起；韩信未得志之时，受市井流氓侮辱，不得不接受漂母的接济，从军以后也长期不得志；管仲年轻时经商屡屡失败，当兵又不断打败仗，除了鲍叔牙没人相信他是个人才，然而这些人最后都建立了一番极其辉煌的功业，最终青史留名。

提起20世纪最伟大的科学家，人们立刻会想到爱因斯坦。如今人们认为作为现代物理学创始人和奠基人的爱因斯坦是世界上最聪明的人之一，然而在求学的年代，他却是老师眼中最笨的学生，被校长认为"干什么都不会有作为"。爱因斯坦三岁才开始咿呀学语，而且说起话来还是支支吾吾，前言不搭后语的。父母一度担心他的智商是否会不及常人，直到十岁时，才把他送去上学。在学校里，爱因斯坦因为学习慢，反应迟钝，饱受老师和同学的嘲笑，大家都称他为"笨家伙"。有的老师甚至指着他的鼻子骂："这鬼东西真笨，什么课程也跟不上！"

然而这样一个人却最终成为了世界上最伟大的科学家，被视为最聪明的人。其实，每一个人都有不同的才能，每一个人在生命的长河中都会找到自己的位置。如果你觉得自己笨，那是因为你还没有发现自己的长处。如果，你觉得别人笨，那是你自己还不够了解别人。

第十二章
远声色

眼睛可以看到缤纷的色彩，耳朵可以听到纷繁的声乐，嘴巴可以品尝甘秾的食物，美色、美乐、美食都是大部分人一生所追逐的东西，但老子却指出，过于沉湎于这些会让人"目盲"、"耳聋"、"口爽"。"驰骋畋猎"、"难得之货"这些当时贵族们追逐、沉湎的东西，都会让"人心发狂"、"行妨"，所以在生活之中，随性并不等于放纵，顺道并不是无道。

原　文

五色令人目盲①；五音令人耳聋②；五味令人口爽③；驰骋畋猎④，令人心发狂⑤；难得之货，令人行妨⑥；是以圣人为腹不为目⑦，故去彼取此⑧。

注　释

①五色：黑、白、黄、红、青五种颜色。此处指视觉上的娱乐。目盲：眼花缭乱。

②五音：宫、商、角、徵、羽五种音调。这里指听觉上的享乐。耳聋：听觉不灵敏。

③五味：酸、苦、甘、辛、咸五种味道，这里指口感上的享受。口爽：意思是味觉失灵。

④驰骋：纵横奔走，比喻纵情放荡。畋猎：打猎获取动物。

⑤心发狂：心情放荡而难以制止。

⑥行妨：伤害操行。妨，妨害、伤害。

⑦为腹不为目：只求温饱安宁，而不为纵情声色之娱。"腹"在这里代表一种简朴宁静的生活方式；"目"代表一种巧伪多欲的生活方式。

⑧去彼取此：摒弃物欲的诱惑，而保持安定知足的生活。"彼"指"为目"的生活；"此"指"为腹"的生活。

译　文

缤纷的色彩，使人眼花缭乱；嘈杂的音调，使人听觉失灵；丰盛的食物，使人舌不知味；纵情狩猎，使人心情放荡发狂；稀有的物品，使人行为不轨。因此，圣人但求吃饱肚子而不追逐声色之娱，所以摒弃物欲的诱惑而保持安定知足的生活方式。

经典解读

中国古代，劳动人民勤劳终生却大多贫苦不堪，食不饱腹，而那些贵族高官们五谷不识，却整日地绫罗绸缎，锦衣玉食。本章既是老子对人生如何对待"欲"的思考，也是对当时的那些纵情声色的奴隶主贵族们的一种劝谏、警告。

老子提倡清静无为的修身之道，反对过分奢华，他认为对五色、五声、五味的过分追求都是导致人生堕落的根源。同时，他反对驰骋田猎，反对对"难得之物"的追捧，认为这种过度的放纵会导致人迷失本性。这些内容和前面"不见可欲"、"不贵难得之货"相互呼应，体现了老子清净、朴实的处世治民态度。

有人对老子的学说产生怀疑，认为人生都离不开衣食住行，五色、五味、五音是人类通过感官了解这个世界的根本方式，老子对待它们的态度是消极的避世、苦行。其实，并非如此，老子生活的春秋时代，新旧制度相交替、社会动荡不安之际，贵族生活腐朽糜烂。老子目击了上层社会的生活状况，本章正是对那种生活的一个批判。"腹"不为"目"，并非是要人们只知道吃而不知道追求的白痴。王弼注《道德经》时解释此语为："为腹者以物养己，为目者以物役己，故圣人不为目也。"就是说老子认为，在衣食住行之时，人们应该将它们当成人生的工具，而非目的。

我们在理解老子的话语时一定要考虑其提出论点的语境。吃、色、音都能成为一种文化，成为很多人高雅的追求，但老子并非是针对什么美食节、音乐节、绘画艺术而说的，而是针对那种奢侈糜朽的生活而言的。即人们可以追求这些事，但凡事都应有一定的限度，过分了，很正常的一些爱好就会变质，很多有益的事情就会变得有害。音乐、美术都是高雅的艺术，但在一些令人堕落的场所，那些靡靡之音、引起原始欲望的视因素，就会成为腐蚀人灵魂，危害人心灵的祸患。

老子希望人们能够丰衣足食，是建立内在宁静恬淡的生活方式，而不是外在贪俗的生活。这在声色物欲四处横流的现代社会尤其值得人们进行思考，可惜当今太多人根本没有时间去思考。打开新闻时时能看到各种选美比赛，各种盛宴聚会，各种让"粉丝"们疯狂的音乐演唱会。太少的人能在这喧嚣之中清静下来，仔细想想自己到底追求什么，自己到底需要什么了。

哲理引申

春秋之时，诸侯争雄相互混战，其中出了很多昏庸亡国之君，也出了很多十分有作为的君主，如春秋五霸。使楚国称雄的楚庄王就是当时最有作为的君主之一，他击败北方强大的晋国，饮马黄河奠定了一世伟业。然而，楚庄王并非一开始就英武非凡，相反他一度沉迷于酒色之中，被视为昏庸之主。

楚庄王继位后，并未有什么突出作为，他爱田猎饮酒，爱宝马美人。据传，楚庄王有一匹心爱之马，他给马的待遇不仅超过了对待百姓，甚至超过了给大夫的待遇。给马穿刺绣的衣服，吃有钱人家才吃得起的枣脯，住富丽堂皇的房子。后来，这匹马因为恩宠过度，得肥胖症而死。楚庄王荒唐地让群臣给马发丧，并要以大夫之礼为之安葬。大臣们认为庄王在侮辱大家，对庄王此举表示不满。楚庄王就下令说，再有议论葬马者将被处死。多亏伶人优孟委婉劝谏，最后庄王才答应放弃奢侈的葬马之举。

他不仅生活腐化，对朝政也是不闻不问。晋国军队奔袭一直依附于楚国的蔡国，在楚国的家门口向蔡国发起猛攻，蔡侯一面抗拒晋军，一面派人向楚国求救，楚庄王竟视而不见。不久，蔡都失陷，楚国王宫却依然载歌载舞，群臣一片哗然。

曾经依附、臣服于楚国的诸侯小国，见楚君如此昏庸，都心生反志。一个强大的楚国，忽然变得人人可欺，楚庄王即位短短三年间，各地的告急文书便雪片般飞往郢都，全国都弥漫着一种紧张的气氛。而楚庄王似乎毫不知情，一如既往地躲在深宫之中，整日打猎喝酒，不理政务，还在宫门口挂起块大牌子，上边写着："进谏者，杀毋赦！"

[第十二章] 远声色

　　大夫伍举终于忍不下去了，他进见庄王。楚庄王手中端着酒杯，口中嚼着鹿肉，醉醺醺地在观赏歌舞，眯着眼睛问伍举："您来此，是想喝酒呢，还是要看歌舞？"伍举说："有人让我猜一个谜语，我怎么也猜不出，特此来向您请教。"楚庄王一面喝酒，一边好奇地问："什么谜语，这么难猜？说来听听！"伍举说："有人在南方时，见到过一种鸟，它落在南方的土岗上，三年不展翅、不飞翔，也不鸣叫，沉默无声，这只鸟叫什么名呢？"楚庄王听了，心中明白伍举的意思，笑着说："我猜着了。它可不是只普通的鸟。这只鸟啊，三年不飞，一飞冲天；三年不鸣，一鸣惊人。你回去吧，我知道你的意思了。"伍举便高兴地退了出来。

　　可过了几个月，楚庄王依然老样子，既不"鸣"，也不"飞"，整日饮酒听乐，田猎无度。大夫苏从便来见庄王。他才进宫门，便大哭起来。楚庄王说："先生，为什么事如此伤心啊？"苏从回答道："我自己就要死了，楚国也即将灭亡！"楚庄王很吃惊，便问："你怎么能死呢？楚国又怎么能灭亡呢？"苏从说："我想劝告您，您听不进去，肯定要杀死我。您整天观赏歌舞，游玩打猎，不管朝政，楚国难道不就要灭亡了吗？"楚庄王听完大怒，严厉斥责苏从。苏从痛切地说："倘若您将我杀了，我死后还能得到忠臣的美名；但您若是再这样下去，楚国必亡。您就当了亡国之君，要杀便杀吧！"楚庄王听后，动情地说："您的话都是忠言，我必定照你说的办。"

　　此后，楚庄王远离酒色，他传令解散了宫廷里的乐队，将那些美女歌女都打发得远远的。亲自处理朝政，攻伐背叛的附属国。他罢黜那些昔日和他一起观舞听歌、田猎游玩的佞臣，启用孙叔敖等人才，很快楚国面貌一新，国力也迅速恢复，终于在邲之战中击败了强大的晋国，取得了霸主地位。

　　《尚书·五子之歌》中所说的："内作色荒，外作禽荒。甘酒嗜音，峻宇雕墙。有一于此，未或不亡。"楚庄王沉迷于酒色之时，一个强大的国家变得不堪一击，而当他远离这些欲望之物时，又能重新振奋起来。可见，人如果想有一番作为，一定不能被外欲所击倒。

第十二章
宠辱若惊

本章是老子将修身观、治国观相互结合的论述,讲如何对待荣辱,如何对待自身的问题。提出"故贵以身为天下,若可寄天下;爱以身为天下,若可托天下"的重要观点。

原 文

宠辱若惊①,贵大患若身②。何谓宠辱若惊?宠为下③,得之若惊,失之若惊,是谓宠辱若惊。何谓贵大患若身?吾所以有大患者,为吾有身④,及吾无身⑤,吾有何患?故贵以身为天下⑥,若可寄天下;爱以身为天下⑦,若可托天下。

注 释

①宠辱:荣宠和侮辱。若,如、像。
②贵大患若身:对待荣辱这样的事就像珍贵自己的身体一样。贵,珍贵、重视。大患,即荣辱这样的事。
③宠为下:受到宠爱是卑下的。
④有身:拥有身体,指过分在意自己的身体得失。
⑤无身:没有身体,即回归自然。
⑥贵以身为天下:像珍视自己的身体一样去珍视天下。
⑦爱以身为天下:像爱惜自己的身体一样去爱惜天下。

译 文

受到宠爱和受到侮辱都如同受到了惊恐,把荣辱这样的大患看得与自身生

[第十三章] 宠辱若惊

命一样珍贵。为何得宠和受辱都感到惊慌失措？得宠是卑下的，得到宠爱感到格外惊喜，失去宠爱则令人惊慌不安。因此得宠和受辱都令人感到惊恐。为何重视大患像重视自身生命一样？我之所以有大患，是因为我有身体；如果我没有身体，我还会有什么祸患呢？所以，像珍视自己的身体一样珍视天下，天下就可以托付他；像爱惜自己的身体一样爱惜天下，天下就可以依靠他了。

经典解读

宠和辱，在人们印象中似乎是截然不同的待遇，一个是受到礼遇、喜爱，一个是受到侮辱、轻视，避辱而求宠是人之常情。但在老子眼中，宠辱都是相同的，它们都会让人"若惊"。受到宠幸，得宠者就会心中欣喜，一方面忘乎所以，容易导致邪行；另一方面，宠是别人的恩惠，是卑下者才会享有的待遇，得宠者就会以得宠为殊荣，为了不失去它，就不得不在赐予者面前诚惶诚恐、战战兢兢，甚至曲意逢迎、阿谀谄媚。这既伤害了身体，又摧残着人们的人格尊严。同样，受辱也是如此，受辱者心中愤懑，人格同样受到损害。所以宠与辱是同样的，都会损害人的本性。一个人只有看破荣辱，不惊不惧才不会患得患失，才能保持自己人格的完整，精神的独立。否则，自身且不能保全，如何谈得上治天下。王弼在注《道德经》时就解释此处说："得宠辱荣患若惊，则不足以乱天下也。"（乱，为治理之意。）

但做到宠辱不惊，并非一件容易的事，也许只有老子言到过的"为腹不为目"的圣人才能够"不以宠辱荣患损益其身"，只有这样的人才能托之以天下。王夫之在其《老子衍》中曾说过："众人纳天下于身，至人外其身于天下。夫不见纳天下者，有必至之忧患乎？宠至若惊，辱来若惊，则是纳天下者，纳惊以自滑也。大患在天下，纳而贵之与身等。夫身且为患，而贵患以为重累之身，是纳患以自梏也。惟无身者，以耳任耳，不为天下听；以目任目，不为天下视；吾之耳目静，而天下之视听不荧，惊患去已，而消于天下，是以百姓履籍而不匹倾。"即庄子所说："定乎内外之分，辨乎荣辱之境。举世非之而不加沮，举世誉之而不加劝。"

再者，有人说老子讲圣人"后其身"、"外其身"与这里所说的"贵身"、"爱身"岂不冲突？其实老子所言的"贵身"、"爱身"并非是现代人印象中的注重身体享受、美化，不是经常做做美容、去医院做个全身检查。当然，老子的那个时代没有这些东西。老子所说的"爱身"、"贵身"是承接上章，即反对

"五色"、"五音"、"五味"、"驰骋田猎"等。在老子的观点中爱身，即顺应自然之养生之道，不以甘脤肥腻蚀其肠胃，不以奔走驰骋劳其筋骨，不为声色犬马累其耳目，于身则安闲舒畅，于意则清净宁和。所以说，这种爱身之道，应之于治国，依然就是无为而治。

老子所说的"无身"，就是回归自然，与世同尘，抛弃一切，功名、荣辱、欲望对人类本性的牵萦，正如庄子所言："至人无己，神人无功，圣人无名。"

哲理引申

《庄子·逍遥游》中讲了许由辞避帝位的故事。尧帝想把天下让给许由，对他说："太阳和月亮已经升起，可是篝火还在燃烧，它想和日月争明，不是很难吗？季雨已经降落了，可还在引水浇灌田地，这岂不是白费气力？您如此贤能，请允许我将天下交给你。"许由说："天下已经大治，我接替你难道是为了名吗？名只不过是派生、次要的。鹪鹩筑巢林中，只不过占据一条树枝；鼹鼠到河边饮水，填饱肚子就可以了，天下对我又有什么用处呢？"许由将功名利禄都看为身外之物，他知道物是用来养身的，而不是用来役身的。所以，他能摆脱荣辱的束缚，得不知喜，失不知悲，逍遥自在，无忧无虑。

历史上，像许由一样的隐士有很多，他们荣华富贵唾手可得而不取，皇帝权贵对其尊宠无比而不甘荣幸，得位则泰然处之，失位亦无所忧惧，随时都能够保持独立而完整的人格。两汉之交的严光就是这样的一位高士。

严光，字子陵，本姓庄，后人为了避汉明帝刘庄之讳而改其姓为严。他少年时候即享有高名，曾和光武帝刘秀一起游学，他们之间交情很好。长大以后，在郡县之内人人都称其为饱学道德之士。当时王莽篡位，招致天下各地名士，王莽昔时享有盛名，很多宿儒学士都愿意依附于他，但严光却屡次辞而不就。他认为王莽改制导致天下大乱，前去为政不仅不能一展才华，反而会使自己身处险境，甚至招来祸患。后来，王莽果然失败，很多当时应招的名士，和他一起蒙难。

光武帝刘秀击败了各路竞争对手，建立了东汉政权。因为，年轻时的交情，他也十分了解严光的才能，准备招严光出来做官。但严光此时已经看穿了功名利禄，他为了躲避前来招抚他的人，就改名换姓，隐居起来不再出现。光武帝想到他的贤能，就下令按照严光的形貌，在全国查访他。后来齐国地方上报说："有一个男子，经常披着羊皮在水边钓鱼。"光武帝怀疑这个人就是严光，便准备了车子和礼物，派人专程去请他。此人果然是严光，但他依然不愿出来做官，使者一直请了三次才将其请到。他被安排在京师护卫军营住下，宫中供给他床褥用具，每天派人将酒食送去。

光武帝亲自来到严光居住的馆舍，严光睡着不起来，光武帝就进了他的卧室，摸着严光的腹部说："唉呀，子陵，就不能出来帮着我治理天下吗？"严光又假装睡着不讲话了，过了好一会儿，才睁开眼睛，看了好一会儿，说："过去唐尧那样显著的品德，巢父、许由那样的人听说要授给官职，尚且跑到溪边去洗耳朵。读书人本各有志，何以要到强迫人家做官的地步？"光武帝说："子陵，我贵为天子，难道还不能让你做出让步？"于是便上车，叹息着离开了。

后来，光武帝又请严光到宫里去，谈说过去的交往旧事，两人在一起相处好多天。他们同吃同住，很多大臣内侍都进谏光武帝，说严光过于嚣张，不知礼节。但严光自己却毫不在乎。有一次光武帝随意地问严光："我比过去怎么样？"严光回答说："陛下和过去比仅仅有那么一点点进步而已。"说完话便睡倒了。严光和皇帝相处，还是像对待昔日的故人一样，丝毫没有看重他的赫赫地位，睡熟了便把脚压在光武帝的肚子上。第二天，太史奏告，有客星冲犯了帝座。光武帝笑着说："我的老朋友严子陵与我睡在一起罢了。"光武帝想授予严光谏议大夫的职务，但他坚决不肯屈意接受，而后，又回到了隐居的地方，在富春山过着耕种生活，后人把他垂钓的地方命名为严陵濑。

很多人挤破脑袋想得一功名，就像《儒林外史》中的周进、范进一样，在功名面前悲伤得要死，高兴得发疯。其实这是不知名利为虚，而生命为本的道理，因为虚名而害身伤性，实乃本末倒置。淡泊名利，完全将荣辱权位视如无物的人才是真正的智者。

第十四章
掌握规律

"道"不可被感知，虚空缥缈，却又是真实存在的，它支配着万物的运转，是"无状之状，无物之象"。只有掌握了其变化运动的规律，才能了解"道"，了解"道"所支配的世间万物。

原　文

视而不见，名曰夷①；听之不闻，名曰希②；搏之不得，名曰微③。此三者不可致诘④，故混而为一⑤。其上不皦⑥，其下不昧⑦，绳绳兮不可名⑧，复归于无物⑨。是谓无状之状，无物之象，是谓惚恍⑩。迎之不见其首，随之不见其后。执古之道，以御今之有⑪。能知古始⑫，是谓道纪⑬。

注　释

①夷：无色。

②希：无声。

③微：无形。

④致诘：思议。诘，追问、究问、反问。

⑤一：指"道"。

⑥皦：清白、清晰、光明之意。

⑦昧：阴暗。

⑧绳绳：不清楚、纷乱状。

⑨无物：无形状的物，即虚渺难名之"道"。

⑩惚恍：若有若无，闪烁不定。
⑪有：指具体事物。
⑫古始：宇宙的原始、"道"的初始。
⑬道纪："道"的纲纪、"道"的规律。

译　文

看而看不见，叫作"夷"；听而听不到，叫作"希"；摸而摸不到，叫作"微"。这三者不能详细考究，它们原本就浑然而为一，构成"道"。道的上面既不清晰明亮；它的下面也不阴暗晦涩，它无头无绪、延绵不绝却不可名状，不断回复到无形无象的状态。这就是没有形状的形状，没有实物的形象，这就是"惚恍"。迎着它，看不见它的前头，跟着它，也看不见它的后头。把握着早已存在的"道"，来驾驭现实存在的具体事物，就能认识、了解宇宙的初始，这就是"道"的规律。

经典解读

人类感知外物的方式最重要的就是视觉、听觉、触觉，通过眼睛（视）、耳朵（听）、身体接触（搏），我们认识了身边的花花草草、山山水水、日月星辰、鸟兽鱼虫。我们看到这些东西，能对其进行详细的描述，它们有色彩、有形状、有音调、有触感，但道却和我们所了解的世间万物截然不同，它是虚空的，却又真实存在；它支配着万物，无所不在，却又无法直接感知；它可大可小，变化多端，远远超出了人类日常对万物的认识。它上面不耀眼，下面也不昏暗，它没有首，没有尾，总之，"道"与人们日常所能认知的事物、存在方式完全不同，不能用平常的思维去思量它。

"道"是万物之本源，其生在"象帝之先"，故而从古至今，万物都是由"道"所统领、支配的。我们虽然看不到身边的"道"，也很难想象出它的具体特征，但我们能在从古至今的万物发展规律中认识到它的存在，能感受到有一种"神秘的力量"在支配着世界的发展，支配着万物的生长繁衍衰败灭亡。这"神秘的力量"就是老子所言的"道"，宗教人士口中的"神"、"上帝"，儒家、墨家言论中的"天道"，迷信者说"因果循环"，其实虽然它们各不相同，有的被人性化，有的虚无化，但其来源和老子所说的"道"是一致的。都是人们对古今事物发展规律总结后，认识到的那种无法看见，却真实存在于世界之后的

"神秘力量"。

要认识和把握事物的发展规律,就要把握"道"的运作规律。所以人们"观古而知今"、"观物而之人"、"观一而知万",这都是对道的总结。人们常说的"圣人"就是因为比平常人更能参悟到"道"的规律,所以他们能顺道而行,能善治万物,能无失无过,能无忧无惧。

本章思想既是对"道"的特性的描述,也是老子方法论的体现。如何对待世间万物,如何处理纷杂的事物,那就是认识到支配它们的"道"的规律,"执古之道,以御今之有"。通过对发生过的事物规律的探索,认识到现今的事物的发展变化之道,不以自己的意志为转移,不违拗事物发展的自然规律,让它们顺道而行,则可"无为而治"。

哲理引申

上古之时,中原地带的黄河、淮河经常洪水泛滥,让先民们不堪其苦。尧帝在位之时,洪水暴发,无边无际,淹没了庄稼,淹没了丘陵,人们流离失所,很多人不得不背井离乡。目睹洪水给人们生活带来的惨痛,尧帝决心要消灭水患,于是就到处求访能治理洪水的人。

他将大臣、部落首领们召集到身边,说:"如今水患当头,人们生活艰苦,谁能担当治理洪水的大任呢?"群臣、部落首领们都推举鲧,尧觉得鲧常常违背法纪,不守命令,危害同族的人。但四方诸侯之长都说,还是让他试一试,如果实在不行,再免去他的这项职务。于是尧命令鲧去治理洪水,并告诫他:"可要恭敬地对待你的职务啊!"鲧工作也很勤奋,他四处建立堤坝围堵洪水,但治水九年,毫无功绩。

后来舜帝开始操理朝政,他首先要解决的也是治水。因为鲧治理水患没有功绩,所以舜革去了鲧的职务,将他流放到羽山,后来鲧就死在那里。为了寻找新的治水之人,舜也来征求大臣们的意见,大臣们都推荐禹:禹虽然是鲧的儿子,但是比他的父亲德行能力都强多了,且为人谦逊,待人有礼,做事认认真真,生活也非常简朴。舜于是将治水的大任交给了他。

禹接受重任后,工作十分勤奋,曾三过家门而不入。他吸取了父亲采用堵截方法治水的教训,想出了一种疏导治水的新方法,其要点就是疏通水道,使得水能够顺利地东流入海。他按照九州地形,沿山脉开凿水道,将淤积之水导入大海。经过十几年的治理,咆哮的河水失去了往日的凶恶,驯服地、平缓地向东流去，昔日被水淹没的山陵也显露了出来，人们回到肥沃的土地上去生活，在昔日被洪水淹没的地方筑室而居，耕田劳作。人们为了尊崇禹的功德而将其称为"大禹"，后来舜也将其作为了接班人。

　　同样是治水，工作也都很努力，鲧失败被流放，而禹却成功了。其中最重要的一点就是禹掌握了水的运行规律，它喜下，易于被疏导，却很难被围堵。其实无论何事都是如此，比如想让牛倒退，若是硬从后面拉牛，即使大力士也很难办到；若是拉着鼻环让它回头，几岁大的牧童就能轻而易举地做到。

　　掌握事情发展的规律，即老子所说的"道"，是解决事物的最佳途径。

第十五章
圣人之容

正如"道"渊兮、湛兮一样,得道之人也"微妙玄通,深不可识",他们掌握了事物发展的规律,自然也懂得如何顺道来修身、处事,故而他们身上所表现出来的特征和"道"本身的特征极为相似。他们谨慎又旷达、严肃又洒脱、警惕又浑厚、纯朴又融和。他们含而不露、高深莫测、从不自满,故能去旧更新,不断进步。

原 文

古之善为道者①,微妙玄通,深不可识。夫不唯不可识,故强为之容②;豫兮若冬涉川③;犹兮若畏四邻④;俨兮其若客⑤;涣兮其若凌释⑥;敦兮其若朴⑦;旷兮其若谷⑧;混兮其若浊⑨;孰能浊以静之徐清⑩?孰能安以静之徐生⑪?保此道者,不欲盈⑫。夫唯不盈,故能蔽而新成⑬。

注 释

①善为道者:指得"道"之人,即前文所言"圣人"。
②容:形容、描述。
③豫:迟疑、慎重。涉川:穿过河川。即战战兢兢,如临深渊,如履薄冰。
④犹:警觉、戒备。若畏四邻:形容不敢妄动。
⑤俨:端谨、庄严、恭敬。客:(将要去)做客。
⑥涣:融化。此句形容流动的样子。
⑦敦:敦厚老实。朴:原始、朴实。

⑧旷：开阔、旷达。
⑨混：浑厚纯朴。浊：浊流。
⑩浊：浑浊。孰能之问形容极难。
⑪安：静态。
⑫不欲盈：不求自满。盈，满。
⑬蔽而新成：去故更新的意思。

译　文

古时候得道的人，微妙通达，深刻玄远，难以让人理解。正因为不能理解他们，所以只能勉强地形容他们：他们小心谨慎，（做事时）好像冬天踩着冰过河；他们警觉戒备，好像（随时）防备着周边的危险、隐患；他们恭敬郑重，好像随时准备去赴宴做客；他们行动洒脱，好像冰块缓缓消融；他们纯朴厚道，好像没有经过加工的原料；他们旷远豁达，好像深幽的山谷；他们浑厚宽容，好像不清的浊水。谁能使浑浊安静下来，慢慢澄清？谁能使安静变动起来，慢慢显出生机？保持这个"道"的人不会自满。正因为他们从不自满，所以能够去故更新。

经典解读

"道"本身是玄妙精深、虚空无形的，它视而不见、听之不闻、搏之不得，故而常人很难真正"得到"，只有那些具有大智慧的人，才能体悟到"道"，才能掌握世间万物运行的规律，用俗话说就是"上知天文，下知地理，前知五百年，后知五百年"。而这些得道之士因为，体悟了"道"的真谛，其为人处世，思想行为自然和常人有所不同，他们依从"道"来处世行事。所以，世俗之人"嗜欲深者天机浅"，他们极其浅薄，让人一眼就能够看穿；得道人士则静密幽沉、难以测识。老子也说这些人只能"强为之容"。他们心理素质极好，人格修养极高，智慧出众，思虑缜密，淡泊名利，朴质无华；他们可动可静，可清可浊，不断改变，与时俱进。

高超和玄秘是相连的。老子认为可以"托天下"的圣人都是深不可识的，申不害的"术"就是要君主刻意变成这样，最典型的就是"藏于无事，示天下无为"，要求君主"去听"、"去视"、"去智"，装听不见，装看不见，装不知道事情真相，避免暴露自己，这使大臣摸不清君主的底细，没办法投其所好，也就没法掩盖他们自己的缺陷。而君主则可以看得明白，辨别出忠臣和奸佞小人。虽然老子的得道之人是得道而后微妙玄通，而申不害的术是故意营造一种这样的氛围，这是顺应"道"，还是"故弄玄虚"暂且不论。但古代君主的确是如此做的，他们喜欢藏在帘幕之后，深宫之中，人们不可以随意看到他们的样子，甚至抬头直视他们都是杀头的大罪。就连武侠小说都深受其影响，很多故事中往往都是有一个武功高强的人在幕后操纵，但人们却不知道他的样子，不知道他的身份。

再者，老子所说的得道之士的特点都对人们的现实生活极具启发力，都是人们应当仔细思考的。什么时候该迟疑、从容，什么时候该旷达、洒脱；什么时候应该清澈、什么时候应该浑浊；什么时候应该小心、谨慎，"若畏四邻"、"若客"，什么时候应该"若凌释"、"若谷"……的确，这些都很难说得清楚。只有在对自然万物的不断了解之中，才能总结其中的规律，才能掌握其中的大道，做到进退有据，才能无得失之患，无忧惧之伤。

最后，老子指出得到之人不会满足，只有不满足，才能不断前进，不断更新。这里老子所说的满足，并非是欲望上的满足、对声色犬马的追逐，而是在对道的探索，在对自身品行的磨砺上。正如儒家所言"苟日新，日日新，又日新"，"日省其身，有则改之，无则加勉"，因为"道"是不断变化的，故而得道之人也应不断根据"道"改变自己的行为和处世方式。

哲理引申

霍光是汉朝名臣，汉武帝临终之前，将汉昭帝托付于他，他忠心辅佐昭帝，昭帝英年早逝之后又废弃了荒唐无道的昌邑王，迎立汉宣帝，为西汉的中兴奠定了基础。而他做官中最值得后人称道的就是端谨、慎重。

汉武帝时，大臣经常被降职、迁谪，早上还冠冕堂皇，晚上就身陷大狱的人数不胜数。霍光看惯了这种血雨腥风，变得十分谦谨。他从来不做任何可能出格的事儿，行事完全按照程序来办，甚至进门先迈哪个腿，进门走几步都有自己的一套，绝不会出现例外。《汉书》记载霍光："每出入下殿门，止进有常处，郎仆射窃识视之，不失尺寸，其资性端正如此。"霍光并非一日两日如此，在他侍奉汉武帝的二十几年间日日如此。正因为这样，史书说霍光前后出入宫禁二十多年，未曾犯一次错误，连一代雄主汉武帝都夸他行为端正。

巫蛊案之后，卫太子被江充逼死，汉武帝决定立钩弋夫人之子刘弗陵为继承人，并计划令霍光辅政。武帝将霍光招至宫中，令宫中画师画《周公辅成王朝诸侯图》赐给霍光。后元二年（前87年），汉武帝走到了人生的尽头，他临终之时明确指定霍光为大司马、大将军，和金日䃅、上官桀、桑弘羊一同辅佐时年八岁的汉昭帝。

霍光辅政后，兢兢业业，以国家社稷为重。他采取休养生息的措施，多次大赦天下，鼓励农业；对外也注意缓和同匈奴的关系，恢复和亲政策。这些措施使汉朝逐渐走出汉武帝晚期穷兵黩武的阴影，国力逐渐恢复。后来，汉昭帝英年早逝，霍光迎立了昌邑王刘贺为帝，但刘贺荒唐无道，只知道嬉戏享乐，霍光为了江山社稷，同其他大臣商议决定废除刘贺，从民间迎接武帝曾孙刘病已继承帝位，即汉宣帝。正是霍光的辅佐和正确的废立使西汉实现了后来的中兴，人们将其与商代贤相伊尹共称为"伊霍"。

霍光侍奉武帝之时端正谨慎，辅佐昭帝之时，尽忠职守，但到了汉宣帝之时，事情却发生了改变。此时，霍光通过废立之事，完全掌握了政权，其在朝廷之内的权势已经无人能比，他的地位也已经没有人能够撼动了，连汉宣帝和他在一起都会"如芒在背"。

汉宣帝在民间之时，已经有了妻子。登上帝位以后，他打算立原配许氏为妻，但霍光家族却坚持汉宣帝立霍光的小女儿为妻，被汉宣帝谢绝后，霍光又以汉宣帝岳父许广汉属服刑人员为由，刑期中不得封，排挤许氏。后来为了达到目的，霍光妻子霍显教唆御医淳于衍，利用许皇后妊娠时有病，下毒将其害死。而后，霍光小女儿霍成君进宫被立为皇后。汉宣帝忌于霍家的权势，也不敢深究许皇后死因。

汉宣帝十九岁即位，聪明刚毅，又深知民间疾苦，早该亲政，霍光却一直把持着大权。其间虽然有过上表要求还政，但汉宣帝知道这只是试探，没有同意，霍光果然也没有坚持，继续辅政。霍光其实也觉察到了自己家族声势显赫，却岌岌可危，他曾问自己的儿子、侄孙们在自己死后，有无安身之策。可惜权力总是让人迷惑，他不仅没能及时退却，反而极力培养自家的势力，他的儿子、侄孙、女婿、孙女婿个个身居要职，朋党一气。

公元前68年三月，霍光病死，谥封为"宣成侯"。霍氏家族不仅权力大、声势大，而其极其嚣张，行为不法，使"君主蓄积愤怒于上，吏民蓄积怨气于下"。一次霍家的奴仆和御史府的奴仆争斗，霍家的仆人们冲击御史府，要拆掉大门，御史叩头谢罪他们才离去。就连民间诗歌中都有这种记载，如《酒家胡》中就有："昔有霍家奴，姓冯名子都。依倚将军势，调笑酒家胡……"可见人们对霍家的不满。

汉宣帝掌握权力后不久，就开始了人事调整，封霍光女婿范明友为平陵侯，令其交出未央宫卫尉印绶；女婿任胜离开羽林监，转任安定太守；女婿邓广汉交出长乐宫卫尉印绶，转为少府；女婿张朔调任蜀郡太守；孙女婿王汉调任武威太守；收缴其女婿赵平骑都尉印绶……

同时很多霍家曾经的过错被翻了出来，上奏其不法的事越来越多，甚至当初许皇后的死因也被重新提出来。霍家集团人人惶恐不安。霍山认为："事已至此，坐以待毙，不如殊死一搏。"于是霍家密谋发动政变。但汉宣帝早有准备，他们刚刚计划好，就有人向皇帝告了密。汉宣帝立刻下令抓捕霍氏家族相关人物。霍山、霍云、范明友自知无力反抗自杀身亡。霍显、霍禹及霍家诸女婿，尽数被抓捕斩首，弃尸于市。因此案牵连被诛灭者数千家。霍皇后也被废，关押于昭台宫，不久自杀。

《尚书·大禹谟》中言："满招损，谦受益，时乃天道。"霍光一生谦谨端正，能在汉武帝面前做到毫无差池，可见其心思之缜密。然而，他却不能治齐其家，使家人不知收敛、谨慎，反而骄奢不法，气势逼人。结果，他身死不久，家族便遭受屠戮，徒令后人叹息。其兴在于不满，其败在于过盈，老子端谨、不满之道，真可谓安身避祸良言。

第十六章 静以观道

宇宙间万物都是由动到静、由生到死，又由死到生循环往复的。然而只有致虚守静到极点的圣明得道之人才能看到这种永恒不变的自然规律。老子希望人们从虚寂沉静的发境去观看世间万物，如此才能得到"道"的真谛，才能遵循"道"来对待事物，达到"殁身不殆"。

原 文

致虚极①，守静笃②；万物并作③，吾以观复④。夫物芸芸⑤，各复归其根。归根曰静⑥，静曰复命⑦。复命曰常⑧，知常曰明⑨。不知常，妄作凶。知常，容⑩。容乃公，公乃全⑪，全乃天⑫，天乃道，道乃久，没身不殆。

注 释

①致虚：达到空虚、虚寂。极：极点。

②守静：坚守宁静、安宁。笃：极点。

③作：生长、发展、活动。

④复：循环往复。

⑤芸芸：茂盛、纷杂状。

⑥归根：归于初始、归于道。根，即"道"。

⑦复命：复归本性，重新孕育生命。

⑧常：万物运动变化的永恒规律。

⑨明：明白、了解。

⑩容：宽容、包容。
⑪全：周全、周到。
⑫天：自然，即顺应了自然天性。

译 文

尽力使心灵的虚寂达到极点，使生活清静安宁到极点。万物都一齐蓬勃生长，我从而考察其循环往复的道理。那万物纷纷芸芸，最终都将各自返回它们的本根。返回到本根就达到了清净安宁，它们在清静安宁中又复归于生命。（循环）复归于生命就是自然的永恒规律，认识了这种永恒的自然规律就叫作聪明，不认识这种自然规律而轻妄举止，就会导致灾凶。认识自然规律的人是包容博大的，包容博大就会坦然公正，坦然公正就能周备齐全，周备齐全才能符合自然的"道"，符合自然的道才能长生长存，终身不会遭到危险。

经典解读

本章老子指出了万物生生不息的根源，就是在道的支配下，由静至动，由动至静地无止息循环着。这种规律在世间永恒，却是不可名状的，我们只能"强容之"，即"道"为万物的本源，万物从这里开始，从这里结束，"万物之始"只是这不断地循环的大圈中的"一个点"，可它又是最特殊的一个点，因为它在周围纷纭的"动"中达到了真正的虚空和宁静。然而正是这种虚，产生了世间万物的"实"，正是这种静，变化为纷纭错乱的"动"。而"实"和"动"最终又将归于此处的虚静。在整体上看，世间万物是动的，因为它们都在无止息地循环着，可它们又都是静的，因为无论如何动，最终总会归于原始。

老子的哲学带有明显的循环色彩。但这种循环是"道"的循环，是规律的循环，和因果、灵魂不死等并不相同。正如《列子·天瑞》中所言："万物皆出于机，皆入于机。"认识这循环往复的"道"最重要的方法就是保持内心的虚空和宁静，思考万物循环往复的道理。保持内心的虚空即时刻怀着"不盈"的心，不自傲自满；保持内心的宁静，即清净节欲，抵御酒肉声色的诱惑。认识到"道"的人，都是包容的，因为他们有着敬畏、虚空的心。包容万物，才能无所偏失，才能达到真正的公正，然后才能达到天地一样顺应自然规律，这样的行为才算是符合道，才能长久。而不明白这种规律，对事物妄加干扰，只能带来忧患和祸害。

本章给人们的启示很多,如要用动静循环发展的眼光去看待事物;要怀着虚空、包容的心;要公正、无所偏辟;要回归自然,追求安静的本性;做事要顺从事物发展的规律,不能妄为……

哲理引申

世间的万物都是有规律的,都是依着"道"而运作,人们做事前应该先弄清其中的规律,依规律做事则能事半功倍,否则必然要事倍功半。《鬼谷子·持枢》中言:"持枢,谓春生、夏长、秋收、冬藏,天之正也,不可干而逆之。逆之者,虽成必败。故人君亦有天枢,生养成藏,亦复不可干而逆之,逆之虽盛必衰。"就是对老子这种思想的一种继承和解释。那么如何才能掌握世间万事的发展规律呢?老子本章所说得"致虚极,守静笃"就是其途径。只有通过放空心灵、修身养性,才能悟到世间的大道,才能真正看清事物的发展规律。这也正是儒家所说的"自天子至庶人,一是以修身为本"。

《列子》中也记载了詹何垂钓的故事,说明静以悟道、依道而行的效果。詹何是楚国的著名隐士,他以独茧丝作为鱼线,以芒针作为鱼钩,细竹子作为鱼竿,剖开米粒作为鱼饵,在高达百丈的深渊急流之畔钓鱼。不足一天,就钓到了一车的大鱼,而鱼线、鱼竿、鱼钩都保持完好,毫无损坏。楚王听到了这件事,觉得很奇怪,就将詹何招来,问其中的缘故。詹何说:"我听说以前的贤人说过,蒲且子射猎,用力量很弱的弓箭,乘风拉开,一箭射中了两只在云间高飞的鸽鸟,这都是因为用心专一、手力恰当的结果。我根据这件事来修炼钓鱼之术,五年才悟得其中之道。当我持着钓竿之时,心中毫无杂念,只想到渊下的鱼,投下鱼线鱼钩后,手上不知轻重如何,外物不能使我扰乱丝毫。因此水中的鱼,见到了我的钩饵,就像见到尘埃和泡沫一样,毫不疑惑地吞食。就是因为这样,我才能以弱制强,以轻制重,用如此细弱的鱼线、鱼竿,钓上来这么多的大鱼。大王如果也能通过静心使心中毫无杂念,来掌握事物的本来规律,则天下可运用于掌上,更遑论其他的小事呢?"詹何钓鱼的修炼之道其实就是老子所说的"致虚极,守静笃。万物并作,吾以观其复",然后才能找到其中的奥妙,达到心中无杂念,近于"物化"。

纪昌学射的故事也说明了同样的道理。战国之时,有个叫纪昌的人,他想学习射箭的技术,于是拜了赵国邯郸著名的射箭大师飞卫为师。纪昌向飞卫请教射箭的窍门,飞卫对他说:"你先要学会盯住一个目标不眨眼,然后才谈得上学射箭。"纪昌回去后就躺在他妻子的织布机下边,用眼睛盯着织布机密排的锥刺。就这样坚持了两年以后,就算锥子碰到纪昌的睫毛了,他的眼睛也不会眨一下。于是纪昌又去找飞卫。飞卫说:"这样还不够,你还要学会用眼睛去看东西的技巧。要练得能把小的东西看成大的东西,能把细微的东西看得清清楚楚,然后再来告诉我。"纪昌回去后,就在自己家的南窗下用马尾毛挂一只虱子,自己每天都注视着这只虱子,在十天里,纪昌看见虱子慢慢变大了。这样过了三年以后,在纪昌眼里虱子已经变得像车轮那么大了。再看其他的东西,就好像山丘一样大。于是,纪昌就用箭向那只虱子射去,箭穿过了虱子的中心,悬挂虱子的马尾毛却没有断。纪昌赶快去告诉飞卫。飞卫高兴得跳了起来,拍着胸口说:"你已经把射箭的功夫学会了!"

飞卫是个真正的射箭大师,他并没有教纪昌如何持弓、如何瞄准、如何发箭,而是让他在那些看似平常,却是最基本的技巧中静静思悟、磨炼,故而成为一名出色的射箭大师。不仅仅是钓鱼、射箭这些小技巧,天下所有的事都是这样的,只要找到其中之道,其中的规律,就没有什么办不好的。

修身不仅仅是为了让身体保持健康、心情保持愉悦,这也是万事之本、悟道的途径。儒家说"修身、齐家、治国、平天下",身不修就不可以做其他的事情。故而老子认为只有尽力使心灵的虚寂达到极点,使生活清静安宁到极点——即修身,才能悟得万物循环往复的大道,掌握其中的规律,不认识这种自然规律而轻妄举止,就会导致灾凶。

第十七章
我自然

统治者的四种层次,不同的层次人民对待他的态度也各不相同。其中最好的统治者,悠闲自在,很少发号施令,人民甚至感觉不到他的存在。当事情办好之后,人民会认为自己本来就是这样的。

原　文

太上①,不知有之②;其次,亲之誉之③;其次,畏之;其次,侮之。信不足焉④,有不信焉。悠兮⑤,其贵言⑥。功成事遂,百姓皆谓"我自然"⑦。

注　释

①太上:最好、最上,指最好的统治者,即"圣人"。
②不知有之:意识不到存在。
③亲之誉之:立善行施,使百姓亲近他,赞誉他。
④信不足焉:统治者不足以让人民信服。
⑤悠兮:悠闲自在的样子。
⑥贵言:慎言,不轻易发号施令。
⑦我自然:自己本来就如此。

译　文

圣人治民,人民感受不到他的存在;其次的统治者,人民亲近他、赞誉他;再次的统治者,人民畏惧他;更次的统治者,人民轻蔑他。统治者的威信不足,人民才不相信他。圣人施道,悠闲自在,少发号施令。事情办成功了,老百姓都认为"我们本来就是这样的"。

经典解读

老子认为最好的统治者根本不用费尽心力去治理百姓，他只需要有足够的威信，悠闲自在地垂拱而治就可以了。而这种威信的来源正是"贵言"，即少发号施令。太多的政令，朝令夕改只能让人民更加困苦，让百姓不知所从。在老子眼中，政府不是管理人民的权力机构，而只是调节人民、使人民做事顺从自然之道的工具。平时政府和人民各安其是即可，人民不需要知道统治者的存在。

在《帝王世纪》中，记载了帝尧之世，"天下太和，百姓无事，有五老人击壤于道，观者叹曰：大哉尧之德也！老人曰：'日出而作，日入而息。凿井而饮，耕田而食。帝力于我何有哉？'"这可以说是对老子的"百姓皆谓'我自然'"的最好描述。儒家讲以德治国，孟子说："乐民之乐者，民亦乐其乐；忧民之忧者，民亦忧其忧。"明君治国使百姓爱戴，万民称颂，然而在老子眼中这仅仅是使百姓"亲之誉之"的次一等的统治者了；至于，实行严刑峻法，令人民生畏的法家，则又次了一等；那些朝令夕改，毫无威信的使人民轻视的统治者则为最次的。

老子的想法固然是好的，然而我们也应看到，这只是老子的一种乌托邦式的理想。人性是多样的，尤其是在经历过大乱、大变动的时代，有时一味地让人们自由发展并非最好的办法。人们常说："乱世用重典。"即是如此。我们应用发展的眼光看待老子的学说，在认识到其政治理念的时候，也应看到它的时代性、局限性。否则只能是胶柱鼓瑟，采用错误的方式。

哲理引申

老子的无为而治的思想，并不是真正的毫无所为，他所说的"贵言"，也不是"无言"。无为而治的思想，要求统治者减少对人民的干扰，避免让政令扰乱人民的正常生活，但并不是对人民过于放纵。相反，对于作奸犯科之人应及时纠正，对于不合理的政策应及时调整。

《左传·昭公二十年》就记载了为政过宽的错失。郑国的子产病重。他对子太叔说："我死以后，您必定主政。只有道德高尚的人才能够用宽厚的政策使民众服从，其次的政策没有比严厉更有效的了。比如火势猛烈，人们望见它就害怕，所以很少有人死于火。水性柔弱，民众亲近并和它嬉戏玩弄，所以死于水的人就很多,因此宽厚的政策,实施的难度要大。"子产病数月后就去世了。

太叔继任主政郑国,不忍心采用严厉的政策而实行宽厚政策。郑国因此很多盗寇,他们招集人手聚集于萑苻泽中。子太叔很后悔,说:"我早点听从子产的话,就不至于弄到这个地步。"于是出动士兵去围剿萑苻泽中的盗寇,将他们全部杀灭,从此盗贼活动才稍稍平息。

孔子听到这件事后说:"好啊!政令宽大民众就怠慢,民众怠慢就用刚猛的政策来纠正。政策刚猛民众就受伤害,民众受伤害了就施与他们宽厚的政策。宽厚用来协助刚猛;刚猛用来协助宽厚,政治这才得以和谐。"

明朝万历皇帝朱翊钧可谓是"无所为"的典范。朱翊钧登基时有老师张居正辅佐,还没什么太大的过失,等张居正过世后,他就开始沉湎于酒色之中。竟然三十年不出宫门、不理朝政、不郊、不庙、不朝、不见、不批、不讲。万历十七年(1589年),朱翊钧不再接见朝臣,内阁出现了"人滞于官"和"曹署多空"的现象。以至于朱翊钧在位中期以后,方入内阁的廷臣不知皇帝长相如何,国家重臣虽对政事忧心如焚,却无计可施,仅能以数太阳影子长短来打发值班的时间。官员上奏的奏折,他都随意抛在一边,从不批复,国家各个机构的官员都出现大量缺失,他也不闻不问。他这样的"无为而治"使好好的一个大明江山逐渐滑向了衰落、崩溃的深渊。

可见为政之道并非是一成不变的,有的人过于勤政,但拯救不了王朝的危亡;有的过于"无为",也治理不好国家;有因为过于相信儒学而德治失败的;有过分依赖严刑酷法而导致败亡的。学习老子的治国为政之道也是如此,它最大的前提就是得"道",即参悟透事物发展的规律,用发展的眼光去看如今社会需要什么政策。老子一切的治国、处世思想都是在对"道"的理解之后,得出来的。人们应看到事物发展的一面,立足于现实,才能采用正确的行事、治世方式。

第十八章
仁义之伪

在老子看来，人人所向往的仁义的出现，恰恰是因为大道荒废了；那些巧诈、奸伪的出现，恰恰是因为人们恃以提防、辨别他们的智慧。同样，孝慈、忠臣的出现无不如此。乍看老子的说法很难理解，但仔细思索却发现，道理尽在其中。

原　文

大道废①，有仁义；智慧出②，有大伪；六亲不和③，有孝慈；国家昏乱，有忠臣。

注　释

①大道：自然之道，无为之道。
②智慧出：聪明、巧智的现象出现。
③六亲：父子、兄弟、夫妻。

译　文

大道被废弃了，才有提倡仁义的需要；聪明智巧的现象出现了，伪诈才盛行一时；家庭出现了纠纷，才能显示出孝与慈；国家陷于混乱，才会出现忠臣。

经典解读

本章表现了老子在仁义道德领域的辩证法思想。仁义、智慧、孝慈、忠诚本是世人最看重的美德，但老子却认为它们和大伪、巧诈、不和、昏乱是一气

[第十八章] 仁义之伪

相连的。王弼说:"甚美之名生于大恶,所谓美恶同门。"仁义的出现恰恰是因为大道的毁弃,没有荒废的大道就不能显示出仁义,孔孟之所以被称为圣人就是因为他们生活在礼崩乐乱的乱世,能在乱世中呼吁自己的德治主张而被世人尊仰。智慧也是如此,人人都没有心机,大家都按规律行事,怎么会有伪诈出现呢?一家和睦团结,父慈子爱,兄弟相亲,夫妇和谐,如何能突出谁孝顺、谁不孝顺呢?天下和平无事,上有道,下有守,哪里会需要舍生取义,杀身成仁的忠臣呢?

舜帝是孝的典范,然而他的孝却恰恰是他父亲昏聩、兄弟奸诈而凸显出来的。相传他的父亲瞽叟及继母、异母弟象,多次想害死他:让舜修补谷仓仓顶时,从谷仓下纵火,舜手持两个斗笠跳下逃脱;让舜掘井时,瞽叟与象却下土填井,舜掘地道逃脱。可见他的父亲、继母、兄弟不是一般的不仁慈,这样的环境之中才有了舜的孝名。提到忠臣,人们就会想到岳飞、史可法、文天祥、方孝孺等,可是他们之所以有忠臣之名,就是因为遇到了乱世,天下大变,而他们所得到忠名的代价也都是悲惨的。在那些盛世之中,很少有人被称为忠臣,因为这时的天下用不着忠臣来为它牺牲,用不着用生命来表现自己的崇高道德。

正因为如此,我们在看人看物的时候,不能只看到事物的表面,一个人的好坏忠奸、一件事的利弊对错都应采取辩证的角度用发展的眼光去分析。这样才不会过于偏颇。

哲理引申

汉成帝后期沉湎于酒色之中,大权逐渐被外戚王氏家族所掌握。太后王政君的七个兄弟都被封为侯,尤其是王凤集军政大权于一身,总理朝政。王莽就是王凤二弟王曼的次子。但因为父亲和哥哥早亡,所以他并未封侯,和寡母过着十分清寒的生活。但也正是这种早早挑起家中大梁的经历和清贫的生活让王莽和其他纨绔的王氏后人截然不同。他在家里孝敬寡居的母亲,照顾兄长的遗孺,耐心教育侄子;在外面结交一些有才华的朋友,拜当时著名的学者陈参为师学习《论语》,孜孜不倦地攻读经书,待人接物恭敬有礼,侍奉执掌大权的伯父、叔父们更是小心翼翼。他深受儒家思想熏陶,从不跟堂兄弟们去寻欢作乐,保持洁身自好、谦恭谨俭、温文尔雅,颇有儒者的风范,几乎都成为了当时的道德楷模。

　　大伯王凤病倒时，王莽在床前尽心竭力地侍奉伯父，几个月如一日，衣不解带，最后累得蓬头垢面，疲惫不堪。这让王凤大受感动，临死时拜托皇太后王政君和外甥汉成帝，让他们关照这个长期被自己忽视的侄子。他的另一个叔叔，大司马王商也感到这个侄子不同凡响，向成帝上书愿将自己的封地分一部分给王莽。朝廷大臣对王莽的名声、人品早有耳闻，纷纷向皇帝称赞王莽。王莽立刻声名鹊起，引起了成帝的极大关注。

　　永始元年（前16年），汉成帝下诏封王莽为新都侯，提升为骑都尉、光禄大夫侍中。王莽身居高位，却从不以自己为尊，总能礼贤下士、清廉俭朴，常把自己的俸禄分给门客和平民，甚至卖掉马车接济穷人，在民间深受爱戴，朝野的名流也都称赞歌颂王莽。

　　公元前8年，三十八岁的王莽出任大司马，他执政后，克己不倦，招聘贤良，所受赏赐和邑钱都用来款待名士，生活反倒更加俭约。有一次，百官公卿来探望他的母亲，见到王莽的夫人穿着十分简陋，还以为是他家的奴仆。汉哀帝继位后，重用自己的祖母傅太后与丁皇后的外戚，王莽卸职隐居于封国，遂闭门不出，安分谨慎，其间他的二儿子王获杀死家奴，王莽严厉地责罚他，且逼王获自杀，得到世人"大义灭亲"的好评。哀帝死后，九岁的汉平帝登基，王莽立刻被王太后召回，代理政务，得到朝野的拥戴。

　　此时，王莽的野心也开始暴露。他培植自己的党羽。王莽平时表情严肃一本正经，当想要有所获取利益的时候，只须略微示意，他的党羽就会按他意思纷纷上奏，然后王莽就磕头哭泣，坚决推辞，从而对上以迷惑太后，对下向平民百姓掩盖自己的野心。

　　王莽为了继续博取仁义之名，不断建言加大对官员百姓的赏赐，使鳏寡孤独都得到好处，他建言太后带头过俭朴的生活，自己又贡献钱百万、田三十顷救济民众，百官群起效仿。每逢遭遇水旱灾害，王莽只吃素食，不用酒肉。大司徒司直陈崇为宣传王莽，于是上表赞颂王莽的功德，说他可与古代的圣人相比。

　　汉平帝元始五年（5年），平帝病，王莽以自身祈祷上天代平帝病死。公元6年，汉平帝病死，王莽立孺子婴（即刘婴）为皇太子，自己代天子朝政，称假皇帝，不久又篡位称帝，改国号为"新"，成为后世篡位夺权奸臣的典型。

王莽亲近大儒，满口仁义，在未篡位之前被天下人称为周公一样的"圣人"，然而在他死后，却成了奸臣的代表。白居易诗："周公恐惧流言日，王莽谦恭未篡时。向使当年身便死，一生真伪有谁知。"一语道尽了后人对他的感慨。的确如老子所言"大道废，有仁义；智慧出，有大伪"，世间万物之真伪，又复谁知?!

第十九章
绝圣弃智

老子提出"绝圣弃智"、"绝仁弃义"、"绝巧弃利"的治世思想。认为"仁义"、"圣智"等不足以作为治理国家的法则,只有归于原始,保持事物的本性才能免除世间的忧患。

原　文

绝圣弃智①,民利百倍;绝仁弃义,民复孝慈;绝巧弃利,盗贼无有。此三者以为文不足②,故令有所属③;见素抱朴④,少私寡欲;绝学无忧⑤。

注　释

①绝圣弃智:抛弃聪明智巧。圣指自作聪明之意。

②此三者:指圣智、仁义、巧利。文:条文、法则。

③属:归属、适从。

④见素抱朴:保持原有的自然本色。"素"是没有染色的丝;"朴"是没有雕琢的木。

⑤绝学无忧:指弃绝仁义圣智之学才能免除忧患。

译　文

抛弃聪明智巧,人民可以得到百倍的好处;抛弃仁义,人民可以恢复孝慈的天性;抛弃巧诈和货利,盗贼也就没有了。圣智、仁义、巧利这三者全是巧饰,作为治理社会的法则是不够的,所以要使人们的思想认识有所归属,保持纯洁朴实的本性,减少私欲杂念,抛弃圣智礼法的浮文,才能免于忧患。

[第十九章] 绝圣弃智

经典解读

有人认为老子反对一切文化思想，是想让人民归于最原始的愚昧状态，是愚民思想的先驱、愚民政策的鼓吹者。老子思想固有反智倾向，但并不是为了愚昧民众。老子所真正反对的是那种在人们交往中的奸诈巧智、假仁假义，让人们免去权利、欲望的诱惑，做到心灵上的自由。

老子所生活的时代，诸侯纷争，战乱四起，所有的战争无不是打着维护礼义、为天下的旗帜；所有的统治者，无一不以圣贤自居；而那些纵横游说的政治家、思想家们也无一不是世人心目中的"智者"，他们用给诸侯带来"利"的学说而挑拨战争，求取功名。在老子眼中，这正是战火频仍、民不聊生的根源。所以老子从他所观察到的时代出发，认为这些"圣智"、"仁义"、"巧利"，才是大道废的祸根。人们与其有这些"仁义"、"巧智"还不如没有，还不如归复于那种理想中的无知无欲、无争无斗的状态。

《庄子》中曾有这样的描述：远古时候，人们结绳记事，将粗疏的饭菜当作美味，将朴素的衣服当成美服，在淳厚的风俗中快乐地生活，居所简陋，但人们却安适于其中，邻近的国家相互观望，鸡犬之声相闻，百姓到老死也不相往来。那才是真正的太平盛世。如今，百姓伸长脖子、踮起脚跟说"某个地方出了个圣人"，于是带着粮食急趋而去，抛弃双亲，放弃自己的事业，往来奔波，这都是追求圣智而不遵循大道的过错。

快乐的含义很复杂，有人说学习是快乐的，有人说无知最快乐；有人静坐冥想很快乐，有人将攀山越岭当作快乐；对于很多百姓来说没有战乱、安居乐业就是快乐，但张仪、苏秦这样的名士却将建功立业、名扬天下当作快乐；有的君主整天就喜欢饮酒作乐，有的君主却宵衣旰食而不知疲倦……老子认为是智慧、名利让那些人不安于现状，而劳神伤骨的。在现实的社会中，我们只能说老庄等人都是理想主义者。我们在看到他们这种美好理想的同时，也应看到其局限性，一方面学习老子放弃小聪明、小利益，遵循大道的理念；一方面也应看到其过于理想化的缺点：完全放弃巧智、利益的人根本无法在这个世界上立足。

哲理引申

卢多逊，怀州河内（今河南沁阳）人，北宋大臣，出身书香门第，家中四代为官，本人是后周太祖郭威显德初年进士。他博学多才，精通经史，文辞敏捷，喜欢术数，十分有谋略。宋太祖喜欢读书，每次到史馆取书，卢多逊预先诫令史馆官吏告诉自己，知道宋太祖所拿的书，一定通宵阅读，到宋太祖问到书中事时，卢多逊回答流畅，同僚们都佩服他，宋太祖也十分看重他。

当时的宰相是赵普。赵普是陈桥兵变时的功臣，才智出众，功勋卓著。但赵普读书并不多，这和卢多逊形成鲜明对比。所以二人之间常有些龃龉，赵普不看好卢多逊，卢多逊也常常对赵普不逊。担任翰林学士后，每当宋太祖召对之时，卢多逊便趁机谈起赵普违法占地、与民争利等诸多不法行为。还有一天，赵普与卢多逊一起奏禀政事。这时，宋太祖赵匡胤刚想把年号改为"乾德"，就说这个年号自古以来未曾有过。赵普一旁附和，说这个年号起得好。数年后，宋灭后蜀，后蜀皇宫中的一些物品被送到宋太祖手中。宋太祖发现这些物品中有些印有"乾德"的字样。问众人，卢多逊道："此伪蜀时号也。"赵匡胤大为惊讶，立即命史官查对，果如卢多逊所言。赵匡胤大怒，提笔就在赵普脸上抹了一下，说："汝怎得如他。"赵普回家后，一个晚上都不敢把脸上的墨迹洗去。第二天早朝，赵匡胤见他脸上仍有墨迹，才笑着让他洗掉。赵普受此羞辱，对卢多逊的成见更深了。

开宝六年（973年）八月，赵普被弹劾罢职出镇河阳，卢多逊不久就被任命为中书舍人、参知政事。赵光义继位后，又被任命为宰相，一时间权倾朝野。为了打击看不起自己的老宰相，卢多逊设法排挤赵普的妹夫太常博士侯仁宝，使其离开京师最后阵亡于战场。而后又逼迫刚刚娶了宋太祖外甥女的赵普长子赵承宗离京赴任。卢多逊在幕后的种种小手段令赵普十分恼怒却没有办法。后来，赵普因"金匮之盟"遗训，为宋太宗立了大功，因功被晋为司徒、宰相，封梁国公。

赵普复相以后，卢多逊颇为不安。《宋史·太宗本纪》记载：普复相，多逊益不自安。普屡讽多逊令引退，多逊贪权固位，不能自决。赵普并不想将卢多逊赶尽杀绝，暗示他隐退，但卢多逊贪恋权位，并不死心。他甚至还想东山再起，于是勾结宋太宗的弟弟，秦王赵廷美。这恰恰犯了宋太宗的大忌。太宗大怒，下诏——列举他不忠的罪过，贬授为兵部尚书。第二天，把卢多逊交给官吏审问，命令翰林学士承旨李昉、学士扈蒙、卫尉卿崔仁冀、膳部郎中知杂事滕中正一同审讯。案情审结，召文武常参官在朝堂集议，太子太师王溥等七十四人上奏议论说："谨按兵部尚书卢多逊，身任宰相，心怀怨望，秘密派遣堂吏，勾结亲王，互通声气，咒诅君父，大逆不道，败坏纲纪，上负国家恩宠，下亏为臣之节，应当予以诛罚，以正法律。请把卢多逊交给有关部门处理，削夺一切官爵，依法诛斩。秦王廷美，也请同卢多逊一起做出处理，其他牵连犯罪的人，希望按法律惩治。"太宗下诏将其流放至崖州。

卢多逊聪明才智，学识渊博固然值得欣赏，但他不懂为官之道，却总喜欢恃才傲物，耍小聪明，在存在隐患之时，又贪恋权位，不能做到及时身退，最终落得抄家流放的罪过。

第二十章 保持独立

美丑、贵贱都是相对而言的，随着环境的变化而变化。与其向俗人那样追逐世间的美与贵，追求智慧和利益，倒不如依道而行，做个"愚人"，保持无用，以安心性。

原 文

唯之与阿①，相去几何？美之与恶②，相去若何？人之所畏③，不可不畏。荒兮④，其未央哉⑤！众人熙熙⑥，如享太牢⑦，如春登台⑧。我独泊兮⑨，其未兆⑩；沌沌兮⑪，如婴儿之未孩⑫；儽儽兮⑬，若无所归。众人皆有余⑭，而我独若遗⑮。我愚人之心也哉⑯！俗人昭昭⑰，我独昏昏⑱。俗人察察⑲，我独闷闷⑳。澹兮㉑，其若海；飂兮㉒，若无止。众人皆有以㉓，而我独顽且鄙㉔。我独异于人，而贵食母㉕。

注 释

①唯之与阿：唯，恭敬地答应；阿，怠慢地答应。即尊贵与卑贱。

②美之与恶：美，一本作善，恶作丑解。即美丑、善恶。

③畏：惧怕、畏惧。

④荒兮：广漠、遥远的样子。

⑤未央：未尽、未完。

⑥熙熙：熙，和乐，用以形容纵情奔欲、兴高采烈的情状。

⑦享太牢：太牢是古代人把准备宴席用的牛、羊、猪事先放在牢里养着。

此句为参加丰盛的宴席之意。

⑧如春登台：好似在春天里登台眺望。

⑨泊：淡泊、恬静。

⑩未兆：没有征兆、没有预感和迹象，形容无动于衷，无忧无喜。

⑪沌沌兮：混沌，不清楚。

⑫孩：同"咳"，形容婴儿的笑声。

⑬儽儽兮：疲倦闲散的样子。

⑭有余：有丰盛的抱负理想。

⑮遗：不足的意思。

⑯愚人：纯朴、直率的状态。

⑰昭昭：智巧光耀的样子。

⑱昏昏：愚钝暗昧的样子。

⑲察察：精明严刻的样子。

⑳闷闷：纯朴诚实的样子。

㉑澹兮：辽远广阔的样子。

㉒飂兮：急风。

㉓有以：有用、有为，有本领。

㉔顽且鄙：形容愚陋、笨拙。

㉕贵食母：母用以比喻"道"，意为以守道为贵。

译　文

尊贵与卑贱，相距有多远？美好和丑恶，又相差多少？人们所畏惧的，不能不畏惧。这其中的道理从来就是如此，浩远而没有尽头。众人都熙熙攘攘、兴高采烈，如同去参加盛大的宴席，如同在春天登台眺望美景。而我却独自淡泊宁静，无动于衷。混混沌沌的，如同婴儿还不会发出嘻笑声。疲倦闲散的，好像浪子还没有归宿。众人无不志向盈盈，而我却无所追求。我真是只有一颗愚钝的心啊！众人光辉自炫，唯独我迷迷糊糊；众人都那么严厉精明，唯独我这样淳厚深沉。辽阔啊，像大海汹涌；飊忽啊，飓风无处停留。世人都精明灵巧有本领，唯独我愚昧而笨拙。我独与人不同的，就是以守道为贵。

经典解读

在老子看来，自己是孤独的，是与众不同的。世人熙熙攘攘，追逐不休，

79

而自己却淡然无为。和那些聪辩精明的人相比，自己似乎只是一个愚昧而笨拙的无用之人。别人都光辉自耀，而自己却迷迷糊糊，不知归于何处，止于何处。最后，老子发出感叹："我独顽且鄙。"但这并非是一种自我的贬低，最后的"我独异于人，而贵食母"指出，老子安于这些，这都是"道"。

老子开始那些看似是自我贬低的话，恰恰是对自己沉醉于道的赞赏，他对那些世俗之人的精明强干，汲汲于功名富贵是十分鄙视的，其实他们才是"顽且愚"的。老子认为，世俗的价值观极为混淆，智慧、仁义、利益导致本来心思纯洁的人，为了这些而丧失本性，却全然不察。他们熙熙攘攘，纵情于声色货利，而老子自己则甘愿清贫淡泊，并且显示出自己与众人的疏离和相异之处。说自己顽愚，其实和同屈原发出"众人皆醉我独醒"的呐喊是一样的。

老子在对世俗价值观进行揭露，对自己人生态度进行表达的时候，同时也告诉了人们一个道理：众人追逐的不一定是对的，众人推崇的不一定是好的。在第二章老子就曾谈到过"天下皆知美之为美，恶已；皆知善，斯不善矣。"很多时候，天下人的认知并不可靠。相反，因为仁义、功名等学说的影响，世人极易迷失自己。例如，很多陈旧的封建伦理纲常学说，对女性自由限制的言论，一些腐儒对孔子思想的扭曲，成为了中国古代社会上极为受推崇的思想，严重禁锢了人性和自由思想的发展，更有甚者，有些人怀着邪恶的目的创造出很多歪理邪说，蛊惑世人。比如第二次世界大战时，希特勒等纳粹分子用民族利益、解放全人类的谎言，欺骗了所有的德国人，对世界人民和德国人民都犯下了极其重大的罪行。

那么如何能在纷呈混乱的世界中不至于迷失呢？那就是像老子一样，保持了淡薄虚空的心境，坚守自然之大道。

哲理引申

管宁，字幼安，北海郡朱虚县人。他自小饱读《诗》、《书》，学富五车，与华歆、邴原并称为"一龙"。其言行举止，处处有度，深得乡里人赞赏。当时，东汉朝政混乱，宦官当权，人们都崇拜那些手握重权的高官藩臣，而管宁却淡泊名利，不好金钱，唯以研习经典为所好。

管宁小时，父亲去世了。他家里很贫穷，无法安葬父亲。乡邻于是纷纷捐钱出物，供他治丧。人们捐的钱物很多，可管宁只收取了安葬父亲的费用，其余都一一恭敬地退了回去。很多浪子无赖，都叹惜自己怎么没有这样的好运，暗中骂管宁是个傻子。

父亲去世后,管宁全家的收入只靠几亩薄田,地里庄稼就是全家的命根子。一位乡邻耕地后,没把牛拴好,牛跑到管宁的田地,将庄稼啃食了一大半。管宁来到田边看见了,十分着急,马上把牛牵了出来。恰好乡邻这时也赶到了,以为管宁要拿牛出气,就躲在一边偷看。然而,他却看到管宁把牛牵到树荫下,找来草将其喂饱,然后送到邻家。乡邻十分感动,一定要赔偿管宁,可管宁说什么也不要。

虽然管宁生活贫困,却从不把功名、财富放在心上。一天,管宁和华歆一同在菜园里刨地种菜,看见地上有一小块金子,管宁不理会,举锄锄去,跟锄掉瓦块石头一样,华歆却把金子捡起来再扔出去。还有一次,两人同坐在一张坐席上读书,有达官贵人坐车从门口经过,管宁照旧读书,华歆却放下书本跑出去看。管宁就割开席子,分开座位,说道:"你不是我的朋友。"

为了争夺天下,诸侯们纷纷招纳贤才,那些才智之士也凭借自己的学识四处奔走,以求在乱世中建功立业,博取功名。可管宁却对出仕毫不在意。他听说辽东太守公孙度在海外推行政令,就与邴原及平原人王烈等到辽东。公孙度空出馆舍等候他们。管宁拜见公孙度,只谈经典而不语世事,之后,管宁就居住在山谷中。当时渡海避难的人大多住在郡的南部,而管宁却住在郡的北部,表示没有迁徙的意思,后来的人渐渐都来跟从他,一月之间就形成了村落,管宁就开始讲解经典,推行教化工作,人们都很乐于接受管宁的教导。中原地区稍稍安定后,逃到辽东的人都回去了,只有管宁安闲自在,就像要在辽东终老一样。

黄初四年(223年),**魏文帝曹丕**诏令公卿大臣举荐独行特立的隐士,已经位居司徒的华歆举荐了管宁,曹丕就专门用安车前往征召。管宁离开辽东时将公孙度、公孙康、公孙恭前后所给他的资助馈赠,全都封好退还给了公孙氏。回到中原后,曹丕下诏任命管宁为太中大夫,管宁坚持辞让没有接受。

后来魏明帝曹叡即位,华歆、陈群等重臣都推荐管宁,魏明帝于是下诏征召管宁为光禄勋。曹叡又下诏给青州刺史说:"管宁坚守道德操守,潜隐海角,接连颁下诏书,违抗命令不来就职,逗留在他的居处,从事他认为高尚的事业。虽然有隐士高人的操守,而失却考父增益恭敬的义蕴,使朕虚心等待已有年余,这怎样说呢?他白白想要自安,朕一定要扩大他的志向,不想想古人也有幡然

81

改变节操为民造福的人吗？日月流逝，时间将要过去，洁身自好，将干些什么呢？孔子说过：'我不是这人的党徒又会是谁的呢！'朕命令青州的别驾从事、郡丞掾：奉诏按礼节遣送管宁来京都，供给他安车、随从、褥垫、路上厨司食物，上路之前先行奏闻。"管宁自称草莽之人并上疏辞让。

而后，朝廷屡次征召，管宁都辞而不就，最后享年84岁去世。管宁生活于乱世，却能不被世俗所左右，可谓坚守正道的道之高士。桓范曾称赞他："凿坯而处，养德显仁。尧舜在上，许由在下。箕山之志，于是复显。严平郑真，未足论比。清声远播，顽鄙慕仰。"

第二十一章
唯道为德

"道"是由极其微细的物质所组成的。道虽然恍惚缥缈，却是真实存在的，而且是万物的本源。世间最大的德，也是遵循着道的。通过道，人们可以知道世界的初始。

原　文

孔德之容①，惟道是从。道之为物，惟恍惟惚②。惚兮恍兮，其中有象③；恍兮惚兮，其中有物；窈兮冥兮④，其中有精⑤，其精甚真⑥，其中有信⑦，自今及古，其名不去，以阅众甫⑧。吾何以知众甫之状哉？以此⑨。

注　释

①孔：甚、大。容：运作形态。
②恍、惚：迷离、不清楚。
③象：形象、具象。
④窈兮冥兮：窈，深远、微渺。冥，暗昧，深不可测。
⑤精：精华，最微小的原质，极细微的物质性的实体。
⑥甚真：是很真实的。
⑦信：信实、信验。
⑧众甫：即众生，天地万物。
⑨以此：此指道。

译　文

大德的运作形态，是由道所决定的。"道"这个东西，没有清楚的固定实体。它恍恍惚惚，似乎有一定的形象；它恍恍惚惚，似乎又包含有实物。它是那样的深远暗昧啊，其中却有精质；这精质是最真实的，这精质中包含着可以信验的规律。从当今上溯到古代，这种功用（即精质中可以信验的规律）一直存在，依据它，才能了解万物的初始。我如何知道众生万物的本性呢？是通过"道"认识的。

经典解读

首先，老子认为真正的大德（孔德）都是依从于道的。而不是那种生搬硬套的仁义，对世间万物"妄为"的干扰。天地不仁以万物为刍狗，但天地生养万物之大德无人能比；圣人不仁以百姓为刍狗，但正是这种依从于道的"无为"才是真正的治世良策。

其次，老子对前文提出的道是"无状之状，无物之象，是谓惚恍"进行了深化。老子认为"道"是虚无恍惚的，但它又不是完全感受不到的，恍恍惚惚之中似乎又包含有事物，又能显现出一定的形象。这种似有似无的深远暗昧之中藏着世间物质的精华，这种精华中包含着自然万物规律的信息。正是通过这种信息，我们才能认识到"道"，从而了解万事万物的本源。

老子认为"道"是无形的，它必须作用于物，透过物的媒介，而得以显现它的功能。这里，"道"之所显现于物的功能，老子把它称为"德"，"道"产生了万事万物，而且内在于万事万物，在一切事物中表现它的属性，也就是表现了它的"德"，在老子眼中真正的修德就是悟道，只有遵照道，才能体悟真正的德。

哲理引申

"孔德之容，惟道是从"，"德"是由"道"衍生而出的。只有符合于"道"的"德"，才能称为"德"，只有符合于"道"的行为，才能称为"有德"。可惜很多人不明白这个道理，教条地成为错误的守卫者、牺牲者，至死都以为自己是有德的。

中学语文课本中有一篇《自然之道》的文章，几位旅行者到南太平洋的加拉巴哥岛去旅行，顺便观察海岛上的海龟离巢进入大海的活动。当他们看到最先出现的小海龟，惨遭食肉海鸟啄食后心中产生了怜悯之心，于是帮助这些小海龟进入了大海。可是接下来出现的一幕惊呆了所有的人，无数的小海龟从藏身的沙滩中涌出来，向大海爬去，等在周围的鸟类一拥而上，失去庇护的小海龟惨遭杀戮。

原来，最开始出现的那些小海龟是"侦察兵"，外面危险多的话它们就会返回巢穴，从而警告海龟群：还未到可以全面进行的时机。但因为旅游者的怜悯之心，使海龟群得到了错误的信号，以为外面的危险都不存在了。他们本想做好事，帮助小海龟，却造成了一个愚蠢的后果，导致成千上万的海龟丧生鸟口。

商朝末年，帝辛无道，骄奢淫逸，残害百姓，国中很多大臣见到国君如此，纷纷逃亡，就连帝辛的哥哥微子都逃奔了周。而有一对父子却对纣王忠心耿耿，就是飞廉、恶来二人。据记载，他们两人都具有勇力、行动敏捷。在商朝未败时他们侍奉纣王，在商朝败亡时恶来力战而死，飞廉当时不在朝歌，当他听闻了纣王已死的消息后痛不欲生，自杀殉国。据记载，当时飞廉在北方为纣王立坛于霍太山，得一石棺，棺上铭文：帝令处父不于殷乱，赐尔石棺以华氏。飞廉遂触棺而死。

飞廉、恶来对于商朝可以说称得上忠心耿耿了，但即使提倡忠君思想的儒家，也将他们看为是乱臣贼子，这是为什么呢？就是因为，他们虽然符合于"忠"的道德，却不符合"道"。

这两个故事看似无关，却都说明一个道理，就是"德"应该顺从于"道"，这样才能称为德，否则讲"道德"就会成为无根之水。旅行者违背了大自然的规律，纵容怜悯之心，造就了一场小海龟的灾难；飞廉、恶来违背了"国以民为本"之道，将忠诚奉献给一个暴君，最终留下了千古骂名。

世界就是这样的，它有自己的规律——即"道"，很多人类却不能认识到这一点，他们从"仁义礼智"出发，总是想根据自己的意志来创造一个所谓的圣人之国，但结果往往事与愿违，反而给世界、给自己造成伤害。所以说，"德"一定要先符合"道"，即自然规律才能施行，不知"道"，一味地讲"德"，就会变成乱德、害德。

第二十二章
以曲求全

老子用连续的六句话"曲则全,枉则直,洼则盈,敝则新,少则得,多则惑"来表达了以退为进、不争而争的处世方式。一味求强、求盈,只会导致失败。

原 文

曲则全①,枉则直②,洼则盈③,敝则新④,少则得,多则惑。是以圣人抱一为天下式⑤。不自见⑥,故明⑦;不自是,故彰,不自伐⑧,故有功;不自矜,故长。夫唯不争,故天下莫能与之争。古之所谓"曲则全"者,岂虚言哉?诚全而归之。

注 释

①全:保全。
②枉:屈枉。
③洼:低洼。
④敝:陈旧。
⑤抱一:抱,守。一,道,即守道。式,范式、法则。
⑥见:现,呈现。
⑦明:彰明。
⑧伐:夸耀。

译 文

委曲便会保全,屈枉便会直伸;低洼便会充盈,陈旧便会更新;少取便会获得，贪多便会迷惑。所以圣人坚守"道"作为天下事理的范式，他不自我表扬，反能显明；不自以为是，反能是非彰明；不自我夸耀，反能取得功劳；不自我骄傲，所以才能长久。正因为不与人争，所以天下没有人能与他争。古时所谓"曲则全"的话，怎么会是空话呢？它实实在在能够达到。

经典解读

普通人过于关注事物的表象，反而忽略了实质。他们追逐富贵，却往往得来祸患；想长期保持高官重权，却常常身死家破；想让自己流芳百世，到头来却是遗臭万年……老子认为，多求多欲只能适得其反，只有不争，"不自见"、"不自是"、"不自伐"、"不自矜"，才能最终显明、彰明、有功、长久。

老子要求人们在处事时不能急于求成，不可"妄为"，要静待时机以观其变，然后采取行动。事物都存在相互联系、相互对立的不同方面，人们对事物的正反两面都应该认识清楚，居安则思危，求福则防患。要具有开阔的视野，虚怀若谷，全面考虑事物。要清晰地认识到那些安乐、美好、高贵中暗藏的种种危机。

同样，从另一个方面考虑。人处于危难之中时也不能自暴自弃，应该记着"有无相生，祸福相依"的道理。静下心来，寻找时机来摆脱困境。要善于在"曲"中发现"直"，在"洼"中发现"盈"，在"少"中寻找"多"。

需要注意的是"不争"并非是毫无作为，不是什么也不做干等着。老子所谓的"不争"是不急于求成，不妄为。有些事不争也可以取得成功，但有些事的成功是需要积极地努力来实现的。

"曲则全，枉则直，洼则盈，敝则新，少则得，多则惑"还可以理解为一种安身处世的态度。

曲则全：伐木取材砍伐的往往是那些高大笔直的，而那些弯卷蜷曲的却能保存下来。对于树木来说，过直就会遭到砍伐；对于人来说过直就会遭受打击。古人云："峣峣者易缺，皦皦者易污。《阳春》之曲，和者必寡；盛名之下，其实难副。"

枉则直：能承受一定的委屈，最后才能得到申张。如果凡事都较真、不留余地，最终一定会陷入僵滞。古人说："凡事都不能做尽。"也是这个道理。

洼则盈：人应谦虚、虚心。大海居下故能囊括江河。

敝则新：不要忘记旧的，才能不断更新，"学而时习之"是也。

少则得，多则惑：少取的才会有收获，贪多只会导致惑乱。对于事物，有节制地索取才能细水长流。

可见老子之"道"，囊括万象，仁者见仁，智者见智。时刻保持一颗空虚的心，对它慢慢理解，才能在智慧的道路上不断前进。

哲理引申

春秋战国时期，晋国是当时最强盛的国家，称霸长达百余年，在外面它同秦、齐、楚、吴等争夺霸权，在国内执政的各个世卿大族也相互倾轧，其激烈程度一点也不比国与国之间差，可以说上演了一场场精彩的家族衰亡史。在晋文公归国建立六卿制度，分封功臣以后，先后有十几个大家族登上晋国政治的舞台，他们无不煊赫一时，如栾氏、郤氏、赵氏、中行氏、范氏等，但最终只有赵、魏、韩三家坚持到了最后，最终他们瓜分晋国立足于战国七雄中。其中赵氏的历史最为精彩，它起起落落，屡次遭遇灭亡的危险，但都挺了过去，这个家族能够在激烈的竞争中崛起，在失败中复兴的关键就是其奠基人——赵衰的谦让之德。

赵衰早年即有贤士的名声，与少年时期的晋文公重耳相友善。重耳因骊姬之乱出奔，流亡在外十九年，赵衰一直相随。流亡期间，赵衰在生活上照顾重耳，路上携带饭食，走散了都宁肯饿着也不吃，留着给重耳。在归国谋位的大业上，更是费尽心机，帮重耳出谋划策，甚至于胁迫重耳成就大事。重耳流亡到齐国，在舒适安逸的生活中沉迷，一住五年，不愿离去。赵衰与其他追随者们人密谋，把重耳灌醉，抬上马车，又开始周游列国，寻求帮助，终于使他成为晋国国君。晋文公归国以后，开始大封功臣，很多功臣争着表现自己的忠心和功劳，以求能获得更重要的职位，而建立赫赫功勋的赵衰却一直以谦让为原则。

晋文公问赵衰谁可担任元帅，赵衰回答说："郤縠可以。他已经五十岁了，还坚持学习。先王制定的法规典籍，是道德信义的宝库。道德和信义，是人民的根本。能够重视的人，是不会忘记百姓的。请让郤縠担任此项职务。"文公采纳了赵衰的建议。文公又任命赵衰为卿，赵衰推辞说："栾枝这个人忠贞谨慎，先轸足智多谋，胥臣见闻很广，都可以担任辅佐，臣不如他们。"于是文公任命栾枝统帅下军，由先轸为副将辅助他。郤縠死后，先轸接替他任中军统帅，胥臣担任下军副将。文公又让赵衰任下卿，赵衰推辞说："三桩有功德的事情，都是狐偃出的计谋。用德行来治理人民，成效十分显著，不可不任用他。"文公便任命狐偃为下卿，狐偃推辞说："狐毛的智慧超过小臣，他的年龄又比我大。狐毛如果不在其位，小臣不敢接受此项任命。"文公于是派狐毛统帅上军，由狐偃为副将辅助他。狐毛死后，文公派赵衰代替他任上军统帅，赵衰又推辞说："在城濮之战中，先且居辅佐治军干得很好，有军功的应当得到奖赏，以正道帮助君王的应当得到奖赏，能完成自己职责的应当得到奖赏。先且居有这样三种应当得到的奖赏，不可不加重用。而且像我这样的人，箕郑、胥婴、先都等都还在。"文公于是派先且居统帅上军。

晋文公说："赵衰三次辞让，他所推让的，都是些国家得力的捍卫者。废除辞让，便是废除德行。"因为赵衰的缘故，文公在清原地方举行阅兵，把原来的三军扩充为五军。任命赵衰担任新上军的统帅。狐偃死后，先且居请求委派副将，文公说："赵衰三次推让，都不失礼义。谦让是为了推荐贤人，礼义是为了推广道德。推广道德，贤才就来了，那还有什么可忧虑的呢！请让赵衰随从你做副将。"于是，晋文公便派赵衰担任上军的副将。

因为他的让，在赵衰生时其家族几乎和其他大家族关系都很好，甚至对很多家族可以称得上是有恩，为其家族和他的儿子铺设了一条很好的道路。所以在他死后，赵盾很快就做了晋国的执政，其家族也成为了晋国最显赫的家族。很多家族的崛起都是靠着流血斗争争出来的，斗争失败后身死家亡的不在少数，而赵衰却独能以让成就自己家族的辉煌，可谓以曲求成，不争而争的典范，正合了老子所说的"夫唯不争，天下莫能与之争"。

第二十三章
希言自然

骤雨不能久，飘风不能长，"希言"、"无为"乃自然之道。统治者治理百姓要合乎道，合乎德。反之就会使政令烦杂，导致威信丧失。

原 文

希言自然①。故飘风不终朝②，骤雨不终日③，孰为此者？天地。天地尚不能久，而况于人乎？故从事于道者同于道④；德者同于德；失者同于失⑤。同于道者，道亦乐得之；同于德者，德亦乐得之；同于失者，失亦乐得之。信不足焉，有不信焉！

注 释

①希言：少言，少说话。指统治者谨慎发布政令，少扰民。
②飘风：大风、强风。
③骤雨：大雨、暴雨。
④从事于道者：按道办事的人，按道治理百姓的统治者。
⑤失：失道、失德。

译 文

少说话、谨慎发布政令是合乎于自然的。狂风刮不了一个早晨，暴雨也持续不了一整天。谁使它这样的呢？天地。天地的狂暴尚且不能长久持续，更何况是人呢？所以，从事于道的就同于道，从事于德的就同于德，从事于失的人就同于失。同于道的人，道也乐于得到他；同于德的人，德也乐于得到他；同

[第二十三章] 希言自然

于失的人，失也乐于得到他。统治者的诚信不足，就会有人不信任。

经典解读

　　本章和第十七章相互对应，都提出了"信不足焉，有不信焉"的结论。第十七章是给出不同的统治者层次，来反对统治者使民畏之，而应实行无为之治，使民有"我自然"之感。而本章则通过飘风、骤雨的自然之道来喻人之道，告诫统治者少以强制性的法令横加干涉，更不要施行暴政，而要行"清静无为"之政，才符合于自然规律，才能使百姓安然畅适。老子指出，只要相信道，照着做，就自然会得到道。反之，就不可能得到道。

　　"飘风不终朝，骤雨不终日"这个比喻极其生动。它告诫统治者要遵循道的原则，这才符合自然规律，实施暴政以维护统治是长久不了的，统治者如果恣肆横行、一意妄为，那么人民就会抗拒他。冗政的结果就是统治者诚信不足，老百姓就不会信任他。当初秦始皇横扫六合，气势何其雄哉，然而秦朝施行暴政，严刑酷法，秦二世荒淫无道，大肆建造宫室、陵墓，最终导致了强大的帝国轰然崩塌；隋炀帝继承开皇之治，国家盛极一时，但他到处游玩，亲信奸佞，扰乱民生，终于使暴乱四起，自己也身死异乡。细细追究，古今中外，每个朝代，每个王国的灭亡无不因为统治者不知治民之道，致使百姓对其背弃、不信任。

　　同时"希言自然"从字面上理解，用到修身上也颇有参考价值。古人所说的"多言多失"、"口为祸之门"、"结怨多在言语中"，等等，就都说明了"慎言"这个道理。老子在前面说："多言数穷，不如守中。"《论语》中有君子"敏于事而慎于言"、"君子贵讱于言而敏于行"、"巧言令色，鲜矣仁"，等等。虽然随着社会的发展，人们提倡要善于表达，但这并不代表要喋喋不休。一个人应该知道什么时候应该说话，什么时候应该保持沉默，否则不仅会让君子耻之，甚至还会给自己招来祸患。

哲理引申

　　北魏末年天下波澜起伏，经过一番混乱国家分为两部分。东面是以高欢为首的东魏，西面是以宇文泰为首的西魏，这时一个被后世称为"关陇贵族"的军事政治集团逐渐登上了历史舞台。西魏、北周、隋、唐等朝代都是在其基础之上建立的，这一集团可谓显赫一时。其中，最初的代表就是西魏以宇文泰为首的八柱国，其中侯莫陈崇正是其中一员。

　　侯莫陈崇出身军人世家，其祖父、父亲都是武川镇军人。他少年时就勇猛果敢，善于骑马射箭，谨慎诚朴，不多说话。永安元年（528年），十五岁的侯莫陈崇跟随贺拔岳、尔朱荣讨伐葛荣。永安二年（529年），随元天穆平定青州流民起义首领邢杲，以战功授任建威将军。

他最令人称道的是，在追击起义军领袖万俟丑奴中的表现，他仅率轻装骑兵追击数倍于己的敌军，趁着敌人尚未布成阵势，侯莫陈崇单骑冲入敌人阵中，在马上将万俟丑奴活捉，乘机大呼，使敌人惊慌溃散，大获全胜。永熙三年（534年），贺拔岳被侯莫陈悦杀害，侯莫陈崇与诸将商议迎接宇文泰。在投奔宇文泰后，他历任要职，北周建立后，封梁国公，加太保衔，历任大宗伯、大司徒。侯莫陈崇功劳卓著，地位显赫，又为人"谨慤少言"，可以说没有什么忧患的，但就是因为一向谨慤少言的他，多说了一句话，就导致了被迫自杀，并被加以恶谥的下场。

宇文泰死后，朝政大权都被其侄子宇文护掌控，宇文护废黜了西魏恭帝改国号北周，为了控制朝政，他又连续杀死了北魏孝闵帝和明帝两个皇帝，昔日的柱国赵贵、独孤信都因为图谋反抗他而身死。朝中老臣虽然大多对宇文护不满，却又无可奈何。

保定三年（563年），侯莫陈崇跟随北周武帝宇文邕巡视原州，宇文邕夜里返回京师，人们私下感到奇怪，议论纷纷。侯莫陈崇听到了这件事，就满不在乎地对他的亲信常升说："从前我听占卜者说，晋公宇文护今年不吉利。皇上今天忽然连夜赶回京师，不外乎是晋公宇文护死了。"他本来只是对他的亲信说了这话，没想到一传十，十传百，很快京师的人都开始传说宇文护死亡了。周武帝虽然也希望宇文护死掉，但此时却还不是翻脸的时候。宇文护更是十分恼怒，认为朝中有人希望他死掉，并想在京师造谣生事。于是，武帝下令调查此谣言的来源。

很快，有人告发这件事的源头就是侯莫陈崇。为了安抚宇文护，周武帝在大殿召集公卿，当场责备侯莫陈崇。侯莫陈崇此时也意识到自己不经意间祸从口出了，心中恐惧，请求治罪。但宇文护并不想饶过这位"希望自己死"的元老功臣，当夜派人率兵包围侯莫陈崇的住宅，逼他自杀。侯莫陈崇不得已自杀身亡，朝廷依照常规礼仪为他举行了葬礼，并上谥号为"躁"。

历史上祸从口出的事数不胜数。但在日常生活中很多人并不在意这些，常常因为得意，因为激愤，甚至因为玩笑而口不择言，殊不知"说者无心，闻者有意"，有时一句玩笑之话常常带来意想不到的麻烦。因此，在说话之前，不妨多听听老子的劝告"希言"。

第二十四章
不矜不伐

"自见"、"自是"、"自伐"、"自矜"都是轻浮、急躁的举动，都是有道者所"不处"的。急躁冒进、自我炫耀的行为都会导致失败，不符合自然规律的政策也同样不会取得相应的成果，老子告诫人们为人应谦恭谨慎，为政应温和柔顺。

原　文

企者不立①，跨者不行②；自见者不明③；自是者不彰；自伐者无功；自矜者不长④。其在道也，曰余食赘形⑤。物或恶之⑥，故有道者不处。

注　释

①企者不立：企，踮起脚，脚尖着地。踮起脚，想要站得高，反而站立不住。
②跨者不行：跨，阔步而行。迈大步子，反而不能远行。
③自见者：自逞己见的人。
④长：做众人之长。
⑤赘形：多余的形体。
⑥物或恶之：物指大众，即大众或许都厌恶这种行为。

译　文

踮起脚跟想要站高，反而站立不住；迈起大步想要前进得快，反而不能远行。自逞己见的反而得不到彰明；自以为是的反而得不到显昭；自我夸耀的建立不起功勋；自高自大的不能做众人之长。从道的角度看，以上这些急躁炫耀的行为，只能说是剩饭赘瘤。因为它们是令人厌恶的东西，所以有道的人决不这样做。

经典解读

在有些《道德经》版本中，本章被放在第二十二章的前面，它们内容相互一致，语言风格类似，都是讲述"以曲求全、以退为进"的处世哲学，包含着辩证法的观点。

"企者不立，跨者不行"指踮起脚跟想要站高，反而站立不住；迈大步子想要快走，反而不能远行。老子通过这组形象的比喻，来说明做事要遵循自然规律，违反规律想要急于求成，想好高骛远是不可能成功的。现代社会中什么都追求时效，能提高工作效率固然是好事，然而很多时候，人们为了追逐这种时效上带来的利益反而忘记了最应该坚守的根本规则。媒体上曾报道过一篇"某县加强工作进度，在极短的时间内就盖成一座大楼"的消息。然而，这个消息却引起了很多专家的怀疑，因为人们知道，普通的建筑建设用水泥、混凝土等都是有一定硬化时间的，在达到规定强度前就进行下道工序是不符合工程规范的。后来，在使用中该楼房果然出现了很多问题，比如墙体裂缝过大，结构在建成后发现变形等。建设方不得不继续投入对该大楼进行休整加固，最后不仅时效没有取得，反而损失了更多的资金。

"自见者不明"，俗话说："酒香也怕巷子深。"一定程度的自我表现固然应该有，但这一定要有一个度。过了头的自我表现不仅不会让人称赞，反而会让别人觉得幼稚，没有深度，让人厌烦。没人喜欢一个成天炫耀自己优点的人在身旁，甚至很多时候过于炫耀还会招来祸患，如老子前面所说的"富贵而骄，自遗其咎"。

"自是者不彰"，即自以为是的人得不到认可。被别人认可是每个人的渴望，真正能做到无名无欲、宠辱不惊的人毕竟是少数。为了让别人认识自己的优点，为了让别人了解自己的功劳，很多人开始大肆吹捧，甚至雇佣专业团队对自己进行包装、炒作。但其实人们都明白"会叫的狗不咬人，会叫的猫不捉老鼠"，整天沉迷于自我吹捧的人，哪有时间去研究真学问，哪有时间去做真功夫。炒来炒去，最后真正的能力还是会暴露在世人面前，最后成为一场笑话。

"自伐者无功，自矜者不长"，和前面两条的道理是一样的，就是要人们谦虚谨慎，不骄不躁。谦虚是中华民族的传统美德，《书》上说"满招损，谦得益"，《诗》上说"谦谦君子，卑以自牧"，《论语》中说孔子"温良恭俭让"，都是要求人们要懂得谦让之道。

"自见"、"自是"、"自伐"、"自矜"这些德行就像余食赘肉一样，让本来有功、有能的美好的一面变得丑恶，所以说普通大众都应厌恶它们，更何况那些修道之人呢。这些事说起来简单，但做起来并不容易，也许只有老子说的能致虚守静的得道之人才能做到。因此，我们在日常生活中应多反思，自己是否保持着一颗谦虚谨慎的心，是否曾在哪些地方骄傲自满了，每日多加省悟，才能保持不败不废。

哲理引申

《三国演义》中的典故几乎每个中国人都能信手拈来几个，书中的兴败存亡也都让人嗟叹不已。吕布作为小说中的第一猛将自古就毁誉参半，有人说他杀父求荣是个无耻之徒，也有人说他是个没有心机的性情中人，有人认为他勇武无匹为天下英雄，有人说他只会逞匹夫之勇……

吕布十分勇武，在并州任职，并州刺史丁原对他很亲近认其为义子。董卓入京后把持朝政，丁原征讨他，在李肃的劝谏下吕布杀死丁原，投降了董卓。董卓对吕布也十分喜欢，同他发誓结为父子。后来王允等人为了除掉董卓定下连环计，吕布为了貂蝉又杀死了董卓，不久在董卓部将的攻击下逃出了长安。

失去了根据地的吕布只好寄人篱下，开始他准备到占据江淮一带的袁术手下，袁术兵多粮足，也正准备吸收天下豪杰。但袁术对吕布却十分厌恶，因为吕布为人十分骄恣，经常纵兵抄掠，于是就拒绝了他。吕布无奈，只好向北投奔袁绍。在袁绍处，吕布帮助其对抗黑山军张燕的军队，建立了很大的功劳。有了功劳以后，他便忘记了自己寄人篱下的处境，屡次恃功违反袁绍的命令，他手下的将士也不时抢劫、掠夺。吕布多次向袁绍要求增加军队，袁绍不同意，并开始怀疑吕布，派甲士暗中要除掉他，吕布只好逃离袁绍的地盘。

曹操征伐陶谦，兖州守将陈宫、张邈听说吕布是个英雄，就背叛了曹操，迎接吕布占据兖州大部分地区。但曹操是个强劲的对手，经过长期混战，吕布被击败，不得不带领部下逃亡徐州。刘备对吕布十分恭敬，收纳了他。吕布见状又忘乎所以，以致称呼刘备为贤弟，惹得刘备手下的将领们很不高兴。后来吕布趁刘备出征袁绍，袭击了徐州，虽然与刘备暂时言和，却也结下了仇怨。

曹操前来讨伐，陈宫闻曹兵至近，于是献计说："现在曹兵远来十分困乏，我们应该速战速决，不应该让敌人得到休整。"没想到吕布自负地说："我单骑即可纵横天下，何愁曹操！让他下寨吧，以后我亲自擒住曹操。"后来曹操兵败一阵，吕布对自己的勇武更加自信，陈宫建言加强防守西寨，吕布仅是高傲地回答："他今日输了一阵，如何敢来！"后来西寨果然被曹操偷袭。

吕布屡次被曹操击败，不得不困守徐州城，然而此时他还是自以为天下无敌，骄傲不听劝谏，最后被手下部将捆绑起来献给了曹操。被俘后，吕布向曹操乞降，看到了座上的刘备。此时，吕布头脑里想的尽是"辕门射戟"这些对刘备的恩惠，完全忘了自己忘恩负义夺取刘备根据地的事儿。于是对刘备说："您不记得辕门射戟的事儿了吗？"刘备本来就对其厌恶至极，见此时他还只记得自己给别人的恩惠，而不记得自己的过错，就立刻向曹操进言，提醒他丁原、董卓的往事，借曹操之手将其杀掉了。

吕布虽然勇猛无比，却完全不懂为人处世之道。他为了高官重宝不惜杀死自己的两任义父，还屡次恩将仇报、见利忘义，虽然得到了一时的利益，却丧失了在世上立足的根本，那就是"仁义"，以至于没人再敢相信他，无论到哪儿人人都会提防着他。这样的行为正是老子所说的"企者不立，跨者不行"。再者他总是夸耀自己的勇武，将其他人都不放在眼里，听不进他人的正确建议，还总将自己对别人的恩惠放在嘴边，最后终于招致了杀身之祸。所以说，不论人有何等才能、如何勇武，"自见"、"自彰"、"自伐"、"自矜"都是会招致祸患的。

第二十五章
法自然

道是独立而不改的，又是循环往复的；"道"是天地万物之本源，世间一切都因"道"而运行，人也必须依"道"行事才能长存。在这里老子提出"人法地，地法天，天法道，道法自然"的道理。

原 文

有物混成①，先天地生。寂兮寥兮②，独立而不改③，周行而不殆④，可以为天地母⑤。吾不知其名⑥，强字之曰：道⑦，强为之名曰：大⑧。大曰逝⑨，逝曰远，远曰反⑩。故道大、天大、地大、人亦大⑪。域中有四大⑫，而人居其一焉。人法地，地法天，天法道，道法自然⑬。

注 释

①混成：混然而成，指浑朴的状态。王弼曰："混然而不可知，而万物由之以成，故曰混成也。"

②寂兮寥兮：寂静空虚，没有声音，没有形体。

③独立而不改：形容"道"的独立性和永恒性，它不靠任何外力、不依附任何外物而存在，故曰"独立"。它反化始终，不失其常，故曰"不改"。

④周行而不殆：周行，循环运行。不殆，不息。

⑤天地母：天地万物的本源。

⑥不知其名：无法给它命名。王弼曰："名以定形，混成无形，不可得而定，故曰，不知其名也。"

⑦强字之：勉强给他命名。

⑧大：形容"道"的无边无际，无穷无尽。

⑨逝：指"道"的运行周流不息，永不停止。

⑩反：返回到原始，返回到原态。

⑪人亦大：有的版本"人"亦作"王"，形容人乃万物之灵。

⑫域中：宇宙之中。

⑬道法自然："道"纯任自然，本来如此。

译　文

有一个东西混然形成，在天地形成以前它就已经存在了。它寂静虚空，没有固定的形状和声音；它独立存在不依附于任何外力、外物，循环往复而永不衰竭，可以作为世间万物的本源。我不知道它的名字，所以勉强将其命名为"道"，勉强形容其为"大"。"道"广大无边而运行不息，伸展遥远又返回本原。所以说道大、天大、地大、人也大。宇宙间有四大，而人居其一。人取法地，地取法天，天取法道，而道纯任自然，本来就是如此的。

经典解读

关于"道"的性质和规律，在前面章节中基本都已经提过，在这里老子再次提及，主要就是为了说明它"可以为天地母"和"人法地，地法天，天法道，道法自然"的原则。指出人依道而行的根源之所在。

古人常说"天生万物"，却很少探讨天地是如何形成的，"盘古开天地"的故事是否为真？连博闻多识的孔子也不语这些虚无缥缈，无益于治世的"怪力乱神"。而老子却在这里提出了"有物混成，先天地生"的惊人论断。认为"道"才是宇宙万物的本源，认为天地都是依"道"而生成、运作的。"道"寂静无声、虚空无形，独立永恒，循环不止。

"道大，天大，地大，人亦大"，"道"为万物之本源，是万物运行之规范；天覆养万物，包裹万物；地承载万物，孕育万物；人为万物之灵，可以利用万物、改造万物。"道"、"天"、"地"、"人"这四种的力量都是无穷无尽、广大无边的。然而天、地、人即古人所谓的"三才"，并非没有限制，他们都是要依据"道"而运行的，"人法地，地法天，天法道"。日月东升而西落，时令节气，潮涨潮落无不依自然规律而循环往复；人生于天地之间，能够能动地改造世界、改造自然，但也必须效法天地，符合"道"、顺应自然规则。违反规则妄想主宰世界、主宰自然只能是"逆天而行"、自讨苦吃。

随着对世界探索的不断深入，人们发现了无数规则，小到原子、电子运动，大到星系、星云的存在运转，然而人们依然未能知道这些规律之所以存在的原因。无数伟大的科学家、哲学家想解开困扰人类的这些问题，最后大多只是不得不感慨人类在宇宙中的渺小和认知的浅薄。很多著名的学者沉浸于科学一生，到了晚年竟然又投入了神学的怀抱，不得不说是人类想认识世界的一种无奈。而老子也只能说"道法自然"，即道本来的面貌就是这样。

人们虽然现在还无法弄清宇宙中的一切奥秘，但天地万物提供给了人们很多启示，尤其是我们身边的大自然，可以说从人类诞生之时起就不断地向大自然学习着。学习如何在植物中获得食物，如何与动物相处，如何利用自然中的各种能源，如何在各种恶劣的环境下学习……如今，人类科学已经取得了极大的发展，但自然仍然是人类无法离开的老师。只有尊重自然规则，人类的生产、生活才能得到保障，悖离自然规则，过分对大自然进行破坏，到头来伤害的还是人类自己。

哲理引申

人生活在大自然之中，从最基本的衣食住行起一切生活资料、生产资料都取之于自然。人类是大自然的一部分，不可能脱离大自然而存在，作为这一部分，人类必须学会遵循大自然中的规律，能"法天、法地、法道"。然而，人类又和其他物种不同，我们是万物之灵，从钻木取火、刀耕火种开始人类就在不断地改造着自然、挑战着身边的环境。

在现代社会，科学技术已经成为了改造自然最有力的武器。通过这些，人们能培育出更优秀的粮食作物、发现更加有效的能源、对自然中最偏僻的角落进行探索，甚至通过基因技术改变生命的原始形态。然而，在改造自然的同时，那些先进的科技也造成了新的困扰，自然环境的污染、化石能源的逐渐枯竭、新传染病的不断出现、对转基因食物的恐惧……有些人开始怀疑，对自然的"征服"是否正确，它会将人类自身带往何处？马克思曾引用比·特雷莫《人类和其他生物的起源和变异》中的话："不以伟大的自然规律为依据的人类计划，只会带来灾难。"现代的很多影视作品如《侏罗纪公园》、《猿猴星球》、《生化危机》等更通过精彩的演绎表明了这种对科技、对改造自然的忧虑。其实，随意改变自然规则而带来的错误，很早以前人类就体会过。

一百多年以前，美国凯巴伯森林一片葱绿，生机勃勃。这里是鹿群繁殖的家园，整片森林中约有数千只鹿，人们对这些鹿十分喜欢。然而，森林中也生活着大群的狼，这些狼专门成群结队地捕食鹿。当地居民恨透了狼。他们组成了狩猎队，到森林中捕杀狼。很快，森林中的狼一个跟着一个，哀嚎着倒在枪口之下。凯巴伯森林真正成为了鹿的"自由王国"。它们在这里生儿育女，很快，鹿的总数就超过了十万只。可是，随着鹿群的大量繁殖，它们将森林中的灌木、小树、嫩枝、树皮……一切能吃得到而且吃得下的绿色植物全都吃光了。森林悄悄地消失了，饥饿和疾病袭击了鹿群，仅仅两个冬天，鹿就死去了几万只，只剩下一群为数不多，失去活力的病鹿。人们妄图使鹿群发展壮大，改变生态规律，却给这片森林带来了意想不到的灾难，鹿群也因此而毁灭。

位于中亚哈萨克斯坦和乌兹别克斯坦两国交界处的咸海，是世界第四大湖泊。发源于天山和帕米尔高原的河流在这里汇聚，铸造了这颗美丽的中亚明珠。咸海周边成为了这一地区最美丽、富饶的地方。但在20世纪60年代左右，人们为了获得更多的耕地，在注入咸海的河流上开挖运河、引水灌溉，导致咸海湖水水面开始下降。几万平方千米的湖面裸露出来变成了盐土荒漠。有人断言，几十年以后咸海将完全干涸，不仅寸草不生，而且是一个巨大的盐尘发源地，将给人们带来不尽的灾害。美国《选萃》杂志将"咸海危机"称作是"大自然对人类的报复"。

其他，核电站泄漏、原始森林被砍伐、臭氧层破坏、全球气温上升无不是人类随意改造大自然而带来的严重灾害。其实，事实早已证明对大自然的"征服"只是人类的妄想，只有在遵守自然规则的基础上利用自然资源，保护自然生态才能让人类取得最大的利益。恩格斯在《劳动在猿到人转化过程中的作用》中提到过"我们不要过分陶醉于对自然界的胜利，对于每一次这样的胜利，自然界都报复了我们……"也许在雾霾遮天、臭水横流的今天，我们更应该好好思忖老子所提出的"人法地，地法天，天法道"的至理名言。

第二十六章
戒轻躁

在轻与重、动与静这两对统一对立的矛盾现象中，重是根本，轻是其次，只重视轻而忽略重就会失去根本；静是根本，动是其次，只重视静而轻视动就会失去根本。尤其是作为万乘大国的君主，必须守重持静，不可轻佻躁动。

原 文

重为轻根，静为躁君①。是以君子终日行不离辎重②，虽有荣观③，燕处超然④。奈何万乘之主⑤，而以身轻天下⑥？轻则失根⑦，躁则失君⑧。

注 释

①躁：动。君：主导、主宰。

②君子：一作"圣人"，指理想的统治者。辎重：军中载运器械、粮食的车辆，指生活的根本。

③荣观：美好的景观，指生活上的诱惑。

④燕处超然：安然处之。

⑤万乘之主：国的君主。

⑥以身轻天下：轻率躁动地治理天下。

⑦轻则失根：轻浮纵欲，则失治身之根。

⑧失君：失去君位，失去主导地位。

译 文

厚重是轻浮的根本，虚静是躁动的主宰。因此君子终日行走，不离开载装行李的车辆，虽然有美食胜景的吸引，他也能安然处之。为什么大国的君主，还要轻率躁动以治天下呢？轻率就会失去根本；急躁就会丧失主导。

经典解读

在前面的章节中老子已经通过美丑、善恶、有无、难易、长短、高下、音声、前后、宠辱等范畴来表达他的辩证法思想了。这里老子又举出动静、轻重的范畴加以讨论大国君主治国所应坚守的根本。我们在学习哲学课程的时候曾经提到过"宇宙间的动是绝对的，而静是相对的"。在这里，老子却坚持了不太一样的观点，他认为静是动的根本，是矛盾的主要方面。很多人对此提出异议，如任继愈先生在《老子新译》中就说："动与静的矛盾，应当把动看做是绝对的，起决定作用的，是矛盾的主要方面。老子虽然也接触到动静的关系，但他把矛盾的主要方面弄颠倒了，也就是把事物性质弄颠倒了。因此，他把静看做起主要作用的方面。所以老子的辩证法是消极的，是不彻底的，有形而上学因素。这种宇宙观和他所代表的没落阶级的立场完全相适应。"

其实，从全书以及其他道家代表著作联系来看，老子所说的"轻重"、"静躁"并非指一些人所想的那种物理概念上的质量轻重、运动静止而说的。老子更侧重于心态，即个人的修养上。此处说的静即要求人们保持心灵上的宁静，而非浮躁浅薄，也就是前文所言的追求"致虚极，守静笃"的状态。轻者，末也；重者，本也。是说人生于天地之间必有所守，儒家所守的就是"仁"、老子所守的就是"道"、法者所守的就是"法"。舜十分孝顺，父亲不慈、弟弟不敬，但他毫无怨言，所守的就是"孝"；大禹治水三过家门而不入，守的就是"敬"；诸葛亮鞠躬尽瘁、死而后已，守的就是"忠"……每个人都应该有自己的根本，这就是人生"重"之所在，失去了这个根本一个人就会丧失生存的目标，甚至生存的意义，成为行尸走肉，草人木偶。万乘的君主所要坚守的就是清静无为的治民之道，他应该以天下百姓为重，顺应自然规律采取相应的政策，而不是以征伐攻掠、珍宝美玉、山珍海味、歌舞美人为乐。

厚重、虚静是养身的根本，而使人轻浮躁动的外欲则是害生的根源。得道君子坚持那些厚重的东西，不被美食胜景所吸引，在欲望面前他们能安然处之。为什么那些大国的君主要殚精竭虑、宵衣旰食地为了国家而轻视自己的身体呢？这种错误的轻重观念，躁动的行为、欲望，会让他们失去根本，最终也会丧失君位。

[第二十六章] 戒轻躁

哲理引申

老子说:"重为轻根,静为躁君。"就是告诉人们,无论处于什么环境之中,都要知道自己的根本为何,应该如何坚守,切不可躁动地肆意妄为,放弃原则轻浮行事,更不可树立错误的价值观、人生观,将大好人生都放在错误的目标之上。

每个人都有自己的根本,自己的原则、操守。统治者的根本就是爱惜百姓、以天下为公,所以,能够坚守根本的君主,不会沉浸于物欲享乐,不会为了满足自己的欲望而残害百姓,他们知道自己应该做什么,应该远离什么,所以能够在短暂的一生中取得传扬千古的功绩。

历史上有这样几个典故。大禹为帝的时候,日夜操劳,身心疲惫,他的属下仪狄见了,便将自己偶然造出的美酒献给了他。大禹喝了酒以后,感觉味道鲜美极了,一醉就是三天三夜。醒来时疲劳也得到了缓解,心情很高兴。但当他知道自己饮酒之后竟然睡了三天三夜以后,心中立刻产生了忧虑:酒虽然味道很美,让人忘记疲劳,但却让自己荒废了政务。为天下百姓服务是自己的职责,怎么能为了避免疲劳而忘记了百姓的疾苦呢?于是他感慨:"后世一定会有君主因为沉溺于美酒而失去国家的!"从此以后便疏远了仪狄,也不再去喝酒。

齐桓公一次半夜肚子饿,又没有什么想吃的东西,于是易牙便为他烹饪了一席美餐。齐桓公吃后,感觉世上再也没有更好的东西了,余味在口中回绕,整夜都睡不着觉。第二天,没有精神上朝,耽误了国政。于是,桓公感慨道:"后世一定有因为美味而丧失国家的。"

晋文公得到了一个绝色美女,在她的陪伴之下沉迷于饮酒作乐之中,三日没有上朝。醒悟以后,他感慨道:"后世一定有因为美色而丧失国家的!"于是,疏远了美女,开始勤于国事。

楚庄王登上强台,眺望远方的山,左面是长江美景,右面是洞庭绝色,前面方淮之水更是秀美绝伦,觉得山水之乐仿佛可以让人忘记生死,便在这里流连许久。醒悟之后,他觉得沉迷于山水之乐,让自己耽误了国事,便感慨道:"后世一定有游山玩水而失去国家的!"便发誓不再登高游乐。

大禹、齐桓公、晋文公、楚庄王,都知道自己为君的根本在于治民,在错误的追逐之中能够醒悟过来,并改正错误,所以他们都建立了一番功业,得到后人的敬仰。相反,有些统治者,以为拥有天下便可以肆无忌惮、胡作妄为,他们不爱惜人民,不重视国事,将所有的精力都放在享乐骄奢淫逸的享乐之中,最终的结果就是，他们都失去了自己的国家甚至生命。

秦二世就是个不知本末、轻躁失根的人。他本来就是靠不正当的手段夺得帝位，即位以后，又不知道好好修德善政，治理国家，反而采用严酷的刑罚，诛杀看不顺眼的大臣，整日沉溺于酒色之中，将国事都托付给奸臣赵高，最后导致了国家的灭亡。

秦二世做了皇帝以后，昏庸无能的本性便暴露无遗，一次他和赵高谈论说道："人这一生就如白驹过隙，做了皇帝，我便想尽情地享乐，爱卿你看如何呢？"赵高正想专权，于是便附和道："陛下想得实在是太对了，做皇帝就该如此，那些所谓的圣王，身居高位却每日忧心竭虑的，拥有天下又有什么用呢？还是您英明啊！"秦二世听了哈哈大笑，觉得自己真是有史以来最英明的君主。

受到赵高的怂恿，秦二世又向李斯询问长久享乐下去的方法。他对李斯说："尧做天子的时候，住的房子是茅草搭建的，吃的是野菜煮成的汤，冬天裹鹿皮御寒，夏天就穿粗陋的麻衣。大禹为了治水，东奔西波十几年，劳累得大腿掉肉，小腿脱毛，最后竟然客死他乡。做帝王这个样子，难道是他们的初衷吗？贫寒的生活大概都是那些穷酸的读书人所倡导的吧，肯定不是帝王们的真实意愿。既然做了天子，就要拿天下的东西来满足自己的欲望，这才叫富有天下嘛！自己没有一点好处，谁还有心思去治理好天下呢？我就是想尽情享乐，永享天下，爱卿有什么好的办法呢？"

李斯看到秦二世竟然有这种想法和追求，便引用很多典故、讲了很多道理来劝谏他，希望他疏远赵高等奸佞小人。可惜秦二世不听，反而认为赵高是真的对自己好，更亲近赵高。

在赵高的怂恿之下，秦二世越来越荒淫，连续数月在后宫沉迷于美色、酒乐之中，还大征徭役兴建宫室台阁。天下百姓不堪重负，纷纷起来造反，到处都燃起了反秦的战火，秦二世却不闻不知。直到最后被赵高弑杀，还不知道醒悟。

统治者应该务其根本，不要错误地追求淫乐、嬉游，普通人又何尝不是如此。生活中有很多人就是因为不知道自己应该怎样生活，沉溺于各种不好的习惯之中，追求错误的东西，如赌博、酗酒等，最后迷失在生活之中，给自己带来祸患和失败。老子在此告诫世人"轻则失根，躁则失君"，就是让人们好好思考一下自己立身于世的根本是什么，应该怎样去坚持；自己人生的目标是什么，应该如何去追求。这是每个人都该好好思索，时时不忘的。

第二十七章
善为不为

人只要善于行不言之教，善于处无为之政，符合于自然，不必花费太大的气力，就有可能取得很好的效果。圣人常常能够以道救人、以道用物，才能做到无所遗漏，这才是真正的大智慧。所以，在生活的方方面面，都要依道而行，否则仅逞些眼前利用的小智慧，只能陷入大迷糊。

原 文

善行①，无辙迹；善言②，无瑕谪③；善数④，不用筹策⑤；善闭，无关楗而不可开⑥；善结，无绳约而不可解⑦。是以圣人常善救人，故无弃人；常善救物，故无弃物。是谓袭明⑧。故善人者，不善人之师；不善人者，善人之资⑨。不贵其师，不爱其资，虽智大迷，是谓要妙⑩。

注 释

①善行：善于行走的，顺自然而行。

②善言：善于言辞的，即谨言、不言。

③瑕谪：过失、缺点、瑕疵。

④善数：善于计算的，即顺其自然，少心机。

⑤筹策：古时人们用作计算的器具。

⑥关楗：栓梢。古代家户里的门有关，即栓；有楗，即梢。

⑦绳约：绳索。约，指用绳捆物。

⑧袭明：内藏智慧聪明。袭，覆盖之意。

⑨资：取资、使用的意思。
⑩要妙：精要玄妙，深远奥秘。

译文

善于行走的，不会留下辙迹；善于言谈的，不会出现瑕疵；善于计数的，用不着竹码子；善于关闭的，不用栓梢而使人不能打开；善于捆缚的，不用绳索而使人不能解开。因此，圣人善于挽救人，所以没有被遗弃的人；于物尽其用，所以没有被废弃的物品。这就叫作"袭明"。所以得道之人可以作为俗人们的老师，俗人可以作为得道之人的资用。不尊重自己的老师，不爱惜他的资用，虽然自以为聪明，其实是大大的糊涂。这就是精深微妙的道理。

经典解读

在第五章中老子就提出了"天地不仁以万物为刍狗"的观点——天生万物，地载万物，却完全显示不出仁慈来，就是因为顺应自然之道。同样在这里生活的方方面面也应该如此，即"善行"、"善言"、"善数"、"善闭"、"善结"，无论做什么都应达到"善"，即依道而行。同时也要认识到天地间的万物无论善与不善都是有价值的，真正的智者能做到"不弃人、不弃物"，保持虚空之心，不自以为是。

"善行，无辙迹"，从字面上理解就是：善于行走的人，不会留下辙迹。但它显然不是单单从走路上说的，不是要去人们像列子那样御风而行。而是说，善于为事的人，会顺从事物发展的规律来做事，让它看起来像完全自然的一样。比如，最善于教导别人的人，一定不是"教鞭加戒尺"生硬地叫学生记住，而是潜移默化地"润物细无声"；善于帮助别人的人，也不是完全代劳，而是暗地里帮助，让别人感受不到自己受了帮助；善于资助别人的人，不是成天给别人好处，而是授之以渔，让他们能靠自己的力量来改善生活；善于治理天下的人，不是靠成天宣传道德，成天严刑戒令，而是让人民如水而行，最后道一句"我自然"。

"善言，无瑕谪"，不是说能言善辩，毫无瑕疵。就连苏秦、张仪靠三寸之舌行走天下，也不能完全没有一点错误，也不是绝对不能被驳倒的。所以说，最"善言"的就是，谨言、不言，就像佛教提倡的不恶口、不两舌、不妄语、不绮语。"多言多败"当时时谨记。

"善数，不用筹策"，凡事不可过分算计、计划。心机太多，逞小聪明反而造成大失，正如《红楼梦》中所言："机关算尽太聪明，反误了卿卿性命。"

[第二十七章] 善为不为

"善闭，无关楗而不可开"，善于封闭的，就像大门没有关楗一样，而不能打开。其实真正的开放，还不是无关楗，而是没有大门，没有房屋。人们总是想建更坚固的建筑，更结实的大门，更精密的锁具来保护自己、保护财产。每天都怕别人看到自己的财宝，发现自己的秘密，生恐有人时刻想将自己占有的财产抢去。整日里胆战心惊，不仅没有快乐，反而带来了不尽的忧愁。而真正的智者"如婴孩"、"无所归"、"独遗弱"，他没有秘密不怕别人窥探，他没有财富不怕别人觊觎，他没有华屋丽室所以不需要成天想着关紧大门。古之隐者，以天地为庐，草木为席，星云为被，所以能不知忧愁苦乐，不知得失荣辱，遗世独立，保身全性。

"善结，无绳约而不可解"，善于打结的人，没有绳子的约束所以不能解开。打结是为了将东西绑住，人因为欲望而有所求，所求超过所用就想将它们绑在身上，然而绑得太多就会造成负担，此时又怕这些东西失去，唯恐打的结不牢固。对于身边的一切，他们都害怕失去，伤离别，哀病患，恸夭亡，希望将所有人、所有事都牢牢地绑在身上。得道之士不会这样，他们生于天地之间而无所占有，只取生活所需即可，对于其他万物他们也无所羁留，任其自然。所以和被欲望驱使的俗人不同，他们得而无所乐，失而无所忧。故有儿子死而安然自若者，有妻子死而鼓盆高歌者，有朋友死而吊之以乐者。他们从来没有占有过，所以从来也不会失去，他们和万物之间的联结就是自然规律，无形的"道"，也就无法解开。

圣人就是因为掌握了"道"，能够用"道"去用人、去用物，所以世间没有不可以用的人，也没有不能用的物。得道之人按照自然规律办事这是俗人的典范，而那些未得道的俗人，就充当得道之人治理天下的资用了。那些不爱惜民众的统治者，不知道效仿有道之士的俗人，都是不明智的，自以为聪明，却是大糊涂。此言正如孟子所说"天之生此民也，使先知觉后知，使先觉觉后觉也"。不知不觉而不知学者，只能是愚人。

哲理引申

民间传说，有两个相识的读书人同时中了进士，不久又被分到了相邻的两个县为官。两县之间隔着一条大河，一年入春以后，天气十分反常，一个县令就想春天天气如此反常，夏季没准会发生洪涝灾害。于是早早地就发动住在河边的人们加固河堤，疏通水道。而另外一边的县令却什么也不做，同僚劝他早做准备,都被拒绝了。

到了夏天,果然暴雨骤至,河水猛涨,一侧因为早有了准备,百姓都没什么忧患,悠闲地待在家中。而另外一侧却堤坝出现很多险情,为了防止洪水,人们不得不冒着大雨进行抢险,县令也亲自踩着泥水加入了救灾队伍。洪水过后,上官前来视察,听说了县令带领民众冒雨抢险的事,对其大加褒赏,而早做准备的那个县令却什么也没得到。

人们通过这两个县令的遭遇,来谈论为官之道,在让人莞尔之余,也不禁陷入沉思。明明是早做准备的县令更加具有先见之明,更加应该值得称道,可大部分人却将"爱民"的头衔挂在了临时抱佛脚的人头上,着实不知什么才是真正的善于为政。

历史上还记载了这样一件事。霍光辅佐汉昭帝,废昌邑王,迎立汉宣帝,有大功于朝廷,权倾朝野,受封为博陆侯。他的家族十分显赫,于是便有很多骄泰不法、肆意妄为的家人、家奴。

茂陵的徐生看霍氏家族生活过度奢侈,曾经多次上书汉宣帝,请求不要过分放纵霍家,对于他们奢侈成性的生活应该及时加以制止,以免造成后患,但屡次进谏都没有引起朝廷的重视。霍光死后,霍氏家族愈加嚣张,果然不久就有人告发他们阴谋叛乱,汉宣帝下令镇压,将霍氏夷灭。这件事结束以后,宣帝对举报、镇压的相关人员都给予了奖赏,而茂陵徐生却没有受到任何奖赏。因此,有人给汉宣帝讲了一个故事:

有一个过访主人的客人,看到主人家炉灶的烟囱是直的,旁边还堆积着柴草,便对主人说:"把烟囱改为拐弯的,使柴草远离烟囱。不然的话,将会发生火灾。"主人沉默不答应。不久,家里果然失火,邻居们一同来救火,幸好把火扑灭了。于是,主人杀牛置办酒席,答谢邻人们。被火烧伤的人安排在上席,其余的按照功劳依次排定座位,却不邀请提"曲突"建议的客人。有人对主人说:"当初如果听了那位客人的话,也不用破费摆设酒席,始终也不会有火患。现在评论功劳、邀请宾客,为什么提'曲突徙薪'建议的人没有受到答谢、恩惠,而被烧伤的人却成了上客呢?"主人这才醒悟,去邀请那位客人。

汉宣帝听完了这个故事,深有感触,于是就赏赐给茂陵徐生绢帛十匹,并任命他为郎官。

[第二十七章] 善为不为

　　真正的善于做事，不是等事情来了以后再解决，而是防患于未然。老子所说的"善行，无辙迹；善言，无瑕谪；善数，不用筹策；善闭，无关楗而不可开；善结，无绳约而不可解"也是如此，他不是认为"善行"、"善言"、"善数"、"善闭"、"善结"，是多么的有这些方面的技巧，而是从根本上解决问题，让人们不需要行、言、数、闭、结，这样才算是真正的善为。

第二十八章
大制不割

　　保持常德，一方面要"知其雄"、"知其白"、"知其荣"，另一方面也应"守其雌"、"守其黑"、"守其辱"。即既要有积极前进的一面，也要有谦虚不争的一面。只有这样才能归于纯朴，利用万物。正确的制度也是自然而成、不可分割的。

原　文

知其雄①，守其雌②，为天下溪③。为天下溪，常德不离，复归于婴儿④。知其白，守其黑，为天下式⑤，为天下式，常德不忒⑥，复归于无极⑦。知其荣⑧，守其辱⑨，为天下谷⑩。为天下谷，常德乃足，复归于朴⑪。朴散则为器⑫，圣人用之，则为官长⑬，故大制不割⑭。

注　释

①雄：比喻刚劲、躁进、强大。

②雌：比喻柔静、软弱、谦下。

③溪：沟溪，指下位。

④婴儿：象征纯真、稚气。

⑤式：楷模、范式。

⑥忒：过失、差错。

⑦无极：最终的真理。

⑧荣：荣誉，宠幸。

⑨辱：侮辱、羞辱。
⑩谷：深谷、峡谷，喻胸怀广阔。
⑪朴：朴素。指纯朴的原始状态。
⑫器：器物。指万事万物。
⑬官长：百官的首长，统治者。
⑭大制不割：制，制作器物，引申为制度；割，割裂。即完整的政治是不割裂的。

译　文

　　知道什么是刚强，也要安守雌柔，甘愿居于天下的下位。甘愿居于下位，永恒的德行才不会消失，回归到纯真。知道什么是明亮的，也要安于暗昧的地位，甘愿做天下的范式。甘愿做天下的范式，永恒的德行才不会差失，回归到无极。知道什么是荣耀，也要安守卑微，甘愿敞开胸襟接纳万物。甘愿接纳万物，永恒的德行才会得到满足，回复到自然本初的素朴纯真状态。朴素本初的东西发展为世间万物，圣人依道而利用它们，则为百官之长，所以完善的制度是自然而成、不可分割的。

经典解读

　　世人都追求刚强、光明、荣耀，而老子却认为雌柔、黑暗、耻辱也是应该坚持的。他希望人们像出生的婴儿那样不为荣辱所惑，无私无欲，纯朴无邪。老子反对利用仁、义、礼、智、信这些概念去约束人、塑造人，他认为这些外部的约束只会扭曲人的本性，只顺从自然、顺从道，才是永恒的德行。完善的制度也应该是这样，包含事物的不同方面，而不是割裂分隔的。

　　"知其雄，守其雌，为天下溪"，雄代表刚强、先、强势，而雌代表柔和、后、弱势。此句于前文讲圣人"后其身而身先"是相通的，同时还指出在守雌之外，还要"知其雄"，即先后两方面都要兼顾到。换句话说就是雄亦可，雌亦可，顺应自然之道而为之。甘愿像溪流那样处于下位，溪流就是因为低下而水自归之，得道之人也是这样，他甘愿处于人下、人后而不争，所以所有的人都愿意归附于他。

　　"知其白，守其黑，为天下式"，白是光明，黑是晦暗，既要有美好的理想，也要能包容当前的不足；既要看到人性光明的一面，也要正视人性的黑暗。只有这样才能成为天下人的范式。"水至清则无鱼，人至察则无徒"，一个人若过于追求光明，不能容忍任何世间的晦暗，那一定不能安然生活在世间。一个为政的人，如果只是理想化地实施策略、要求人们，不能正确对待那些存在缺陷的人和事，一定不能治理好国家。白天黑夜相互交替才是自然规律，有光的地方就有影子，只有能正确处理不同方面的人才能作为天下人的典范。

"知其荣，守其辱，为天下谷"，既向往荣耀，也能坚守耻辱，这样的人才会胸襟广博，成就大事。韩信年轻时就怀有雄心壮志，但周围的人都认为他不学无术，经常轻视欺辱他。一次，有一个屠夫对韩信说："你虽然长得又高又大，喜欢带刀佩剑，其实你胆子小得很。有本事的话，你敢用你的佩剑来刺我吗？如果不敢，就从我的裤裆下钻过去。"韩信想了想后俯下身子，当着许多围观人的面，从那个屠夫的裤裆下钻了过去。史书上称"胯下之辱"。如果韩信因为一怒而杀了耻笑他的人，很可能当时就变成了囚犯，也不可能取得后来的"荣"了。勾践如果在兵败时不能暂时屈服，也就不会有后来卧薪尝胆、复国报仇的机会了。所以说，人的情商、逆商很重要，甚至它们比智商更能决定一个人的成败和所能取得的成就。只有在逆境中保持积极向上的心，做到宠辱不惊，不被失望和沮丧打败的人，才能守住辱而求得荣，否则只能被耻辱永远湮没。

"大制不割"的理解很多。有的说是好的政治制度结构不分割，有的说是好的社会没有阶级差别，有的说是制作大的器具不割断材料，还有人将其联系到中医，认为是好的医生不用开刀……我们在此从两个方面理解它，一是在政治制度方面，圣人治理天下采取的政治制度应该是依据自然规律而形成的，它包括社会中的方方面面，既有善也有恶，既有美也有丑，既有君子也有小人，而不是完全依据仁义道德将其分割开来的。一是在个人修养方面，圣人作为"官长"，他能应用各种各样的人才，他自身也并非单一之才，而是能海纳百川的，心怀天下，不拘泥于教条的，正如孔子所说"君子不器"。

哲理引申

公元前496年，越国国王允常病死，其子勾践即位。看到越国大丧，老对手吴王阖闾认为灭掉越国的机会来了，便准备兴兵攻打越国。伍子胥向他进谏说，趁着别国大丧出兵是不道义的，现在吴国与楚国作战多年，应暂时休养，等待时机。但阖闾志得意满，以为自己连强大的楚国都打败了，越国又算得了什么。

[第二十八章] 大制不割

阖闾亲自带领大军进攻越国,两国在槜李地方展开了一场大战,俗话说"哀兵必胜",吴王阖闾满以为可以打赢,没想到打了个大败仗,自己也被越军乱箭射中,只得仓皇撤退,又急又气,刚回到国都就不行了。

阖闾临死时对太子夫差说:"不要忘记报越国的仇。"夫差记住父亲的嘱咐,叫人经常提醒他。他经过宫门,手下的人就扯开了嗓子喊:"夫差!你忘了越王杀你父亲的仇吗?"夫差流着眼泪说:"不,不敢忘!"

为了向越国复仇,夫差任用伍子胥、伯嚭操练兵马。几年之后,越吴之间战事又起,结果因为勾践的轻敌越国战败,勾践只剩下几千人撤退到会稽山上。为了国家继续保持下去,勾践采用范蠡、文种的建议卑躬屈膝地向吴国求和。吴王夫差为了羞辱他,没有采纳伍子胥彻底消灭越国的建议,同意合约。但越王夫妇必须到吴国服侍夫差。夫差专门派勾践从事看墓与喂马这些奴仆才做的工作。俗话说"士可杀,不可辱",但为了生存下去,为了复国的梦想,勾践处处忍气吞声,强颜欢笑,既要满足夫差征服者的得意欲望,又要防备伍子胥的暗中杀害。他极力装出忠心顺从的样子,吴王出门时,他走在前面牵着马;吴王生病时,他在床前尽力照顾。有一次夫差生了病,勾践竟然品尝他的大便,说通过品尝大便可以预测病好的日期,结果他的预测果然很准确。吴王看他这样"忠心"、这样卑贱,虚荣心得到了极大地满足,对勾践杀父的仇恨也渐渐平息了,最后在范蠡等人的计谋下就允许他返回越国。

勾践回到越国后,立志报仇雪耻。他唯恐眼前的安逸消磨了志气,在吃饭、睡觉的地方挂上一个苦胆,每逢吃饭的时候,就先尝一尝苦味,还问自己:"你忘了会稽的耻辱吗?"他还把席子撤去,用柴草当作褥子。为了使越国人口增加,他制定了奖励生育的制度。他叫文种管理国家大事,叫范蠡训练人马,自己虚心听从别人的意见,救济贫苦的百姓。全国的老百姓在他的感染下都十分努力,同心协力建设越国。

越王勾践整顿内政,努力生产,使国力渐渐强盛起来,他就和范蠡、文种两个大臣经常商议怎样讨伐吴国的事。公元前484年,吴王夫差要去打齐国。伍子胥急忙去见夫差,说:"我听说勾践卧薪尝胆,跟百姓同甘共苦,看样子一定要想报吴国的仇。不除掉他,总是个后患。希望大王先去灭了越国。"吴王夫差不肯听伍子胥的话,照样带兵攻打齐国,结果打了胜仗回来。文武百官全都道贺,只有伍子胥反倒批评说:"打败齐国,只是占点小便宜。越国来灭吴国,才是大祸患。"

伍子胥的"不识时务",让夫差越来越讨厌他,再加上伯嚭在背后不断进谗言,夫差就勒令伍子胥自杀。伍子胥临死的时候,气愤地对使者说:"把我的眼珠挖去,放在吴国东门,让我看看勾践是怎样打进来的。"

不久,越王勾践做好了充分准备,他趁着夫差北上和晋国争夺霸主之位的时候,大规模地进攻吴国,杀死了夫差的太子。夫差听到这个消息后,急忙带兵回国,并派人向勾践求和。勾践估计一下子灭不了吴国,就同意了。公元前473年,勾践第二次亲自带兵攻打吴国。这时的吴国已经是强弩之末,根本抵挡不住越国军队的强势猛攻,屡战屡败。最后,夫差又派人向勾践求和,被勾践拒绝。夫差见求和不成,才后悔没有听伍子胥的忠告,非常羞愧。他说:"我没有面目见伍子胥了。"就用衣服遮住自己的脸,自杀了。

夫差即位以后每天用父亲被杀的耻辱来激励自己,终于打败了越国。可战胜后的他就被胜利的荣耀所淹没,忘记了曾经的耻辱。而勾践被打败后,卧薪尝胆,时时用受奴役的耻辱来激励自己,最后反败为胜,消灭了吴国,成为春秋时期最后的一任霸主,得到了应有的荣耀。可见"守辱"才能"得荣",忘记曾经的耻辱,最终耻辱必定还会到来。

第二十九章
不为不执

天下是"不可为、不可执"的。如果依靠强制措施来治理天下、执掌天下只能招致失败,最终失去天下。天地间万物是纷呈不一的,它们依照着"道"而进行运作,圣人要做的不是去通过自己的意志改变它们,而是要消除那些限制它们的极端、过度的措施和行为。

原　文

> 将欲取天下而为之①,吾见其不得已②。天下神器③,不可为也,不可执也④。为者败之,执者失之。是以圣人无为⑤,故无败,故无失。夫物或行或随⑥;或歔或吹⑦;或强或羸⑧;或载或隳⑨。是以圣人去甚、去奢、去泰⑩。

注　释

①取:为、治理。为:有为,靠强力去做。

②不得已:达不到、得不到。

③神器:神圣的物。王弼注:神,无形无方也。器,合成也。无形以合,故谓之神器也。

④执:执掌、占有。

⑤无为:顺应自然而非强制。

⑥随:跟随、顺从。

⑦歔:轻声和缓地吐气。吹:急吐气。

⑧羸:羸弱、虚弱。

⑨或载或隳：载，安稳。隳，危险。
⑩泰：过度的。

译　文

想要治理天下，却又用强制的办法，我看是不能够实现的。天下是神圣的器物，不能够依照强力而治理，不能够依照自己的意志而执。用强力统治天下，就一定会失败；用强力把持天下，就一定会失去它。因此，圣人顺应自然规律不妄为，所以不会失败，不会失去天下。世间万物，有的前行，有的后随；有的轻歔，有的急吹；有的刚强，有的羸弱；有的安稳，有的危殆。圣人所要做的就是去除那些极端、奢侈、过度的行为、法度。

经典解读

老子在前文中已经多次谈到统治者应行"无为"之治。他极力宣传"无为"的政治思想，主张一切都要顺应自然，因应物性。在这里老子又从反面证明这种理念，他指出"有为"而治是不可能成功的，对事物的过分干扰只会导致失败，最终而"失君"。他希望那些得"道"的统治者治国安民，做任何事情都不要走极端，不要存奢望，不要好大喜功。

上一章老子说"大制不割"，本章又说"天下神器"，其实它们是相互联系的。王弼在注《道德经》中对神器的解释是："神，无形无方也。器，合成也。无形以合，故谓之神器也。"即天下是无形无方，由万物混合而成的。存在着有无、高下、长短、音声、前后等不同的特征，其中的事物"或行或随"、"或歔或吹"、"或强或羸"、"或载或隳"。属性、运行规律各不相同，完全按照统一的制度来规划、治理它们也是不能实现的，故而"大制"不割。既然不能按照统一的制度去治理天下，那对于纷呈的世间万物该如何呢？无为而治则是最好的办法，让事物按照它们本来的自然规律去运作。

天下万物虽然都依"道"而运行，但它们表现出来的真实特性，即"道"的不同衍生方面却是截然不同的。治理者必须看到这一方面，能考虑到事物的不同特性，才能包罗万物，为天下溪、天下式、天下谷。淮南种橘，然而到了北方就变成了枳，如果统治者不因地制宜，强制北方人栽培橘子，就会造成损失；各地节气相同，气温却不同，如同统治者将每年耕作、收割时间都安排得死死的，各地一定不一致，对农业造成损害；每个人的才能、性格不一样，只有因材施教、因才驱使，才能让人民发挥最大的能力，如果全都成批地计划着来，肯定会埋没人才……所以说圣人要做的，不是按照自己的主观愿望去给世间万物制定规则，而是应该将那些过分、极端、限制事物正常发展的规则去掉，让它们能自然而行。

哲理引申

世人往往将天下看为最重要的东西，认为得到天下就什么都有了，成为天下之主就可以为所欲为，满足自己的任何欲望了。其实，在古代圣王和老子等先哲眼中，这种观点是十分错误的，在他们看来，成为天下之主，不是代表着特权、享乐，而是一种沉重的责任。坐在天子的位置之上，首先要履行天子的职责，治理百姓，管理国事，为天下操劳，天下事情那么多，哪还有时间游玩享乐。所以，在某种程度上说，得到天下并非一件很快乐的事情，于是有些人为了保持自身的逍遥自在而宁愿放弃天子之位。

唐尧之时，尧帝发现许由十分贤能，于是便想将帝位让给许由，许由听后立刻拒绝了，并逃到箕山之中隐居起来。后来，尧帝又派人找到了他，想请他出任管理九州的长官，许由又当即拒绝，并认为出来做官是以名利来妨害自己的节操、自由，认为尧的话污染了自己的耳朵，便跑到颍水边洗濯耳朵，表示不愿为官以投入到世俗之中。

古代圣贤都有许由这种操行，所以他们不汲汲于地位、名利，即便是天子之位也能够轻易让出。他们不以得到高位而欣喜，不以失去高位而忧愁，得到天下不用来满足自己的欲望，失去天下不觉得丝毫的遗憾，所以他们并不将天下看成是自己的私产，更不用强力去争抢天下。

尧帝在位的时候，时时在求访可以让位的贤人来接替自己的位置，当时天下发大水，有个被称为巢父的人，教人民在树上筑屋，躲避洪水猛兽，尧帝觉得他很贤能，便想将帝位让给他，巢父却一口回绝。后来，他又想将天下让给许由，没想到又被许由拒绝。晚年，他得到了虞舜，经过各种考验，觉得虞舜是个可以托付天下的人，便准备将天下授予他。有的大臣，劝他立自己的儿子丹朱，尧却说丹朱不肖，不可予之天下，最终将天下授予了虞舜。

虞舜接受尧的禅让以后，并未立刻将天下占为己有。他故意跑到南河之南躲避丹朱，后来，诸侯们都去朝见舜而不朝见丹朱。舜知道天下人归心于自己，才接受了帝位。舜统治天下以后，同样以天下为公，为了造福人民，治理好天下而殚精竭虑。晚年，他又准备将帝位让给治水有功的禹。有人劝他将帝位传给自己的儿子商均，舜拒绝了。禹即位以后，也像舜一样避开商均三年，后来发现诸侯都朝见他，不朝见商均，知道天下归心于自己，才正式继位为天子。

尧舜这些圣王，许由、巢父这些贤人，就是认识到了拥有天下是一份沉重的责任，所以他们不去强求天下，更不会将天下视为自己的私产，为了满足私欲而残害天下百姓。所以，他们能够受到后世的敬仰，他们的子孙虽然没有登上天子的大位，却得到了善终，成为一方诸侯。而后世的很多人，眼中只看到了得到天下那种万人之上、无人可制的超然地位，为了获得这种地位而用尽各种手段，不惜弑父杀兄，手足相残。可是，他们不知道，身处这种地位之上，只有以天下人民为根本，尽心国事，才能坐得安稳，得到荣耀和美名；如果是怀着私心，为了满足个人的欲望而强占这种位置，不仅不会如愿，反而会给自己带来灭顶之灾。

秦二世胡亥是秦始皇的小儿子，本来没有机会继承皇帝之位，但在赵高等人的怂恿之下，胡亥篡改诏书，害死了自己的兄弟，踩着亲人的鲜血登上了帝位。在皇帝位子上，他尽情享乐，为所欲为，重用赵高等奸佞，残酷地压迫人民。最终导致了众叛亲离，天下造反，他自己被赵高杀死，不久想要传承千世万世的秦王朝就灭亡了。胡亥被乱兵包围的时候曾和赵高的亲信阎乐有过这样一番对话：

胡亥说："我想见见丞相可以吗？"阎乐说："不行。"胡亥又问："我想得到一个郡做个王可以吗？"阎乐不答应。胡亥问："我想做个万户侯可以了吧？"阎乐还是不答应。最后胡亥说："我愿意和妻子儿女去做普通百姓，跟诸公子一样。"阎乐回答："是奉丞相之命，为天下人来诛杀你，你即使说得再多，我也不敢替你回报。"于是指挥士兵将胡亥杀死了。

秦二世用卑劣的手段夺得皇位，又残暴地杀害兄弟手足、镇压百姓，想要维护自己的统治，满足自己的私欲，到头来天下人都想诛杀他，他想成为一个普通的黎民百姓都不行了。历史上这样的例子数不胜数，从中国的隋炀帝、宋徽宗到国外的路易十六等，他们在位之时穷奢极欲，肆意剥掠百姓，认为天下就是自己的，自己想怎样就怎样，以为自己真的是天授神命。等到天下人不堪重负的时候，他们才发现自己并非是天下之主，"水可载舟，亦可覆舟"，人民才是天下的主人，只有顺着人民的意愿，让人民满意才能永保帝位，妄图采用

[第二十九章] 不为不执

强制手段，满足自己的私欲，结果只有一个，就是被人民所抛弃、唾弃。

老子深刻地认识到了天下不可强取这一点，所以提倡统治者顺势而为，无为而治。其实，不仅是天下，其他我们在生活中追求的任何东西都是如此。如果你怀着功利的目的，以自私自利的手段去追求一件东西，你很难得到它，即便暂时强占，也难以长久保持。比如，名声、荣誉、权力等。只要你真正做出了值得人们尊敬的事情，真正拥有让人敬仰的美德，这些东西自然随之而来；若是你本身德行不配拥有这些，却用虚伪巧饰，用奸诈的手段博取它们，最终你还是要失去它们，而且损失更多的东西。所以，"无为，故无败，故无失"，妄为，必败，必失。

第三十章
恃强取祸

在春秋战国之时，天下纷争，战事频起。老子认为有道之君，不会肆起战事以求功名利禄，也不会通过战事而称雄称霸，逞强于天下。战事是不得已为了渡过灾难，达到目的才会使用的。一味穷兵黩武，最后只会给国家带来破坏，给百姓带来灾难。老子反对战争、反对强力的思想，无论在当时还是后世，都具有积极的意义。

原 文

以道佐人主者，不以兵强天下，其事好还①。师之所处，荆棘生焉。大军之后，必有凶年②。善有果而已③，不敢以取强④。果而勿矜，果而勿伐，果而勿骄，果而不得已，果而勿强。物壮则老⑤，是谓不道⑥，不道早已⑧。

注 释

1. 其事好还：用兵这件事自己也会受到殃害，得到报应。
2. 凶年：灾荒年岁。
3. 善有果而已：达到获胜的目的、渡过灾难就可以了。
4. 取强：依靠强力称雄天下。
5. 物壮则老：事物过于强盛，就会迅速衰亡。
6. 不道：不遵守"道"、不合乎"道"。
7. 早已：迅速终结。

译 文

依据"道"来辅佐君主的人，不会凭借武力而逞强于天下，滥用武力自己

[第三十章] 恃强取祸

也会遭到报应。军队所处的地方，荆棘横生。大战之后，一定会有灾荒出现。善于用兵的人，作战实现自己的目的、渡过灾难就可以了，不敢凭借武力逞强于天下。他们达到目的后不矜、不伐、不骄，以武力实现目的是不得已而为之的，并非是为了逞强。事物过于强大就会走向衰亡，这就是不符合"道"，不符合"道"就会早早灭亡。

经典解读

老子所处的春秋时代，正是礼乐崩乱、战火纷飞的年代。大的诸侯为了争夺霸主之位相互攻伐，小的诸侯为了维护社稷也兴兵演武。老子目睹了战争带来的灾害，田生荒草，民无归宿，百姓离乱，兵将战死。于是，他提出"不以兵强天下"的反战口号，强调兵力、战争并不能带来真正的强大，只会导致灾难。战争是在不得已的时候才不得不采用的，那些战胜而自矜、自傲者，必将受到惩罚，尝到战争的恶果。

《孙子兵法》开篇即说："兵者，国之大事也，死生之地，存亡之道不可不察也！"其后又说："不尽知用兵之害者，则不能尽知用兵之利也。"可见即使是对战争理论最了解的人，也认为兵事是关乎国家生死存亡的大事，不可以不慎重对待。陆贾就曾劝谏汉高祖刘邦说："昔者吴王夫差、智伯极武而亡……"范蠡劝谏勾践说："兵者凶器也，战者逆德也，争者事之末也。阴谋逆德，好用凶器，试身于所末，上帝禁之，行者不利。"然而很多人却认识不到这个道理，妄想通过武力征伐而取得天下，最后只落得身死国灭的下场，被后世人耻笑。

所谓强弩之末，势不能穿鲁缟。无论什么都不可能永远处于强盛，盛极而衰，泰过则否是万物发展的规律。越强大的事物衰亡得就越快，正如王昶所言："夫物速成则疾亡，晚就则善终。朝华之草，夕而零落；松柏之茂，隆寒不衰。"战争之势亦是如此，所以兵法上说："天下战国，五胜者祸，四胜者弊，三胜者霸，二胜者王，一胜者帝。是以数胜得天下者稀，以亡者众。"项羽与刘邦争夺天下，可谓屡战屡胜，然而仅垓下一围就落得了败亡身死的下场；夫差西败楚，南败越，北败齐，迫使晋国让步，兵力强盛到极点，可是被勾践一举击败，国破身死；智伯在外臣服诸侯，在内挟韩魏之师围困赵氏于晋阳三年，可惜一旦失败连脑袋都做了别人的夜壶；隋炀帝兴兵四处攻伐，屡次远征高丽，结果天下大乱，自己也埋骨江南……如此事例，历史上层出不穷。这些"悲剧"产生的根源就是统治者自以为是，滥动干戈，以为武力可以征服天下。殊不知，如果违背了"道",不能顺应天下人的本性,没人会追随他,即使强盛一时,也不可能长久保持。

国家、统治者如此,那些依靠武力来侍奉君主的谋臣、将领也应该明白这个道理。古人云:三世为将后必衰。赵国赵奢为天下名将,他的儿子赵括却身死长平;秦朝王翦为秦国统一立下赫赫功勋,他的孙子王离却被项羽斩杀;李广为西汉名将,但后代却下场凄凉。那些因战事而功高震主、位失身死的名将更是数不胜数。

所以无论是统治者本人还是辅佐他们的人,都应记住:强权,不会永远持续。兵者,凶器也!

哲理引申

春秋时期,齐桓公去世后,宋襄公与楚国争霸,但因为不懂兵事而失败身死,霸业化为美梦。此后宋国这个殷商后裔在春秋时期的争霸舞台上一直默默无闻,只能跟随在大国身后。然而,到了战国时期,宋国却又出现了一位想通过武力夺取霸主地位的君主,就是后来被称为宋桀的宋康王。

公元前329年,正是战国七雄相互争霸的激烈时候,这时一直默默无闻的宋国,公子宋偃发动政变,登上了宋国王位。史载他相貌堂堂,面有神光,力能屈伸铁钩,同时他还是个极有抱负,也极度相信强权的人。看到大国们相互争霸,宋康王也十分不甘心,于是扩展武力,修兵备战。

公元前286年,宋国首都睢阳城墙拐角处麻雀巢里,发现一只刚孵出来的雏鹰,对这个异乎寻常的现象,巫师占卜说:"小生大,乃反弱为强,成为霸主的先兆。"一直蠢蠢欲动的宋康王听到这个消息后大为兴奋,立刻挥军出击,把周边的小国滕国灭掉,并顺道攻打薛国。灭掉了两个小国,不仅没使他满足,反而让他信心大增,更加相信了那个预言。于是宋康王准备向天下宣示他的武力,让那些轻视宋国的人看到他的实力。

当时,秦、楚、魏、齐等互相抗衡,谁也没有注意到宋国。宋康王首先将当时势头正劲的齐国当作了目标,率军向东攻打齐国。齐国经过齐威王、齐宣王两代治理,正是国力强盛时期,没想到竟然被宋国打败了,还被占领了五个城镇。这样一来宋康王更加相信自己的实力了,于是调转枪头向南,一口气攻占了楚国三百多里的土地,继续向西打败了魏国。这一连串胜利不仅令诸侯大吃一惊,连宋国人都昏了头了。宋康王更是不知道自己真正几斤几两了。他于

[第三十章] 恃强取祸

是想到了自己祖先武乙射天的故事,于是他用弓箭射天、长鞭扑地,表示敢向神灵挑战,把祭祀天地祖先的祭坛摧毁,表示他连鬼也不在乎了。继而在王宫中长夜饮酒,房子里侍从人员都呼喊"万岁",大厅中官员们随口响应,宫门外的人群也同声高呼,霎时间全城一片"万岁"之声。

诸侯对宋国四处进攻十分不理解,都不知道一个小国如何敢四处树敌,于是将其称为桀宋,将宋康王比喻为昏庸的桀。被国外胜利冲昏头的宋康王在国内也开始实施强力统治,大臣百姓稍有不从就加以刑戮,周围的人都不敢说真话。

开始因为大国相互牵制没人理他,很快被他击败的齐国就腾出了力量,齐闵王下令大举伐宋。消息传到了狂妄自大的宋康王那里,他不相信这是事实,便派人去侦察齐军到了什么地方。很快,派去的人回来禀报说:"齐军已经越过了边境。全国上下,人心浮动。"左右近臣都对宋康王说:"这完全是俗话所说的'肉自己生出蛆虫'啊!凭着宋国的强大和齐军的虚弱,怎么会这样呢?"宋康王听罢大怒,以为侦察的人在说谎,就将其杀死了。他接着又派另外的人去察看,没想到回报还是那样,结果这个人也被杀了。第三个人依然如此。第四个人被派去侦察的人看到齐军已经要逼近宋国的国都了,国人确实已经感到恐慌。但他想到前几个人的遭遇后,知道说真话一定会惨遭刑戮,还不如投宋王之所好,于是回报宋康王说:"根本没有看到齐军的影子,国人也是非常地安定的。"宋康王听罢非常高兴,对左右的人说:"看来那三个人我没有杀错。"还赏赐了这个侦察的人很多钱财。因为宋康王的昏聩,宋国军队没有采取任何抵抗措施,齐军长驱直入,一举攻破了宋国的国都。宋康王这才恍然大悟,但已经晚了,骄傲自大的他只能逃到魏国去了,最后病死在那里,宋国也被灭亡了。

《吕氏春秋》上还记载了一个关于宋康王的典故:

惠盎是个书生,一次他去拜见宋康王的时候,康王对他的谈话极不感兴趣,不时跺脚,大声咳嗽,最后康王终于忍不住了,说:"我喜欢的是勇武有力的人,不喜欢行仁义的人,你快走吧,我不想听你的废话。"惠盎说:"我只问你一个问题,你乐意回答吗?"康王说:"你问吧。"

惠盎说:"我有这样的道术,使人虽然勇猛却刺不进你的身体;人虽有力,却击不中你。大王你难道无意于这种道术吗?"康王说:"好!这是我想要听的。"惠盎说:"虽然刺不进你的身体,击不中你,但你还是受辱了。我有这样的道术：使人虽然勇武，却不敢刺你，虽然有力却不敢击你。大王你难道无意于这种道术吗？"康王说："好！这更是我想知道的。"惠盎说："那些人虽然不敢刺，不敢击，并不能说明他们没有这样的想法啊。我有这样的道术：使人根本就没有这样的想法。大王难道无意于这种道术吗？"康王说："好！这正是我所希望的！"惠盎说："那些人虽然没有攻击你的想法，但是能够使他们爱你则更好了。使他们爱你胜过了孔武有力，居于上面说到的三种有害行为之上了。大王你难道无意于这种道术吗？"康王说："这是我想要得到的！"

　　惠盎说："孔子、墨子的品德就能这样。孔子、墨子他们没有领土，但却能像君主一样得到尊荣；他们没有官职，但却能像当长官一样受到尊敬。天下的男子、女子没有谁不伸长脖子，踮起脚跟盼望他们，希望他们平安顺利。现在大王你拥有兵车万辆，如果你是想使百姓爱你却不是想靠用武力征服四方之敌，那么，百姓对你的爱戴就能远远超过孔子、墨子了。"宋康王无话可答。

　　可惜，宋康王虽然被辩倒了，却没有采取惠盎的政策，而且他完全不知道用兵的害处，只想着依靠武力来取得霸业，这连大国都很难做到，更何况一个夹在大国之间的小国呢。宋康王穷兵黩武，四处征伐，取得一点小成就后，不防患即将到来的灾难，反而骄傲自矜，最后也只能是国破梦碎了。

第三十一章
兵者,不祥之器也

兵器不是吉祥之物,战争不可用来倚仗夺得天下,有道君子只有在迫不得已的时候才会发动战争。战争通过杀人来实现目标,君子对它应淡然处之,战胜了亦非可以值得骄傲的事情,要用丧葬的礼仪来对待它。

原　文

夫兵者①,不祥之器,物或恶之②,故有道者不处。君子居则贵左③,用兵则贵右④。兵者不祥之器,非君子之器,不得已而用之,恬淡为上⑤,胜而不美⑥,而美之者,是乐杀人。夫乐杀人者,则不可得志于天下矣。吉事尚左,凶事尚右。偏将军居左,上将军居右。言以丧礼处之。杀人之众,以悲哀莅⑦,战胜以丧礼处之。

注　释

①兵:兵器。
②物或恶之:物,众人;或,都、全。即众人都厌恶它。
③贵左:古人以左为阳以右为阴。阳生而阴杀。
④用兵则贵右:用兵打仗时以右边为贵。
⑤恬淡:安静、沉着。
⑥美:自鸣得意,即上章所谓的"骄、矜、伐"。
⑦莅:到达,到场。

译　文

兵器是不祥的东西,众人都厌恶它,所以有"道"的人不依赖它。君子平时居处就以左边为贵，而用兵打仗时就以右边为贵。兵器这个不祥的东西，不是君子所倚仗的东西，只有到万不得已时才会使用它，最好淡然处之，胜利了也不可自鸣得意，如果自以为是，那就是喜欢杀人。喜欢杀人的人，就不可能得到天下。吉庆的事情以左边为上，凶丧的事情以右方为上，偏将军居于左边，上将军居于右边，这就是说要以丧礼仪式来处理用兵打仗的事情。战争中杀人众多，要怀着哀戚的心情处理它，打了胜仗要以丧礼的仪式去对它。

经典解读

一方面老子指出战争是不吉祥的东西，君子不会倚靠强力、通过杀人来夺取天下。他们对待战争的态度是淡然的，即使战胜了也不会骄傲自伐，反而应怀着悲伤的心情，来表示自己不得已而为之，为在战争中死去的人哀悼。另一方面，老子也指出战争有时也是不可避免的，得道之人也不得不采取战争来除暴御敌。但他们发动战争并非为了杀人略地，"善有果而已"。正如《尉缭子》所说："凡兵，不攻无过之城，不杀无罪之人……"

老子的观点得到了后世众多兵法家的赞成，几乎历史上流传的每一部兵书都要求统治者既不能滥用武力，也不能荒废武力。如《吴子》上就说："从前承桑氏的君主，只知道修德而废弃武功，最后国家灭亡；有扈氏的君主，恃众好勇，最后也导致国家灭亡。贤明的君主鉴于往事，必在内修文德，在外整治武备。"《司马法》说："国虽大，好战必亡；天下虽安，忘战必危。"即使主张以德治国的孔孟之徒，也不主张完全放弃武力，并进行了很多关于战争的论述。那些被视为古代贤君的商汤、周武都是以武力而夺取的天下。但他们因为是"以有道，伐无道"，顺应了天下民心，更被赞为千古贤君。直到现在这种思想仍然是我国军事思想的基础，比如我们发展军力，并不是为了恃强凌弱，不是为了侵略干涉别国，而是为了保护自己的领土不受侵犯，维护国家的主权独立；发展核武器不是为了恐吓周围的国家，而是为了不受其他强权的威慑和胁迫。

得道君子虽然也会发动战争，但他们在生活中从来不会将武力作为立身之本。为了表示军队、战争的特殊性，为了悼念在战争中死去的将士，即使战胜了也要用丧礼来对待，以悲哀莅之。联系上章就可以清晰地看到老子对待战争的态度：战争，是不吉祥的事物，君子只有在迫不得已的时候才会使用它，在发动战争时要怀着哀闵之心，即使战胜了也要采取丧礼的态度来对待它，倚靠杀人是不可能得志于天下的。

[第三十一章] 兵者，不祥之器也

老子的战争思想从未也永远不会过时，和平是全世界人民的共同愿望，那些恃武逞强、以军力欺负别国的行为是不得人心的。过分依赖兵力，穷兵黩武最后只会给自己带来祸患，走向穷途末路。

哲理引申

战争总是伴随着死亡，《易》中师卦就说："师或舆尸，凶。"流血千里、伏尸百万，是战争中经常出现的场景。世人皆有恻隐之心，所以君子在不得已发动战争之时，必将爱惜自己的将士，同时对失去抵抗的敌人也怀有怜悯之心。《日内瓦公约》就有明确规定要善待俘虏。然而，在古代有很多将领出于种种考虑，在战争时并没有时刻怀着哀怜之心、恻隐之心，反而唯以杀死敌人为目的，甚至连放下武器的俘虏都不放过。

商鞅变法让秦国迅速强盛起来，但也自古就受到无数指责，其中最令后人齿寒的就是以首虏论功的政策，即秦军在战争中砍下敌方的头颅，来领取军功。这虽然让秦军战斗力迅速提升，同时也让他们显得十分野蛮，让关东诸国既不齿又害怕。提到秦国的名将，最著名的就是白起，他因为杀敌之多，被后世称为"杀神"。

白起善于用兵，侍奉秦昭襄王。秦昭襄王十三年（前294年），白起任左庶长，领兵攻打韩国的新城。次年，白起由左庶长迁任左更，出兵在伊阙攻打韩、魏二国，俘虏魏国名将公孙喜，攻陷五座城池。此战令白起名扬天下，使关东诸国大震，他本人也因功晋升为国尉。此后，他不断率领秦军攻打三晋，占领了上百座城池。

除了攻城略地，更让关东诸国害怕的是，白起带兵还大量杀死敌人的士兵。伊阙之战韩魏两国士兵首级就有二十四万；攻打楚国，夺取鄢、邓、郢的战斗也杀死楚军十多万；秦昭襄王三十四年（前274年），白起率军攻赵、魏联军，斩首十三万，又与赵将贾偃交战，溺毙赵卒二万人。

之后爆发了著名的长平之战，白起战胜纸上谈兵的赵括，四十余万赵国士卒被迫投降。这些士卒因为长期被围困，已经疲惫不堪，没有了抵抗能力。但看着黑压压望不到边的俘虏，白起却一时不知如何是好，以前他杀人虽多，但大多是战场之上。而今这些赵国士兵已经放下了武器，而且饥饿疲惫毫无抵抗力，但如果将他们带往秦国，这些士兵一定怀念亲人，心向赵国，四十余万人如果暴乱起来很难收拾，加上长期作战，秦国的军粮也无法满足这四十万俘虏的要求了。

白起于是和手下的将领们商议说:"先前秦已攻陷上党,上党的百姓不愿归附秦却归顺了赵国。赵国士兵反复无常,不全部杀掉,恐怕日后会成为灾乱。"于是秦军将所有的赵军俘虏骗至一条狭窄的山谷内,声称在这里扎营,以后会安顿他们。当夜趁着黑暗,秦军忽然发动了偷袭,将这些毫无准备的俘虏全部活埋在了深谷里。只留下二百四十个年纪小的士兵回赵国报信,传递这个恐怖消息。秦军先后斩杀和俘获赵军共四十五万人,天下为之震惊。

然而,白起散布的消息并未取得应有的效果,天下各国都看到了秦军的残暴无道,天下士人如苏代、鲁仲连等也为了联合各国抵抗暴秦而奔走往来。当年九月,秦又发兵,使五大夫王陵攻赵邯郸。王陵攻邯郸不顺,秦王又增发重兵支援,欲再次以白起为将攻邯郸,白起对昭王说:"邯郸实非易攻,且诸侯若援救,发兵一日即到。诸侯怨秦已久,今秦虽破赵军于长平,但伤亡者过半,国内空虚。我军远隔河山争别人的国都,若赵国从内应战,诸侯在外策应,必定能破秦军。因此不可发兵攻赵。"

昭王改派王龁替王陵为大将,久攻不下。楚国派春申君同魏公子信陵君率兵数十万攻秦军,秦军伤亡惨重。白起听到后说:"当初秦王不听我的计谋,现在如何?"昭王听后大怒,强令白起出兵,白起自称病重,并未立即启程。三月后,秦军战败消息从邯郸传来,秦昭王更迁怒白起,命他即刻动身,行至杜邮秦昭王以白起"其意怏怏不服,有余言"为罪名,派使者赐剑命其自刎。

白起拿起剑自刎时,仰天长叹:"我对上天有什么罪过,竟落得如此下场?"过了好一会儿,他又说:"我本来就该死。长平之战,赵军降卒几十万人,我用欺骗的手段把他们全部活埋了,这就足够死罪了!"说完自杀了。《后汉书》记载,白起死后,东方六国闻讯,诸侯皆酌酒相贺,庆幸白起之死。白起身为天下名将,却因为嗜好杀戮而被天下人厌恶,最后也被赐自刎而死。可见乐杀人者,不仅不可得志于天下,相反还会招来不尽的祸患。

无独有偶,仅仅几十年后,同样又有一位战功赫赫却也因为杀俘而丧失人心的名将,这就是西楚霸王项羽。项羽连续在巨鹿、漳水打败秦军,秦将章邯不得已而向其投降。项羽于是立章邯为雍王,司马欣为上将军,率领秦军为前部,继续向关中进军。由于诸侯的士卒原来都曾在秦服过徭役,受尽秦兵的鞭挞,而今秦兵投降诸侯,诸侯兵都把秦兵当作奴隶来驱使,引起秦兵的不满。

行至新安时，有人告诉项羽秦兵存在不满情绪，项羽召集手下将领商议，认为秦兵很多，入关中后如果不听令，会引起非常大的祸患。于是项羽将秦降卒二十余万全部在新安城南连夜坑杀。项羽的做法不仅让秦地百姓对其痛恨不已，而且也让其他诸侯看到了他恃强、嗜杀的真相。最终，英雄一世的西楚霸王，被天下所抛弃，成为历史上著名的悲剧英雄。

　　白起、项羽都是攻必克、战必胜的千古良将，却都因为嗜杀而以悲剧收场。可见欲得天下者，必须心怀天下。能治理百姓的人，一定怀有仁慈、恻隐之心。依靠武力只能取得暂时的强大，而不可能得志于天下。

第三十二章
始制有名

"道"是侯王使天下归之应当遵守的。"道"虽然朴素，却是自然间最基本的规律，天下万物向道，就像川谷之水流入江海一样自然。"名"是造成世间纷乱的原因，应该对其有所制约，如此才不会陷入危险。

原　文

道常无名①，朴②。虽小③，天下莫能臣④。侯王若能守之，万物将自宾⑤。天地相合，以降甘露，民莫之令而自均⑥。始制有名⑦，名亦既有，夫亦将知止，知止可以不殆⑧。譬道之在天下，犹川谷之于江海⑨。

注　释

①道常无名："道"通常是无法名状的。
②朴：原始、朴素。
③小：微小，用以形容"道"是隐而不可见的。
④莫能臣：臣，使之服从。这里是说没有人能驱使、改变它。
⑤自宾：宾，服从。自将服从于"道"。
⑥自均：自然均匀。
⑦始制有名：万物兴作，于是产生了各种名分。
⑧不殆：不穷尽、没有危险。
⑨之于：流入、流到。

译　文

"道"通常是无法名状的，它原始、朴素，虽然幽隐而不见，天下没有谁能使它服从于自己。侯王如果能够依照"道"的原则治理天下,百姓们将会自然地归从于它。天地间阴阳之气相合,就会降下甘露,不需要人们指使,它就会自然均匀。万物兴作产生了各种名分的区别。名分既然有了,就要知道有所制约、适可而止,这样就没有什么危险了。"道"存在于天下,就像一切河川溪水都归流于江海一样,使万物自然服从。

经典解读

通过前面叙述我们知道老子反对通过战争、暴力来取得天下,认为战争只是在不得不用的时候才可以采用,而且还要怀着悲悯的心情去对待它。既然战争不可以凭恃,应该如何取得天下呢?就是"道"。老子说"道"虽然是无法名状的、原始朴素的、幽隐难见的,但它却是宇宙中最基本的规律,万事万物都不能让它臣服,而应该依照着"道"而运行。所以,侯王如果想要得志于天下,也不能违反"道",如果其政合乎于"道",那么天下就自然而来了,就像百川归海那样自然。

这和儒家思想相近,虽然他们提倡的"道"和"仁德"是有区别的,但在取得天下不靠武力上却十分一致。孔子说:"为政以德,譬如北辰,居其所而众星拱之。"孟子说:"得道者多助,失道者寡助。寡助之至亲戚畔之,多助之至天下顺之。"可见只要君主依从"道",而合乎君王之德,天下就自然归顺于他。所以舜迁到哪里,哪里就成为城邑;商汤以七十里得天下;周文王以百里取天下。夏桀、商纣、隋炀帝坐拥天下却身死国灭。

"始制有名,名亦既有,夫亦将知止",万物出现以后,就需要对其进行描述、表述、定位,这就是"名",名分有了之后,就应该依照"道"去运作,无论是对事物,还是对自己都应该知道适可而止的道理。一个制度建立以后,其中的方方面面都应有确定的名分,人要遵守这些规则,不可随意逾越;要知道自己的能力限度,才能找准自己的位置,不至于遭受祸患。儒家就十分重视"名",如果说老子的"道"是天地自然之规则,那么儒家的"名"则是仁义礼智之规则。老子强调先天存在的规则,孔子则强调经过贤人改造的规则。所以孔子说:"名不正则言不顺,言不顺则事不行。"司马光在《资治通鉴》中也说:"天子之职莫大于礼,礼莫大于分,分莫大于名。"显然,儒家将"名"作为一切政策的根据,而老子则认为"名"只是由"道"衍生出来的,对"名"应"知止",让它依从于"道",这样才会不危不殆。

我们在现实中既要看到"名"对制度存在的巨大作用，同时也应注意不要"为名所困"，僵化桎梏，最后"被名所累"。先贤制定"名分"是为了便于行事，使社会有秩序，符合于"道"，而非扭曲"道"以让他适用于"名"。叔孙通治礼乐使朝廷秩序井然，这是"名"的进步意义，而那些"君要臣死……""夫为妇纲"的陈规旧俗则是"名"之过。只有认识到这不同的方面才能让"名"合乎"道"，依其行事才能不殆。

哲理引申

中国人自古看重名分、规矩，认为遵守祖制、传统是处理大事的重要原则。《吕氏春秋·仲冬纪》上记载了这样一件事。纣王同母兄弟共三人，老大是微子启，老二叫中衍，老三就是纣。他的父母开始想立微子启为太子，但太史不同意，因为他们生微子启时，他的母亲还是妾，后来做了正妻以后才生的纣，按照礼法，嫡子才能被立为太子。太史称："有妻的儿子就不能立妾的儿子。"因此纣被立为了继承人。微子启十分贤德，后来被孔子列为"殷之三仁"之一。而纣却荒淫自大，最后导致殷王朝灭亡。故而《吕氏春秋》感慨说：有这样的法度，还不如没有法。

然而对于此事司马光却说："如果让微子启代替纣王，殷商就不会亡国；让季札做吴王，那么吴国就不会混乱。但他们宁愿亡国也不这么做，就是因为礼节不能乱。"司马光的说法遭到了后世很多人的批评，从老子的观点看，他就是忽略了"名"也应该"知止"。过分在乎名分就会造成危殆。正如司马光所在的北宋，没有违反礼法，选了个不懂治国，只知道嬉戏玩乐的宋徽宗做皇帝，到头来还是一样亡国。

其实，古代也有在选择继承人时不被礼法、名分所拘束的智者。春秋时，赵简子就是这样的人。当时晋国各个世卿之间斗争十分激烈，一个家族一旦选出一个不合格的继承人来就有可能被其他家族击败、淘汰，他们在选择继承人时都十分谨慎小心。

赵简子有很多儿子，其中一个妾为他生了个儿子叫毋恤，这个孩子因为是庶子，所以在诸子中名分最低，连赵简子都忽略了这个儿子的存在。毋恤虽然不受重视，长得又丑，但他从小就敏而好学、胆识过人，不似哥哥们那样纨绔，久而久之，引起赵氏家臣姑布子卿的注意。姑布子卿素来以善于给人看相而取信于赵简子。一天，赵简子将他招来，请他给自己的儿子们看相，当时毋恤并未被招去。姑布子卿看了半天，只是摇头，赵简子心中十分失落，以为自己的儿子竟然没一个被看得上的。这时姑布子卿说，刚才进门时看到了一个孩子，十分有富贵相，将来一定可以兴盛家族，不知是谁？于是赵简子把所有孩子都招来，姑布子卿趁机推荐了毋恤，从此他的父亲才开始重视他。

赵简子十分注重对儿子们的教育和培养。他将训诫之辞，书于若干竹板上，分授给诸子，要求他们认真习读，领悟其要旨。并告诉他们三年之后要逐一考查。然而在考查时，他的儿子们包括太子伯鲁，没一个能背得出竹板上的内容的，甚至连竹板也不知遗失何处。只有毋恤对竹板上的训诫背诵如流，而且始终将竹板携藏于身，经常检点自己。于是，赵简子开始相信姑布子卿的推荐了，认为毋恤为贤。

当这些孩子长大成人，赵简子又对他们进行了更深的考察。有一天，他召见儿子们说："我将一宝符藏于常山之上，你们去寻找吧，先得者有赏。"于是，诸子纷纷前往常山寻宝。可是，他们谁也没有找到宝符，只得空手而归。只有毋恤说："我得到了宝符。"赵简子闻听便让他将情况道来。毋恤说："凭常山之险可以居高临下进攻代国，代国即可归赵所有。"赵简子听罢高兴异常，顿觉只有毋恤明白自己的良苦用心，是赵氏难得的继承人。于是，废掉了长子伯鲁，破例立毋恤为太子，就是后来的赵襄子。

赵襄子后来果然成为一位出众的家族领袖，他顽强能忍、具有远见，带领赵氏抵抗智伯，最后联合韩魏共同攻灭最强大的智氏，为三家分晋奠定了基础。

第三十三章
知人者智

"知人"、"胜人"十分重要，但是"自知"、"自胜"则更加重要。一个人只有能省视自己、坚定自己的生活信念，并且坚持不懈地推行，才能够算作真正的长久。

原 文

知人者智，自知者明。胜人者有力，自胜者强①。知足者富，强行者有志②，不失其所者久，死而不亡者寿③。

注 释

①强：刚强、果决。
②强行：坚持不懈、持之以恒。
③死而不亡：身虽死而"道"犹存。

译 文

能了解、认识别人叫作智慧，能认识、了解自己才算聪明。能战胜别人是有力的，能克制自己的弱点才算刚强。知道满足的人才是富有人，坚持不懈的人才是有志者。不离失本分的人能长久不衰，身虽死而"道"仍存的，才算真正的长寿。

经典解读

在上一章中老子说有了名分以后要知止，如此方可不殆。本章老子提出了"自知"、"自胜"、"知足"、"强行"等概念，在"知止"和"进取"两方面来论述如何加强个人的修养。章中内容和第十六章相接近，可以相互参考。

"知人者智，自知者明"。知人不易，大文豪苏轼曾感叹："人之难知，江海不足以喻其深，山谷不足以配其险，浮云不足以比其变。"所以，老子说了解别人是拥有智慧的表现。但了解自己却更难，这才是真正的明白。俗话说"人贵有自知之明"、"医生不能治自己，卜者不能算自己"，人们看到的总是别人的事物，听到的总是别人的声音，感觉总是和别人相处时得来的，所以对自己的了解要比了解别人难得多。只有认识自己才能称得上是真正的大智慧。第十六章中言："知常曰明……知常，容。容乃公，公乃全，全乃天，天乃道，道乃久，没身不殆。"其实，只有"自知"才能达到"知常"，只有了解自己，了解自己的优点和缺点，才能吸纳别人的优点，包涵别人的缺点，才能做到胸怀广阔，才能最后达到"没身不殆"，即本章的"死而不亡"。

"胜人者有力，自胜者强"。战胜别人只能说明自己能力、力量很高，但只有战胜自己的人才是真正的强者，才能不断地前进、超越。战胜自己就要同自己的弱点、缺陷、惰性做斗争，它考验的是一个人的自制力、毅力、恒心，真正的强者就要敢于面对，并战胜自己的偏执和欲望。由此更可以看出老子所说的顺道、随性并不是放纵自己的欲望，老子的思想也不是消极的，而是充满着正能量，他要人们在认识自己、战胜自己中不断前进。

"知足者富，强行者有志"。人们既要懂得知足常乐的道理，又要不断进取，做个强行者。何谓"知足"呢？就是立足于现实，不做妄想家，不被欲望所驱使。何谓"进取"呢？就是人生要有自强不息的精神，在立足于现实的基础之上，不断追求新的进步，胜人、自胜。人和其他动物不同，人是有主观意志的，所谓"域中有四大，人居其一焉"，人活着不仅仅是为了吃饭、睡觉、繁殖，还应该有精神追求、有目标、有理想。这样的人生才是有意义的，这样才不至于沦落为行尸走肉。

"不失其所者久，死而不亡者寿"。人皆有立身之本，即第二十六章所言的不失根。老子认为的根本就是"道"，只有坚守"道"，人才不会迷失，变为失根之草。人生如寄，倏忽而逝，但"道"是永远不会消失的，老子虽然很早就去世了，但他的思想流传到今天。现在我们所称颂的先贤无不如此，这样的人才能死而不亡，才算做真正的长寿。如果不遵从"道"，为非作歹，即使长命百岁也会被骂一句"老而不死是为贼！"

哲理引申

管仲是春秋时齐国名相,他本来辅佐齐桓公的哥哥公子纠,在争位过程中还用箭射过齐桓公。齐桓公即位以后逼迫鲁国杀死公子纠一党,并将管仲押送回齐国。齐桓公本来想当众处死管仲,以泄心头之恨,但他的师父鲍叔牙与管仲是至交,了解管仲的才能,向他推荐让管仲来治理国家。齐桓公听取了鲍叔牙的建议,任用管仲为相,其后九合诸侯,一匡天下,成为了春秋时代第一个霸主。

周襄王七年(前645年),为齐桓公创立霸业呕心沥血的管仲身患重病,已经无法再帮齐桓公治理国家了。齐桓公去探望他,询问他谁可以接受相位。管仲说:"国君应该是最了解臣下的。"齐桓公问鲍叔牙怎么样。管仲诚恳地说:"鲍叔牙虽然是个君子,但他为人太过于刚强,善恶分明,见到别人的小恶终身不忘,这样的人是不能为相的。"齐桓公又问隰朋怎么样。管仲说:"隰朋的为人,眼光远大而能虚心下问。惭愧自己德行不如黄帝,哀怜不如自己的人。对于国政该不管的不管,对于家事不必知的不知,举重而若轻。且隰朋的为人,在家不忘公务,在公门不忘家事;侍君无二心,也不忘自身;如果不得已,隰朋可以作为齐相。"但他接着又说:"隰朋就像管仲的舌头一样,现在我死了,只怕隰朋也不久于人世了。"

齐桓公又问,易牙、开方、竖刁等人怎么样。易牙是齐桓公宠臣,擅长烹饪,一次齐桓公吃着他烹的乳猪说:"乳猪是这样美味,不知道婴儿是什么味道。"不久易牙进献齐桓公一道菜,桓公吃了赞不绝口,问易牙这是什么做的。易牙说:"大王曾说想尝尝婴儿的滋味,我就把自己的儿子杀了,做成这道菜。"齐桓公惊愕之余,叹道:"易牙爱我比爱自己的儿子还亲啊!"开方是卫国公子,却孤身入齐侍奉齐桓公,连自己的父亲去世都没有回国。齐桓公叹道:"开方爱我胜过自己的父亲啊!"竖刁是齐国的贵族之子,他为了侍奉齐桓公自己阉割了自己。齐桓公叹道:"竖刁爱我胜过自己的身体啊!"

然而,管仲却对齐桓公说:"易牙为了满足国君的要求不惜烹了自己的儿子以讨好国君,没有人性,不宜为相。卫公子开方舍弃了做千乘之国太子的机会,屈奉于国君十五年,父亲去世都不回去奔丧,如此无情无义,没有父子情谊的人,如何能真心忠于国君?况且千乘之封地是人梦寐以求的,他放弃千乘之封地,俯就于国君,他心中所求的必定过于千乘之封。国君应立刻疏远他,怎还能任其为相呢？竖刁不爱惜自己的身体，是违反人情的，这样的人又怎么能真心忠于您呢？这三个人，都是极其危险的小人，宠信他们，国家必乱。"

不久管仲病逝，隰朋继承了他的位置，果然不久也病逝了。齐桓公开始听取管仲的遗言，疏远了易牙、开方、竖刁三人。然而不久以后觉得没有这些人在身边干什么都不舒服，吃也吃不香，睡也睡不香。就将管仲的诚言抛到了脑后，不顾鲍叔牙等大臣的劝谏，将易牙、开方、竖刁召回重用。

两年后，齐桓公病重。易牙、竖刁见此情景，拥立公子无亏，迫使太子昭奔宋，齐国五公子因此发生内战。齐桓公在宫中重病没人照顾，连吃饭都没有人管，最后活活饿死了。

管仲可谓知人了，他既能看到别人的优点，又能看到别人的缺点；既能为国家荐贤，又能劝君主远佞。可惜齐桓公却不能识人，以致落了个活活饿死、蛆虫出户的下场。

第三十四章
不自为大

"道"广泛存在，生养万物而不居功自傲，不自以为主宰的特质。这也是老子对"圣人"、"侯王"所提出的要求、意见，只有顺其自然，不自以为万物之主宰，天下万物才会归顺他，才能"后其身而身先"、"为天下谷"。

原 文

大道汜兮①，其可左右②。万物恃之以生而不辞③，功成而不有④。衣养万物而不为主⑤，常无欲⑥，可名于小⑦；万物归焉而不为主，可名为大⑧。以其终不自为大，故能成其大。

注 释

①汜：广泛，无所不在。

②其可左右：左右上下无不至。

③辞：言辞、称说，自矜自伐。

④不有：不居。

⑤衣养：覆盖滋养。不为主：不自以为主宰。

⑥常无欲：永远没有私欲。

⑦小：渺小。

⑧大：伟大。

译 文

大道广泛，无所不在。万物都依赖它生长，它也不自矜自伐，完成了功业，也不居功自傲。它养育万物而不自以为主宰，从来没有私欲，可以称它为"小"；万物归附它，它也不认为自己是主宰，可以称它为"大"。正因为他不自以为伟大，所以才能成就它的伟大。

经典解读

"道"是广泛无边的，它充斥于天地之间，万物都依赖它而生长、运作，它不矜不伐，不居功自傲。这些老子在前面的篇章中就已经叙述过。在这里再次提起，是为了告诫前文提到的"侯王"们向道学习，不自以为人民的主宰，治理人民而不可居功自傲。

统治者一般都具有很强的能力，他们通常能够建立比普通人更大的功勋，做出比普通人更大的贡献。于是，骄傲自满的情绪就会在心中蔓延。他们开始自认为伟大、圣明，开始自视为万民的主宰，开始以为自己无所不能，被周围的阿谀奉承之言所蒙蔽，沉湎于歌功颂德的光环之中。最后，大多数犯下了错误，甚至被那些曾经接受他恩惠的人民所抛弃。

"捧杀"一词最为形象，古往今来无数统治者在"捧"中倒下，然而，每一个新上台的统治者对这种极其厉害的暗器却毫无抵抗力。从夏桀、殷纣到近代、现代的无数独裁者、统治者无不如此，他们听着别人的吹捧，听着自己的吹捧，渐渐忘记了先贤的训导，忘记了忠臣的谏言，最后被捧杀在了对自己的无限个人崇拜之中。

秦末农民起义中，陈胜第一个揭竿而起，以野火燎原之势横扫东方，天下之民赢粮而景从，他也成为了天下瞩目的义军领袖。可是当得到了富贵，建立了政权以后，陈胜就开始骄傲自满，认为自己真的是天才，处处以大王自居。他开始骄傲地对待那些昔日和自己共患难的旧人，甚至杀死有损自己威严的老友、部将。不久，曾经追随他的人就开始离心离德，将领们在外建立割据政权，追随他的人也不断出走。最后陈胜的政权被灭，自己也被叛徒杀死。

明朝末年李自成率领起义军推翻腐朽的朝廷，逼得崇祯帝在煤山上吊。然而，一进北京城，这些起义军的领袖们就开始骄傲自满，每天只知道抢掠争功。李自成本人也以为功成名就，不可一世，将当年体恤百姓、为天下造福的誓言忘到了九天之外，结果很快他们就被敌人击败，不得不逃出北京，最后遭到失败的命运。

可见，自大自满，是统治者应极力避免的错误。只有"其终不自为大"者，方能成其大。

哲理引申

苻坚是前秦开国君主苻健之侄。他自幼聪明过人，七岁时就知道帮助周围的小伙伴了。八九岁时，言谈举止犹如大人，所以倍受祖父苻洪的宠爱。和其他的贵族子弟不同，苻坚幼时学习非常刻苦，潜心研读经史典籍，随着学识的不断增长而立下了经世济民、统一天下的大志，后又结交了许多当世豪杰，很快成了朝野享有盛誉的佼佼者。

苻健病死后，其子苻生继承帝位。苻生是天下少有的暴君，视杀人如儿戏。每逢接见大臣，都让侍从将箭上弦、刀出鞘，铁钳、钢锯等摆放跟前。看谁不顺眼，就随即杀掉。如果有大臣劝谏，就被视为诽谤，杀了；若有人奉承，就被视为献媚，也杀了。因此，朝中人人自危。

很多大臣私下对苻坚说："如今主上残忍暴虐，搞得全国人心离散。常言说得好，有德者昌，无德者亡。神器业重，不要让政权落到他人手中，希望大王早做打算，行商汤、武王之事，以顺应天意民心。"于是，在公元357年苻坚发动政变，杀死暴君苻生，在群臣的劝进下即位，称"大秦天王"。

苻坚即位以后，决心开创清明的政治局面，整顿吏治，惩处不法豪强，平息内乱，实行与民休养生息的政策。他广招贤才，惩治奸佞，重用王猛为相。王猛是史上著名的名相，忠心耿耿，才能出众。在王猛的辅佐下，前秦很快强大起来，开始向四方拓展土地，灭掉了前燕、巩固蜀地、夺取代地，统一了北方。

公元375年，王猛去世，去世前他告诫苻坚：东晋虽然偏居江南，但却是华夏王朝的正统，且君臣和睦，不可轻易攻击，只能等待时机。然而，很快苻坚便忘记了王猛的遗言，准备大举进攻东晋，统一天下。朝内很多重臣都以东晋君臣团结，且有长江天险劝谏他放弃这个冒险的进攻计划。但苻坚却自以为是，对这些忠言充耳不闻，只相信暗藏阴谋的慕容垂的怂恿，决心进攻江南。他傲慢地声称："我有百万大军，我的士兵把马鞭投到江里，都能把江水截断！"

然而，前秦军队人数虽多，但由各个不同的民族组成，汉族人大多心向东晋，而其他民族如鲜卑、羯、羌等族也心怀异心。在淝水之战，苻坚的上百万大军，因为政令不统一，还未交战就发生了混乱，被晋军一举击溃。苻坚亦中流矢受伤，单骑逃到淮北。秦军在溃退途中，丢弃了兵器和盔甲，一片混乱，自相践踏而死的不计其数。那些侥幸逃脱晋军追击的士兵，一路上听到呼呼的风声和鹤的鸣叫声，都以为晋军又追来了，于是不顾白天黑夜，拼命地奔逃。这就是"风声鹤唳"成语的来历。

此次战败后前秦一蹶不振，那些曾经怂恿苻坚进攻东晋的鲜卑、羌族贵族纷纷叛乱。骄傲自大的苻坚本人也被羌族首领姚苌绞死于新平佛寺内。

苻坚本来可以做个明君，他宽仁大量，善待百姓，能重用贤人，整顿政治。然而就是因为淝水之战时过于骄傲自满，结果一败涂地，落了个身死国灭的下场，让后人嗟叹不已。

第三十五章
道用无穷

谁掌握了"道",谁就会得到天下人的归顺。"道"虽然是无形无声的,但其功用却无尽无止,人民向往"道"、安于"道",它比音乐、美食更能吸引人民。

原　文

执大象①,天下往。往而不害,安平太②。乐与饵③,过客止,道之出口,淡乎其无味,视之不足见,听之不足闻,用之不足既④。

注　释

①大象:大道之象。

②安:乃、则、于是。太:同"泰",平和、安宁。

③乐与饵:音乐和美食。

④既:尽。

译　文

谁掌握了"道",普天下的人都会投向他,对于归附的人不加妨害,让他们得到安静和平和。音乐和美好的食物,可以使路过的人都止步,"道"平淡而无味无形无声,但它的作用,却是无穷无尽的。

经典解读

人是有思考、选择能力的。一个国家要兴旺发达,就要让百姓向往它,让百姓愿意在其中居住。《孟子·梁惠王》中,梁惠王就曾问孟子:"邻国之民不加少，寡人之民不加多，何也?"孟子告诉他要实行仁政，认为百姓之向仁，如水之就下，没人可以阻止。老子在这里提出，"道"才是真正能使百姓趋之的东西。统治者只要依道而行，天下的人就会前去依附于他。采取无为而治，对前来归附的百姓不加以妨害，这样大家就能够相安平和，百姓才不会背离。

"乐与饵，过客止"。饵，即衣食之用。这是人民生活所必须的东西，但还不能完全满足人民的需要。乐，即儒家所提倡的礼乐，仁义之属，这些也能吸引百姓前来。但乐与饵只能使百姓暂时归顺，还不能完全使百姓归心、安定，而且衣食之用是消耗的，以饵求民，民愈多，则财愈少，终有穷尽之时；礼乐是繁冗的，以礼乐求民，民愈多，则礼乐愈繁，总有到了极限的时候。只有"道"的功用是无穷无尽的，它无声息、无形象，"虚而不屈，动而愈出"，永远不会达到极限。

春秋之时，天下混乱，有的统治者纵情声色，不理政事，沉湎于酒食之中；有的统治者则，兴兵演武，四处征伐，争王争霸。老子感于民生之疾苦，于是呼吁统治者依照自然规则来治理人民，来使天下百姓"安平太"。

这是治国，在个人修养上，同样本章也很有启示意义。那就是安于平淡，不沉湎于美食、美乐，不以视听之娱丧失根本。依照自然规律做事，保持心平气和，才能达到功用无限。

哲理引申

老子言："执大象，天下往。往而不害，安平太。"就是说，作为统治者，要坚守为君的"大道"，也就是顺势而为，无为而治，爱民、利民，不残害人民，这样天下人才会归心于他，他的地位才能长保，获得安泰平安。人民追求善政，就像流水向下一样自然，统治者只要不残害人，人民向往他，追随他，就像百川汇于大海一样，他想不成就一番事业也是不可能的。

作为一个人，立身于世，无论处于何等地位，都有他自己的"大道"，也就是不可放弃的原则，只有坚持这个根本，人生才能实现应有的价值，保持长久平安。如果为了某些私欲，而背弃自己的原则，做了有违道义的事，那就失去了立身之本，他所追求的荣华富贵、名誉地位都将变为无根之木、无源之水，很快枯竭干涸，甚至再也不能在世上立足。所以，古人最重视自己的气节、节操，为了维护原则，宁愿冒险，甚至失去自己的生命。春秋时候的齐国贤相晏子就是一个这样的人。

晏子在齐国为大夫，齐庄公生活荒淫，行事无道，甚至和臣子的妻子私通，晏子多次直言劝谏，庄公不听。最终，不堪忍受夫人和国君私通的大夫崔杼弑杀了庄公，夺取了朝政。庄公的尸体陈列在崔氏院中，大臣畏惧崔杼的权势，没有人敢去探望、凭吊。晏子听说以后，立刻驾着车来到崔杼家中，跑进门中前去吊唁。

到达崔氏门前时，他的随从都十分恐惧，担心地对他说："您真的要进去吊唁吗？"晏子回答："君主死了，做臣子的难道无动于衷吗？"进门前，身边的人又问："您将要为君主陪葬吗？"晏子回答："难道是我一个人的国君，我要为他而死？"随从又问："那我们为什么不逃走呢？"晏子回答："国君的死是我的罪过吗，我为什么要逃走？"随从建议："既然如此，我们还是回去吧！"晏子叹息道："君主都死了，我作为臣子又回到哪里去呢？作为万民之主，难道只是利用他的地位来高跨于百姓之上？应当主持国政。作为臣子，难道只是为了获取俸禄？应该保卫社稷。君主如果为国家而死，臣子就该为他而死；君主为了自己的私欲而死，为个人私事儿逃亡，不是他宠爱的幸臣，谁敢为他而死，为他而逃亡呢？"于是，晏子决定尽一个臣子应尽的职责，他一个人闯入崔杼家中，在院子里脱掉帽子、捶胸顿足，扑到齐庄公尸体之上，大哭一场，转身离开了。

崔杼的手下十分恼怒，对崔杼说："应该将晏婴杀死。"崔杼却摆摆手，说道："他坚守为臣的本分，是百姓所敬仰的人，杀了他，反而会失去民心。"于是，看着晏子离开了。

崔杼弑杀齐庄公以后，立了齐景公，并胁迫大臣们在宗庙里和他歃血为盟。表示效忠于他的便得到升迁，稍有反对的便立刻杀死。这样一连有几个不愿阿附崔杼的大夫被杀。于是，没有人再表示反对，纷纷与崔杼结盟。这时轮到了晏子，晏子对崔杼弑君乱政十分痛恨，举起杯子，义愤填膺地对先王牌位立誓道："我晏婴只忠于国家、君主，凡是为虎作伥、助纣为虐的乱臣贼子都不得好死。"众人听完大惊失色，崔杼更是恼怒成羞，立刻拔出剑指着晏子的胸膛，胁迫他重新发誓。晏子毫不畏惧，厉声指责道："崔杼，你难道没读过《诗经》吗？诗中说，坚守道德的君子才会永保福泽，你今日即便是将我砍头，利剑穿胸，我也绝不违背作为臣子的原则！"崔杼怒不可遏，想要下令将晏子立刻处死。身边的人悄声对他说："千万使不得！您杀死了国君，已经违背了为臣之道，但因为他无道，国人才没有剧烈的反应；而晏婴深得民心，如果您杀死了他，那麻烦可就大了。"崔杼虽然愤怒，但觉得这话在理，只好无可奈何地看着晏子拂袖而去。

后来，晏子辅佐齐景公，依然坚守臣道，经常劝谏齐景公改掉错误，爱护百姓。齐景公实施严刑酷法，晏子便用集市上假足畅销来讽谏他，齐景公坐在火炉边说天气不冷，晏子便讽刺他不知民间疾苦。

正是因为晏子时刻坚守为臣的大道，将人民、社稷看得比生命还重要，所以他得到了国内百姓的敬仰，国君信任他，尊敬他，那些乱政的权臣也不敢忤逆民意而惩罚他，反而在风云变幻的齐国政坛之中得到了安泰平安，他的子孙后代数世显赫于齐国，为卿为相。反之，违背道义、弑杀君主，妄图掌控朝政的崔杼等人，没有一个得到善终，或是身死家灭，或是丧失权势，被迫逃出齐国。

"大道"为人生之本，坚守它，人生才有了牢固的基础，才能进而得到功业、财富、幸福等；违背做人的基本原则，而想要平安太平，是不可能实现的。历史上数不清的人不择手段地追求权力、富贵，到最后落得一场空，身辱名灭就是因为放弃了"大道"的缘故。所以说，为人立世，对于应该坚守的基本原则，不可不慎重，不可有丝毫松懈。

第三十六章
柔弱胜刚强

矛盾双方可以互相转化，为人应明白以退为进，柔弱胜刚强的道理。

原　文

将欲歙之①，必固张之②；将欲弱之，必固强之；将欲废之，必固兴之；将欲取之，必固与之。是谓微明③，柔弱胜刚强。鱼不可脱于渊④，国之利器不可以示人⑤。

注　释

①歙：敛，合。
②固：暂且。
③微明：微妙的先兆。
④脱：离开、脱离。
⑤示人：给人看，向人炫耀。

译　文

想要收敛它，必须先扩张它，想要削弱它，必须先加强它，想要废除，必须先兴，想要夺取，必须先给予。这就叫作微妙而又显明，柔弱可以战胜刚强。鱼不可以脱离渊池，国家的利器不可以随意向人炫耀。

经典解读

本章思想贯穿着以弱胜强，以退求进的思想。在对世事深入长期的观察基础上，老子认识到，那些看起来似乎强大刚强的东西，由于显扬外露，往往蕴

[第三十六章] 柔弱胜刚强

含着危机,不能长久;而那些看似柔弱的事物,却因为具有充分的发展空间而充满活力。在柔弱与刚强的对立之中,柔弱往往能够战胜刚强最后脱颖而出。所以,守下、守辱、不争才是真正能够长久的。

要完成一件事也是如此,想要削弱对手,可以先让它强胜,从而使其自满;想要夺取什么,可以先给予对方,使它自大;想要废弃什么,可以先兴盛它,使之麻痹。勾践想要报复吴国,就竭力侍奉夫差,让他骄傲自大,北上争霸,最后给其致命一击。汉宣帝想铲除霍氏家族,就先封其高官厚禄,以麻痹他们。司马懿想除掉曹爽,就隐退装病,最后趁曹爽出城,将其一举铲除……这样的事例历史上数不胜数。只有知道,以退为进,以舍为得,以弱求强,以不争而争的道理,才能够永远保持活力,永远不会被淘汰。

哲理引申

老子所说的"将欲取之,必固与之",很多时候被理解为权谋诈术,历史上的确有很多这样的事例,比如晋献公假途灭虢,通过贿赂虞国而最终灭掉了虞、虢两国;秦惠王通过石牛引诱蜀王,最终取得了蜀地;韩氏、魏氏,故意示弱,使智瑶更加骄傲,最终灭亡了他……但权谋诈术,大多是后人附会老子言论,并非老子真实思想。老子讲道德,最根本的就是让人放弃巧诈,心存善念。本节所说的这几句话,也正是如此,只要不怀着奸诈的心去揣测它们,就很容易发现它们在生活之中的深刻道理。

"将欲取之,必固与之",并非教人们采用先予后取的方式骗取什么,夺得什么,而是告诉人们,只有先予,也就是付出,才会有取,也就是得到回报。世上之事无不如此,你想欣赏美艳的花朵,就要给它浇水、松土;你想收获甜美的果实,就要为它修枝剪叶;你想得到别人的支持,就要给别人一些报酬;你想受到别人的尊重、感激,就要懂得为他人付出,替他人着想。

很多人从来不想着给他人什么,却不断希望别人帮自己,为自己效力,这是不太可能的,除非别人是你的父母,真心愿意为你付出而不求回报。楚汉相争的时候,刘邦和诸侯约定在垓下共同攻打项羽,结果到了约定时间诸侯都没有到来,刘邦自己进军反而被项羽打得大败,落荒而逃。刘邦十分生气,对身边的谋士们骂道:"韩信、彭越这些无信的小人,和我约好了攻打项羽,到了约定时间却背信弃义,没有一个到来的!"这时,张良、陈平等人对刘邦说道:"大王不必抱怨,他们不来本是常情。"刘邦不解,张良等人解释道:"大王想凭借着这些人夺取天下，如今天下眼看就要平定了，您拥有这个天下，而他们却没有得到什么明确的好处，您想让他们尽力，却没有分享给他们利益，他们怎么会来呢？陛下若能与之共分天下，这些人当可立招而来。否则最终成败，尚不可知。"刘邦大悟，于是下令明确把陈地以东至沿海的地盘划封给齐王韩信；把睢阳以北至谷城的地盘划封给梁王彭越，其他诸侯也都得到了好处。果然，不久以后，这些诸侯纷纷带兵到来，同刘邦一起消灭了项羽。

领导者管理企业、建功立业的过程中要懂得分享、付出，普通人在普通生活中亦当如此。很多人常常感叹自己运气不好，没有别人那么多收获，其实，在羡慕别人的收获之前，最该想的是别人的收获难道是平白无故的吗？自己想要收获，是否也曾经像别人那样付出过呢？一个经常帮助别人的人，才会在意想不到的时候得到别人帮助；一个习惯于施与的人，才会在困难的时候有很多人愿意回报他。世间没有平白无故的恨，也没有那么多平白无故的爱，"欲取先予"，你只有付出过，给予过，才会得到应有的回报，这也就是人们常说的"好心才会有好报"。

有一个企业家，因为经营出现了些问题，资金无法周转，竟然陷入了走投无路的境地。他甚至想到了自杀来逃避问题，可没想到在关键时刻，一个陌生的投资者向他的企业投入了一大笔钱，帮助他成功地渡过了难关。企业家认为自己幸运极了，对那位投资者也十分感激，事后带着厚重的礼物去探望恩人。企业家说了一大堆感激的话，对方却告诉企业家，其实他只需要感激自己就行了，企业家不知何意。

那位投资者告诉企业家，自己曾经十分贫困，上大学时险些因为没有钱而退学，在绝望之中却意外得到了一笔助学金，最终完成了学业。可以说，正是这笔助学款让他改变了自己的人生，取得了今天的成就。这时，企业家才恍然大悟，多年以前，自己的企业盈利丰厚，的确经常向同城的大学捐赠一些助学资金，没想到这些无意的举措，竟然在这么多年以后，挽救了自己的企业，挽救了自己的人生。在感慨之余，他们也都了解了，付出就一定会有回报的道理。企业家渡过困难以后做的第一件事就是恢复以前向社会捐款的传统，因为他知道，善意的付出一定会有善意的回报，与社会分享利益，是件受益无穷的事。

老子说的"欲取先予"，关键在于"予"，而不是"取"。一个人要想成功，要想得到好运，就必须懂得分享、付出，做一个博爱的人，而不是自私自利的人。

第三十七章
不欲以静

统治者若能依照"道"的法则来为政,顺其自然,不妄加干涉,百姓们将会自由自在、自育自化。事物自育自化之后将会产生欲望,通过"道"的真实、朴素,可以抵御它们,从而使天下自然达到安宁。

原 文

道常无为而无不为①。侯王若能守之②,万物将自化③。化而欲作④,吾将镇之以无名之朴⑤,镇之以无名之朴,夫将不欲⑥。不欲以静,天下将自定⑦。

注 释

①无为而无不为:"无为"是指顺其自然,不妄为。"无不为"是说没有一件事是它所不能为的。

②守之:即守道。

③自化:自我化育、自生自长。

④欲:指贪欲。

⑤无名之朴:"无名"指"道"。"朴"形容"道"的朴实纯真。

⑥不欲:无欲。

⑦自定:自然而然地稳定安宁。

译 文

"道"永远顺任自然而不妄为,但它却又无所不能。统治者如果能够遵从"道",万物就会自我化育、自生自长。自生自长又会产生贪欲,我用"道"的真朴来控制它们，这样就不会有贪欲之心了。没有了贪欲，万物就会安定宁静，天下也将自然达到稳定。

经典解读

"道常无为而无不为。侯王若能守之，万物将自化"。老子再一次指出道是世间万物之根本，是无所不达的。侯王只要依道而治，即无为而治，天下万物就能自我化育。所以那些繁冗的礼节，严苛的法令都是扰乱事物本原自然规律的，都是应该抛弃的。《庄子·天道》篇中有："天道运而无所积，故万物成；帝道运而无所积，故天下归；圣道运而无所积，故海内服。"即说天、帝王、圣人都是按照道而运行、施政的，他们只需要遵从道，海内万物自然就归服了。即第三十五章所说的："执大象，天下往。往而不害，安平太。"

"化而欲作，吾将镇之以无名之朴，镇之以无名之朴，夫将不欲。"万物自然化育就会产生私欲，老子认为通过让人们依从道，让他们了解道的朴素原始之性，就可以消除"私欲"，使人们不妄为。《庄子·天道》中记载着这样一个典故。舜曾向尧问道："你作为天子，如何对百姓用心呢？"尧说："我从不侮慢庶民百姓，也不抛弃生活无计、走投无路的穷苦人民，为死者苦苦焦虑，很好地对待留下的幼子并悲悯那些妇人。这些就是我用心的方式。"舜说："这样做好当然是很好了，不过还说不上伟大。"尧说："那么该怎么办呢？"舜说："应该像天道一样自然运行、保持安宁，像日月照耀，四季运行，像昼夜交替，形成常规，像云彩随风飘动，雨点布施万物。"尧说："（以前的为政）整日里纷纷扰扰啊！你，跟自然相合；我，跟人事相合。"天和地，自古以来是最为伟大的，黄帝、尧、舜都共同赞美它。所以，古时候统治天下的人，做些什么呢？效仿天地罢了。效仿天地的纯真朴实之道，就不会被外界的音乐、美服、美食所迷惑，心中就不会狂乱，天下就可达到真正的平和。

本章内容是对前文的一个总结概括。首先老子强调"道""无为而无不为"的特性。接着指出"无为之治"是治理天下的根本手段。然后阐述，通过"道"可以克制万物生长中产生的"欲"。最后，提出"不欲以静，天下将自定"的结果。通过本章可以提炼出"道经"的精华：无为自化，无欲自定。

[第三十七章] 不欲以静

哲理引申

西汉之初,汉文帝、汉景帝两代采取无为之治的方针,取得了重大成就。在西汉末年也进行了一场重大的变革,这就是与文景二帝成功的无为而治形成明显对比的王莽改制。王莽改制是新朝皇帝王莽为缓和西汉末年日益加剧的社会矛盾而采取的一系列新的措施的"托古改制"。其中包括土地改革、币制改革、商业改革和官名县名改革。

初始元年(8年)王莽接受孺子婴(刘婴)的禅让后称帝,改国号为"新",改长安为常安,作为新朝都城。登上帝位后,王莽立刻对社会进行了全面而深刻的改革。

王莽仿照《周礼》的制度推行新政,屡次改变币制、更改官制与官名、以王田制为名恢复"井田制",把盐、铁、酒、币制、山林川泽收归国有、耕地重新分配,建立五均赊贷(贷款制度)、六筦政策,以公权力平衡物价,防止商人剥削,增加国库收入。刑罚、礼仪、田宅车服等回复到西周时代的周礼模式。

王莽的改制不但没有缓解当时的阶级矛盾,反而使其进一步激化。造成大规模的农民起义。地皇四年(23年)十月初一,响应更始政权的军队入长安城。初三天明,王莽逃往渐台,公卿大夫、宦官、随从千余人,义军攻入,王莽的将士全部战死,王莽的头颅也被砍下,挂在南阳宛县市上,改制随着新朝的灭亡和王莽死去而宣布结束。

除却篡位的身份,王莽是个虔诚的孔孟学徒,他是当时有名的大儒、名士的典范。他进行的改革措施涉及社会的方方面面,从官制、法律、税收到音乐、历法、度量衡无不囊括。而且,王莽的改革条款十分详细,甚至可以用"优秀"来形容,后人甚至将其比喻成最早的"社会主义改革者"。王莽的改革初衷、改革目标都是正确的,都是为了解决严重的社会危机,他本人居于最高统治地位上,又有众多宿儒智士相支持,可改革最终还是以失败告终。其中有很多原因,其中重要的一点就是违背社会发展规律,对百姓干扰过多。王莽是个理想主义者,他期望所有的人都像他一样"道德至盛",他期望社会能按着理想化的路线发展,很显然,这是不可能实现的,所以他失败了,失败得很惨。

古人有很多提倡这种顺应事物规律、无为而治、无言而教的论述。柳宗元的《种树郭橐驼传》、《捕蛇者说》，龚自珍的《病梅馆记》无不抨击、揭露了过分干扰对事物本性的破坏。但到现在，这种违反规律的事也是层出不穷，他们无不是因为不能了解大道规律，肆意对事物发展进行曲解、干涉造成的。"人定胜天"、"只有想不到，没有做不到"在一定程度上的确能激发个人的潜能，创造出意想不到的业绩，但一旦"想"得过度，这就会成为一种病态的妄想，不仅会给社会带来危害，也必将严重损害个人的发展。所以只有顺势而为，依道而行，才能实现个人与社会，自身与外部的统一，大可以正确治国，小可以无忧安身。

第三十八章
上德不德

老子认为"德"是有"上德"、"下德"之分的,符合"道"的德才是上德,不符合道,而强力妄为的德都是下德。那些仁义礼智等东西都是因为不能遵守道才产生的,人们应保持朴实纯洁,反对浮华愚妄。

原 文

上德不德①,是以有德;下德不失德②,是以无德③。上德无为而无以为④;下德无为而有以为⑤。上仁为之而无以为;上义为之而有以为。上礼为之而莫之应,则攘臂而扔之⑥。故失道而后德,失德而后仁,失仁而后义,失义而后礼。夫礼者,忠信之薄⑦,而乱之首⑧。前识者⑨,道之华⑩,而愚之始。是以大丈夫处其厚⑪,不居其薄⑫;处其实,不居其华。故去彼取此。

注 释

①上德不德:不德,不表现为形式上的"德"。此句意为,具备上德的人,因任自然,不表现为形式上的德。

②下德不失德:下德的人恪守形式上的"德",不失德即形式上不离开德。

③无德:无法体现真正的德。

④上德无为而无以为:以,心、故意。无以为,即无心作为。此句意为:上德之人顺应自然而无心作为。

⑤下德无为而有以为:此句与上句相对应,即下德之人顺任自然而有意作为。

153

⑥攘臂而扔之：攘臂，伸出手臂；扔，意为强力牵引。
⑦薄：不足、衰薄。
⑧首：开始、开端。
⑨前识者：先知先觉者，有先见之明者。
⑩华：虚华。
⑪处其厚：立身敦厚、朴实。
⑫薄：指礼之衰薄。

译　文

具备"上德"的人不表现为外在的有德，因此实际上是有"德"；具备"下德"的人表现为外在的不离失"道"，因此实际是没有"德"的。"上德"之人顺应自然无心作为，"下德"之人顺应自然而有心作为。上仁之人偏离了"道"，却还没有功利性目的。上义之人是怀着一定的目的而有所作为。上礼之人想有所作为却没有人回应他，于是就扬着胳膊强引别人。所以，失去了"道"而后才有"德"，失去了"德"而后才有"仁"，失去了"仁"而后才有"义"，失去了义而后才有礼。"礼"这个东西，是忠信不足的产物，而且是祸乱的开端。所谓"先知"，不过是"道"的虚华，由此愚昧开始产生。所以大丈夫立身敦厚，不居于轻薄；存心朴实，不居于虚华。所以要舍弃轻薄虚华而采取朴实敦厚。

经典解读

老子认为"道"是世间万物的根本，包括"仁义礼智"等精神方面，也应该依从于"道"。在第二十一章中他写道："孔德之容，惟道是从"；二十八章说："常德不离"、"常德乃足"，可见"道"是"德"之本。在本章中老子将传统所说的道德，分为"上德"、"下德"，其中下德又包括"上仁"、"上义"、"上礼"等。"上德"是合于"道"的德，具备"上德"的人完全依道而行事，故他们不表现为外在的德行，非仁非义，无善无恶。他们治理天下，也不以仁义为标榜，只是顺应万物的本性。而具备"下德"的人，他们处处坚守仁义，在实施"德政"的过程中，反而违拗了事物的原本规律，加入了过分的个人主观意志因素，他们追随"道德"，实际上却在这种对道德的过分追逐中偏离了"道"，看似有德，实则失德。

而德之后又分为仁、义、礼等不同的层次。"仁"只是怀着仁和之心，如"上下相亲谓之仁"、"仁者爱人"等;"义"则内容更加充实,如孟子所说的"富贵不能淫,贫贱不能移,威武不能屈"、"四心"等;"礼"则更加完备繁冗,衣食住行、服饰宫墙、车马仪仗皆有严格规定。可见在老子看来,"规矩"越多,偏离"道"也就越远,也就越虚假。所以,上德的时候可以为天下谷,人们都向往他,归附于他,而到了上礼的时候,就只能"攘臂而扔之"了。

老子生活于春秋末期的东周时代,这时周王朝的中央权力已经衰落,诸侯相互征伐、争霸,天下干戈四起,恃武而称雄者不计其数,仅史书上明载的战争就四百八十多起,被灭亡的国家数十个,被杀死的国君以百计。所有的思想家、学者都目睹着这前所未有的混乱而思考着其中的原因。孔子认为混乱产生的原因是周礼逐渐被世人遗忘,故而一生奔走呼吁"克己复礼";一些法家改革者则认为"恶"是人的本性,必须通过制定严厉的法规才能警戒人民,防止人民作恶;而老子则认为,天下混乱的根源并非是礼仪、法制的缺失,恰恰相反,正是这种繁礼、酷法违反了人的本性,违反了自然规律,从而导致"上德"的沦落。

故而,老子提倡"无为而治",指出礼产生于忠信的缺失,是世间祸乱的本源。只有去其浮华,返璞归真,去其虚名,立足于实际,才能真正地符合于"道",才能使混乱的世界回归于平静。

哲理引申

人们常说:"性格决定命运。"的确,个人的遭遇和发展与处世方式、性格特征息息相关。有些人性格随和,能根据周围的环境和身边人的感受随时调整自己的心态、行为,能很好地融入社会环境之中;而另外的一些人,则因为"个性十足"而失败,被周围的人所抛弃、处处遇阻成为孤家寡人。坚持原则很重要,但真正的智者并非是"顽固不化的",人们常说"顺应大流","见什么人,说什么话"就包含着这种思想。所以说,上者,能顺应大势,创建一番事业;中者,能随时而变,不陷于困境;下者,违背大道,终尝苦果。很多外部环境不是靠信心便可以改变的,与其硬要对它们进行改变,不如暂时舍却,顺应时局或更待佳时。即便满怀救世治国决心的孔老夫子,有时也不得不发出"有道则仕,无道则隐"、"道不行,乘桴浮于海"的感叹。

唐代大诗人白居易年轻之时恃才傲物,轻狂恣肆。他反对老子无言、无为的思想,并作了一首诗:

言者不如知者默，此语吾闻于老君。

若道老君是知者，缘何自著五千文？

显然，在诗中白居易将老子所言的"无为"、"无言"理解成了"完全不作为"、"闭口不言"，这是不正确的。但这也明显地反映出了作者当时的思想，他少年有为，声名远扬，身居高官，志得意满，不甘心无所作为，以为凭借自己的才能和地位一定能实现中国读书人梦想的修身、齐家、治国、平天下的大业。

此时的唐朝，早已不复当年盛况，国政混乱，军阀割据，百姓流离失所，民不聊生。元和元年（806年），白居易罢校书郎，撰《策林》七十五篇，登"才识兼茂明于体用科"，授县尉。元和二年（807年）回朝任职，十一月授翰林学士，次年任左拾遗。元和五年（810年），改京兆府户曹参军。他此时仍充翰林学士，草拟诏书，参与国政。他不畏权贵近臣，直言上书论事，的确做到了儒家要求的危言危行。

元和十年（815年），白居易因率先上书请急捕刺杀宰相武元衡的凶手，触怒权贵，被贬江州（今江西九江）司马。这在白居易的人生中是个重大转折，从他的诗中我们就可以看出，在贬为江州司马之前，他是激愤的，他的诗是尖锐、锋芒毕露的，而此后他的人则开始变得低调，他的诗也开始渐渐变得含蓄而内敛。据传，在沉重的打击之下，白居易曾沉心研究《道德经》，经过冷静的思考，他体会到，在当时，激愤并不能拯救已经沉沦的唐王朝，反而还会危及自身的安危。于是他开始奉行老子的哲学，用他自己的话说是"面上灭除忧喜色，胸中消尽是非心"。很快，白居易重新被启用，担当了重要的官职。在新的官职上，白居易顺势而为，在政治斗争激烈的时候，急流勇退，主动要求外调。

当然，他此时并非一味地逃离，而是顺应大势，做自己能做的贡献，而非顽固、激愤地和权贵们抗争。这样他既避免了被卷入严酷的权力斗争，保全了自身，又能为人民做出自己的贡献。比如在杭州任职期间，他见杭州一带的农田经常受到旱灾威胁，官吏们却不肯利用西湖水灌田，就排除重重阻力和非议，发动民工加高湖堤，修筑堤坝水闸，增加了湖水容量，解决了钱塘（今杭州）、盐官（今海宁）之间数十万亩农田的灌溉问题。他还组织群众重新浚治了唐朝大历年间杭州刺史李泌在钱塘门、涌金门一带开凿的六口井，改善了居民的用水条件。

可以说此时的白居易真正掌握了"无为"、"无言"的真谛。他不再关心政治斗争，朝廷上是宦官还是军阀专权，对他来说都不重要了。他除了为治下的百姓解决民生问题以外，就饮酒赏月，吟诗作赋。白居易的生活历来为后代文人们津津乐道。他家酿美酒，每次喝酒时必有丝竹伴奏，僮妓侍奉，与他喝酒的都是社会上的名流，如裴度、刘禹锡等。

每当良辰美景，或雪朝月夕，他邀客来家，先拂酒坛，次开诗箧，后捧丝竹。一面喝酒，一面吟诗，一面操琴。有时乘兴到野外游玩，车中放一琴一枕，车两边的竹竿悬两只酒壶，抱琴引酌，兴尽而返。据《穷幽记》记载，白居易家里有池塘，可泛舟。他宴请宾客，有时在船上，他命人在船旁吊百余只空囊，里面装有美酒佳肴，随船而行，要吃喝时，就拉起，吃喝完一只再拉起一只，直至吃喝完为止。北宋方勺《泊宅编》卷上说：白乐天多乐诗，二千八百首中，饮酒者八百首。唐孟棨《本事诗·事感》中记载："白尚书（居易）姬人樊素善歌，姬人小蛮善舞，尝为诗曰：樱桃樊素口，杨柳小蛮腰。"现代人形容美女说樱桃嘴、小蛮腰或杨柳腰，就是从白居易那里学过来的。

白居易此等治民、处世的方式，不仅使他深受杭州百姓爱戴，也使他最后官运亨通，一直做到太子少傅，成为当时难得的一位善始善终的高官。他晚年，总结自己的经历之时作诗：

吉凶祸福有来由，但要深知不要忧。
只见火光烧润屋，不闻风浪覆虚舟。
名为公器无多取，利是身灾合少求。
虽异鲍瓜难不食，大都食足早宜休。

鱼能深入宁忧钓，鸟解高飞岂触罗。
热处先争炙手去，悔时其奈噬脐何。
尊前诱得猩猩血，幕上偷安燕燕窠。
我有一言君记取，世间自取苦人多。

第三十九章
得一而不穷

天、地、神、人都因为"混而为一"才表现出了它们的特性。物极必反,过于追求极端就会走向相反方向。因此,统治者必须懂得这个道理,能知荣守辱,知黑守白,不争而争,不治而治。

原 文

昔之得一者①,天得一以清;地得一以宁;神得一以灵②;谷得一以盈,万物得一以生;侯王得一以为天下正③。其致之也④,谓天无以清⑤,将恐裂;地无以宁,将恐废⑥;神无以灵,将恐歇⑦;谷无以盈,将恐竭⑧;万物无以生,将恐灭;侯王无以正,将恐蹶⑨。故贵以贱为本,高以下为基。是以侯王自称孤、寡、不谷⑩。此非以贱为本邪?非乎?故至誉无誉⑪。是故不欲琭琭如玉⑫,珞珞如石⑬。

注 释

①得一者:混而为一者,成为一个整体者。

②灵:具有灵性、灵妙。

③正:首领。

④其致之也:推而言之。

⑤天无以清:天不能永远保持清明。

⑥废:荒废。

⑦歇:灭绝,停止。

[第三十九章] 得一而不穷

⑧竭：干涸、枯竭。
⑨蹶：跌倒、失败。
⑩孤、寡、不谷：古代帝王自称为"孤"、"寡人"、"不谷"。
⑪至誉无誉：最高的荣誉是无须称誉赞美的；亦即，接受过多的赞美的人最终将失去赞美。
⑫琭琭：形容玉美的样子。
⑬珞珞：形容石坚的样子。

译　文

往昔能将各种因素混而为一的：天混而为一得到清明；地混而为一得到宁静；神灵混而为一得到灵妙；河谷混而为一得到充盈；万物混而为一得到生长；侯王混而为一成为天下的首领。推而言之，天不能绝对的清明，那样恐怕要崩裂；地不能绝对的安宁，那样恐怕要荒废；神不能永远灵妙，那样恐怕要灭绝；河谷不能永远保持充盈，那样恐怕要干涸；万物不能永久保持生长，否则恐怕要死亡；侯王不能永远高高在上，否则恐怕要失败。所以贵以贱为根本，高以下为基础，侯王们自称为"孤"、"寡"、"不谷"，这不就是以贱为根本吗？不是吗？所以过多的赞誉反而会失去荣誉。不要琭琭晶莹像宝玉，也不要珞珞坚硬像山石。

经典解读

很多书本将"一"解释为"道"。在老子眼中，"道"是无所不在、无所不能的，它支配着世间万物的生长衰亡。世间万物的形态和规律，天清地浊、山高谷深、神祇灵妙、帝王尊崇都是由"道"来决定的。失去了"道"这一切都不能保持原来的样子。因此，统治者也只能顺应"道"，回归"道"才能不失败，保持统治地位。这样理解固然没有什么错误，但在本章中将"一"解释为万物混然而同的特性似乎更好一些。通过下文"贵以贱为本，高以下为基"以及侯王"贱称而守贵位"可知老子在这里主要想告诉大家的是，什么事都不要极端，若果将这个道理归结为"道"则显得过于宽泛。

"天得一以清；地得一以宁……"人们常说"天清地浊"，天给人的印象就是清明，然而"清明"并非天的所有状态，阴霾雨雪、雷电云雹都是通过天而呈现出来的，在不同的气候中天也不是永远都可以用"清明"来形容。但正是将这些所有的元素混而为一，天才显现出了它的"清"。同样，地也不是永远宁静的，川谷也不是永远充盈的，动与静、空与盈互相变化、相互混合，最后人们才对它们有了"静"、"盈"的印象。世间的万物都是如此，在不同的矛盾此消彼长，相互转化中体现出了最主要的特性。相反，如果一件事物的某个特性过于极端，那么不仅不会使这种特性愈加明显，反而将变得模糊，甚至消失。没有浊就不会显出清，没有动就不会显出宁，没有空就不会显出盈，没有愚就不会显出灵。

至誉无誉，上德不德。武王伐纣，在古代被描述为"至仁"伐"不仁"，但孟子却对其产生怀疑；《三国演义》中描述诸葛亮算无遗策，无所不知，鲁迅却批判"状诸葛多智而近妖"。太仁义就会显得虚假，太自尊就会显出自卑……物极必反，任何事物、任何特征过于极端就会转向它的反面，这是矛盾存在的基本规律。正因为圣人之道这个道理，所以他们不会走向极端，所以他们贵而守贱，荣而守辱，欲先而守后，欲上而守下，欲治民而以民为贵。真正的荣誉是不需要过分赞誉的，而过分追求荣誉的人，最后必将失去荣誉。太多的人居高位而不知退，立大功而不知谦，最后荣去辱来，落得身死名灭的下场。

"是故不欲琭琭如玉，珞珞如石"，圣人知道矛盾的存在，懂得混而为一的道理，他们既不会像美玉那样琭琭光洁，也不会像顽石那样珞珞坚硬，而是刚柔并备，知雄守雌，知黑守白。

哲理引申

世界上那些伟大的事物能成为混而为一的整体，是因为它们都遵守着宁和朴实的自然之道。天高远广大，却能包容万物；地厚重宽博，却能承载万物；江海幽深绵长，却能汇纳百川；上古的君王处于高位之上，却能亲近人民，爱惜人民。正是它们这种高而不自高、大而不自大、出于众人却不抛弃众人的品性，让它们变得宽厚宏博、受人敬仰。老子认为，世人都应该向自然界、向前代圣王学习这种博大的胸襟、低调淡泊的处世方式。

自然万物是不分贵贱的，花鸟鱼虫虽然形态本性各不相同，但它们都是平等的，共同构成了美丽的大自然；高山河流是没有尊卑之别的，它们不会因为自己的高大而张狂，不会因为自己的广博而自傲；日月星辰是没有尊卑贵贱之别的，无论是大是小，是明亮还是昏暗，它们都每日平静地出生、降落，无论人类对它们是崇拜还是诅咒，都丝毫改变不了它们的行程、表现。真正的得道

[第三十九章] 得一而不穷

之人也应该像这些大自然中的事物一样,博大、宽厚、和光同尘、定乎内外之分、辩乎荣辱之境。

历史上有很多居于尊位的人,他们有的被世人铭记尊重,有的被世人厌恶唾弃,有的早就被遗忘,这是为什么呢?正如诗人臧克家所说的:

有的人
骑在人民头上:"呵,我多伟大!"
有的人
俯下身子给人民当牛马。
有的人
把名字刻在石头上想"不朽";
有的人
情愿作野草,等着地下的火烧。
……
骑在人民头上的,
人民把他摔倒;
给人民作牛马的,
人民永远记住他!
把名字刻在石头上的,
名字比尸首烂得更早;
只要春风吹到的地方,
到处是青青的野草。

只有遵守平等、仁慈的处世之道,爱护人民,贡献人民,和人民"混而为一"的统治者才能得到世人的尊重,才能被后人所铭记、爱戴。统治者得到人民认可的最好方式,不是建立什么丰功伟绩、开拓多少疆土、取得多少胜仗,而是能够让百姓看到他是爱惜自己、服务自己、接近自己,而非高高在上、剥削、统治自己的。

"混而为一"的自然之道,也是人人在社会中都应遵守的处世原则,一种高超的处世智慧。很多人认为:"只要有人的地方就有阶层,就有尊卑贵贱之分。"于是他们到了哪里都习惯于将人分为三六九等,对自认为尊贵的人就奉承、谄媚,对自认为卑贱的人就轻视、欺凌。这不是君子的处世之道。左思《咏史》

161

诗中曾说："贵者虽自贵，视之若埃尘；贱者虽自贱，重之若千钧。"一个有德的君子，绝不会因地位不同而认为世人有高低贵贱之分，他们既不会巧言令色地去谄媚，也不会盛气凌人地抛弃别人。

《菜根谭》中说道："好丑心太明，则物不契；贤愚心太明，则人不亲。士君子须是内精明而外浑厚，使好丑两得其平，贤愚共受其益，才是生成的德量。"世间万物各不相同，但绝不表示它们存在着尊贵和卑贱的区别，心中有太多的选择、歧视，就无法得到所有人的支持，就无法汇集所有的力量开创一番伟业。"峣峣者易缺，皎皎者易污"，一个人若总是自恃清高，自以为比别人优秀，那他一定活得很累，而且少有支持者。

"归于自然，混而为一"，保持平和淡泊的心态，坚守谦卑自下的待人态度，不仅是一个有德君子的处世原则，更是世间最高的处世智慧。

第四十章
反者道之动

"道"的规律是不断循环往复的。柔弱是"道"发挥其功能作用的关键。有形的万物生长运行都依据道而运行,但道却是无形虚空的,故而老子又说:"天下万物生于有,有生于无。"

原文

反者道之动①,弱者道之用②。天下万物生于有③,有生于无④。

注释

①反者道之动:循环往复是"道"运行的规律。
②弱者道之用:柔弱、渺小是道发挥作用的关键。
③有:指"道"的有形特质。
④无:指超现实世界的形上之道。

译文

循环往复的变化,是道的运动规律,微妙、柔弱是道发挥作用的关键。天下的万物产生于看得见的有形质,有形质又产生于"道"的无中。

经典解读

"反者道之动",历来有两种不同的解释方法:一是说矛盾着的对立物各自向着自己的对立面转化;二是说事物运动变化的规律是循环往复。其实这两种解释是相通的。正如第二章所说:"有无之相生也,难易之相成也,长短之相刑也,高下之相盈也,音声之相和也,先后之相随,恒也。"世间万物都在循环往复地运行着，它们所表现出来的高下、长短、难易、有无等特性自然也在这循环往复的运行之中，相互转化，此消彼长。

一棵树，吸收水、土之中的养料，从一粒种子变为参天栋梁，无论长成什么样、做成什么、存在多久，最终都会腐烂消失，还化为泥土。一个人，呱呱落地、成长、死亡，无论他长得如何，活了多久，是帝王还是乞丐，是圣人还是百姓，最终都将归于尘土，所有的荣辱、悲喜都会消失。一个家族、一个帝国，都是如此，兴起、强盛、衰亡，最后消失于世界之上。得道之士，懂得这个规律，所以他们不去追求那些浮华、纤冗的外物，不在意那些如同尘埃般的功名利禄。他们守着简朴、柔弱的自然规律，享受着生命的美好。

当然，我们在认同老子的万物循环往复的观点时，也应该看到它的局限。矛盾双方在不断地转化，但这种转化也不是完全无法干预的，也不是完全自由进行的。转化需要一定的条件，而人恰恰能改变外界的条件，从而对世界发生能动的影响。一个人无论如何都将迎来死亡，但有的人死亡重于泰山，有的人死亡轻如鸿毛；生活习惯好的人可以延年益寿，生活习惯差的人可能夭亡早逝；一个国家遇到明君可以政治清明，遇到昏君就朝政混乱，遇到中兴之主可以恢复强大，遇到淫暴之王就会加速崩溃……懂得"守下"、"守辱"，并非要求人们不思进取，而是要有一种安贫乐道的心态，不被过分的欲望所蒙蔽、腐蚀。知道"循环往复"的道理也是如此，不是让人们有宿命论，安于命运，而是立足于客观规律，去求荣、求上。

柔弱是道发挥作用的关键，生命从柔弱开始，发展到刚强就会走向衰亡。因此，外表柔弱的往往具有更加强大的生命潜力。立足于柔弱才能顺势而行，不断地进取。绳锯木断、水滴石穿，柔弱的东西往往因为更能持续而具备比刚强更大的威力。比如，中国武术的精华太极拳，就是以柔胜刚的典型。它提倡练柔为刚、四两拨千斤，和那些以刚强压人的武术相比，持续力更强。石头是无比坚硬的，而水则是极其柔弱的，但经常是水塑造着石头的形态，尤其是它们凝结时缓缓释放出的那种巨大力量，经常将坚硬的花岗岩劈为两半。

"天下万物生于有，有生于无"与第一章"无名，万物之始也；有名，万物之母也"遥相呼应。"有"更侧重于物质性，而"无"则更侧重于精神性。人不同于野兽昆虫，它既是物质性的，需要衣食住行等来维持最基本的生活，但同时人也是精神性的，人类有思想、有理想、有道德、有原则……精神和物质，对于人来说到底什么才是根本？这是个"玄之又玄"的问题，自古就争论不休。老子认为"无"是"有"的本源，但我们要看到其局限性，物质与精神对于人生来说都是缺一不可的，这一点却是十分明确的。很多人，过于追求精神方面的事情，而无法在世界中生存；但对于现代社会来多，太多的人过分地注重物质了。所以，老子的重视"无"的思想在今日尤其值得人们好好思索。

哲理引申

"反者道之动，弱者道之用"，世间万事万物，都遵循着"道"而运动，这种运动不是一成不变的，而是不断处于反复之中。事情有兴有衰，有盛有凋，有强有弱；万物有生有死，有枯有荣，有发展也有没落。只有了解"道"这个变化的规律，才能更好地认识世间万物，认清起伏不定的人生。

每个人都希望在整个生命中总是一帆风顺，这是不太现实的，走高了难免会有跌下来的时候，走快了难免会有绊倒的地方，能够认识到生活之中的这些反复变化，才能从容地面对各种苦难和挫折。所以那些"得道者"，不会因为一时的成功、荣耀而沾沾自喜，忘乎所以，也不会因为一时的失败、耻辱而自暴自弃，怨天尤人。他们知道，光荣是暂时的，苦难也是暂时的，再崇高美好的荣誉也会过去，再沉痛悲伤的黑暗也会终结，所以他们都有一颗宠辱不惊的心，总能让自己保持淡泊宁静的心境。

苦难不可怕，可怕的是我们自己在苦难面前选择屈服，没有勇气去等待黑暗过后、光明到来的那个时刻。历史上那些成功者之所以能够成功，就在于他们不服输的坚韧性格，不向困难低头的执着。中华民族之所以能够走过数千年的风风雨雨，经历了无数困难和挑战，也正是因为历代先贤不屈不挠的奋斗精神、永不放弃的民族信念。

俄国诗人普希金说过："冬天到了，春天还会远吗？"印度诗人泰戈尔说过："假如你为失去了太阳而流泪，那么你也要失去群星了。"四季循环是道，日夜反复是道，道对于每个人都是一样的，没有亲疏薄厚之分，而不同的人命运之所以不同，不在于外界环境怎样，关键是自己如何对待道，如何对待生活中的各种困境和苦难。假如你为身处冬天而自怨自艾，那么你永远不会感受到白雪的圣洁，也不会感受到怀着希望而等待春天的美好；假如你为失去太阳而痛哭流泪，那么你永远不会体验到夜色的迷人、群星的璀璨。

孔子曾经和弟子周游诸侯，到了陈国、蔡国之间的时候，被两国人围困，进退不得。围困时，他们连吃的东西都没了，七天七夜没有煮饭烧水，有的人饿得不能起来，弟子们都表现出了怨愤的神色。唯独孔子面对困境毫不动摇，依然照常鼓琴唱歌，教授弟子礼乐知识。子路、子贡看到老师这样很不高兴，他们相互抱怨说："夫子被鲁国驱逐，在卫国不能停留，在宋国险些遇难，又被围困在陈蔡之间。杀他的人没有罪过，凌辱他的行为不受禁止。他还在弹琴唱歌，君子难道就这样没有羞耻之心吗？"孔子听说了这些话，将他们叫进屋中，对他们说："寒冬到来，霜雪降落，才能知道松柏的茂盛。被围困于陈蔡之间，对于我们来说未必不是一件幸运的事！"说完他继续鼓琴唱歌，子路等人受到老师的教训、感染也忘记了危险和困窘。不久以后，楚昭王派军队迎接他们，帮他们脱离了困境。

孔子之所以能够在危难之中保持积极的心态，正是因为他知道穷达、盛衰的不断变化，乃是人生常事。对于苦难没有必要去畏惧它，抱怨它，只需要牢牢坚持自己处世的原则，不放弃做人做事的大道，所有的穷困通达，就会如同不断循环的寒暑风雨一样，自然产生变化。苦难终会过去，光明终会到来。

史铁生双腿残疾，这是多么不幸啊，但他从悲伤中走了出来，这种不幸反而使他的文字中充满比别人更深的感情，更敏锐的生活体验；张海迪从小身患残疾，这是多么不幸啊，但她并未向命运屈服，反而创造出了比大多数正常人更加灿烂辉煌的人生；霍金病得更重，但他依然坐在轮椅之上思索宇宙最深处的奥秘，并成为了当代最伟大的物理学家之一……

万事都有正反两方面，困境、苦难人人都厌恶，都极力避免，却不知道正是它们成就了无数伟大的人。正如太史公马迁所说："西伯拘而演《周易》；仲尼厄而作《春秋》；屈原放逐，乃赋《离骚》；左丘失明，厥有《国语》；孙子膑脚，《兵法》修列；不韦迁蜀，世传《吕览》；韩非囚秦，《说难》、《孤愤》；《诗》三百篇，大底圣贤发愤之所为作也。"如果你将困境看成是不幸，那么你将永远生活在它的阴影之中；但如果你将它们看成是上天对你的考验，看成是对自己的磨炼，你会发现它们就是成功的阶梯，让你变得更加强大。所以，不要轻易在困境中低头，不要轻易向苦难屈服，勇敢地坚持下去，黑暗之后的光明很快就会到来。

第四十一章
道隐无名

上士了解了"道"就会努力去践行，中士了解了"道"将信将疑，下士了解了"道"却只有哈哈大笑。"道"本来就是玄而又玄的东西，不是所有的人都能轻易理解的。"道"的表象和实质常常存在不同甚至相反，但只有坚持它，才能使万物善始善终。

原 文

上士闻道，勤而行之；中士闻道，若存若亡；下士闻道，大笑之。不笑不足以为道。故建言有之①：明道若昧，进道若退，夷道若纇②。上德若谷；大白若辱③；广德若不足；建德若偷④；质真若渝⑤。大方无隅⑥；大器晚成⑦；大音希声；大象无形。道隐无名。夫唯道，善贷且成⑧。

注 释

①建言：立言。

②夷道若纇：夷，平坦。纇，崎岖不平、坎坷曲折。

③辱：黑垢。

④建德若偷：刚健的德好像怠惰的样子。偷，意为惰。

⑤质真若渝：渝，变污。质朴而纯真好像浑浊。

⑥大方无隅：隅，角落、墙角。最方整的东西却没有角。

⑦大器晚成：越是大的器物，形成得越是缓慢。

⑧善贷且成：贷，施与、帮助。此句意为：道使万物善始善终，而万物自

始至终也离不开道。

译 文

　　上士得知了"道"，努力去实践它；中士得知了"道"，将信将疑；下士听了"道"的理论，哈哈大笑。不被嘲笑，那就不足以成其为道了。因此古时立言的人说过这样的话：光明的道好似暗昧；前进的道好似后退；平坦的道好似崎岖；上德如同山谷一样空旷；真正的洁白如同含有黑垢；广大的德仿佛有所不足；刚健的德好似怠惰；质朴而纯真好像混浊未开。最方正的东西，反而没有棱角；越是大的器物形成得越是缓慢；最大的声响，反而听来无声无息；最大的形象，反而没有形状。道幽隐而没有名称，无名无声。只有"道"，才能使万物善始善终。

经典解读

　　在本章中老子提出了三种人"上士"、"中士"、"下士"，他们的主要区别就是对待"道"的态度。上士显然是高明的人，即所说的得道之士，他们听闻了"道"以后，就会身体力行地去践行它，依据"道"而养身，依据"道"而治民。而中士听闻了"道"以后，则不能完全领悟它，他们会或信或疑，表现得比较平庸。下士则又下一层，他们听闻了"道"以后则哈哈大笑，弃之不理，表现出狂妄而浅薄。老子指出，"道"本来就是玄之又玄的东西，只有上士才能了解它、践行它，因此，遭到嘲笑也是情理之中的事。

　　人们常常说"无知者无畏"、"真理常掌握在少数人手中"、"阳春之曲和者必寡"就是这个道理。自古以来，人们就容易被直觉、传统、通俗等欺骗，而不能够看到真正的真相。当哥白尼提出日心说的时候，当时的大多数人都认为他不可理解，是对神灵的亵渎。后来坚持这种思想的布鲁诺甚至被坚持地心说的教廷活活烧死，就连伟大的科学家伽利略也不得不接受审判，保持沉默。然而，很多年以后，人们发现真理是掌握在那些极少数人手中的。达尔文，提出物种选择论的时候，首先到来的也不是荣誉和赞扬，而是无数的批判与咒骂。

　　在等级制度森严的古代，"皇帝的话就是真理"，很多人为了讨好皇帝而不敢讲真话，那些说真话的大臣无时无刻不是在冒着掉脑袋的风险来陈述真相。所以老子的话对于统治者来说很有借鉴意义。上流的统治者听到好的建议就会采取它，身体力行地实现它，所以古人赞扬大禹从善如流。唐太宗就是一个能够听取臣下正确意见的人,他能以人为鉴、以史为鉴,故而开创了贞观盛世。次一点的统治者,听取了正确的意见以后,虽然不能完全理解,但他会进行思考,会让臣子们进行讨论,然后选择是否采取。历史上这样的统治者占多数,他们平庸,但是还不至于昏庸,他们没有过人的才能,倒也能作为一个守成之君。最差的统治者,自以为是,根本听不见别人的意见,更有甚者对进谏忠言的功臣大加杀戮,到最后国中无人敢说真话,到处都是歌功颂德的奸佞小人。历代的亡国之君多属于此种,比如商纣王、秦二世、高纬、石虎、苻生之流。

接着老子用"明道若昧,进道若退,夷道若纇。上德若谷;大白若辱;广德若不足;建德若偷;质真若渝。大方无隅;大器晚成;大音希声;大象无形"等一系列"道"所表现出的矛盾性,来说明它的真谛是很难理解的,它是幽隐而难以名状的。这是老子辩证法思想的体现,表现了"道"的非直观性,不与世俗所见相同。

哲理引申

"上士闻道,勤而行之;中士闻道,若存若亡;下士闻道,大笑之"。可惜世间能称得上是上士的人太少了,反而到处都是下士,故而老子无奈地叹道,"不笑不足以为道",孔子也抱怨,"中人以下不可以语上"。很多时候真理并不是能一下子被世人所了解的,这时有很多人在世俗的嘲笑、批评面前开始动摇,开始对自己所坚守的产生了怀疑,甚至回归于平庸,而那些坚持自己看法的人则被历史牢牢地记住了。

姜太公年近七十,怀着平天下的理想,却只能靠贩席为生,受到周围人的嘲笑,被妻子赶出家门。但他坚守理想,后来遇到周文王,辅佐其成就灭商大业,成为齐国之祖。孔子生于春秋乱世,周游列国传播他的治国理念,处处碰壁、处处受阻,受困于陈蔡之间,七天吃不上熟食。然而他从未放弃自己的理念,终于使之成为了影响中国两千多年的思想基础。苏秦携带重金游说秦王,却得不到赏识,貂裘敝、千金散,落魄地回到故乡。他的妻子轻视他,不出门迎接;他的嫂子轻视他,不为他做饭;他的父母都嫌他为家里丢人,但他坚持自己的理想,闭门苦读,以锥刺股,最终得到了赵王的赏识,身挂六国相印,权势胜于诸侯。

和氏璧的故事更是如此。卞和发现了藏在石头之中的美玉,将其献给楚厉王。楚厉王叫治玉的匠人鉴定,匠人说:"这是块石头呀!"楚厉王认为卞和欺骗自己，因而砍去他的左脚。等到楚厉王死去，楚武王登上王位，卞和又拿来那块璞玉来献给楚武王。楚武王叫治玉的匠人鉴定，匠人又说："这是块石头呀！"楚武王也认为卞和欺骗自己，因而砍去他的右脚。楚武王死后，楚文王登位。卞和便抱着那块璞玉到楚山脚下大哭，三天三夜，眼泪哭干直到流出血来。楚文王听说，便差人去问他，说："天下被砍去脚的人多得很，为什么独独你哭得这样伤心呢？"卞和说："我并不是为砍断脚而悲痛啊！我悲痛的是把宝玉称作石头，把忠心耿耿的人叫作骗子，这是我所最伤心的呀！"楚文王便叫治玉的匠人整治那块璞玉，发现是一块真正的宝玉。于是把它命名为"和氏之璧"。

　　世俗之人往往只看到事物的表面，很难深入观察，所以怀有理想的人经常被视为异类、不正常人，乔布斯、马云这些成功者的背后无不饱含着数不清的嘲讽和误解。然而，他们能够坚持自己的梦想不放弃，任由下士笑之。无论是修道还是处世，人都应能够透过外界的嘲笑来思量自己所执着的是否正确，只要正确，即使不被世人了解也是"被褐怀玉"，等到时机到来之时，美玉总有发出光彩的一天。

第四十二章
强梁者不得其死

本章主要告诫人们应坚守谦卑守辱之道。老子指出有些事物,减损它反而使它增加,增益它反而使它减损,过于刚强只能导致早早凋亡。

原 文

道生一①,一生二②,二生三③,三生万物。万物负阴而抱阳④,冲气以为和⑤。人之所恶,唯孤、寡、不谷⑥,而王公以为称。故物或损之而益,或益之而损。人之所教,我亦教之。强梁者不得其死,吾将以为教父⑦。

注 释

①一:这是老子用以代替"道"这一概念的数字表示,即道是世间万物唯一的本源,是绝对无偶的。

②二:指阴阳二气,即矛盾对立的两个方面。

③三:即是由两个对立的方面相互矛盾冲突所产生的新事物,通过这些新事物进而生成世间万物。

④负阴而抱阳:背阴而向阳。

⑤冲气以为和:冲,冲突、交融。此句意为阴阳二气互相冲突交和而成为均匀和谐状态,从而形成新的统一体。

⑥孤、寡、不谷:儿失父母为孤,女子失丈夫为寡,不谷即不善。这些都是人所不愿意处的境地,而古时候君主用它们来自称,来表示谦卑守下。

⑦教父:施教的宗旨和指导思想。

译　文

道是独一无二的，它本身包含着阴阳二气，阴阳二气相互冲突、交融而生成了新的事物，在这些新事物中产生了大千世界。万物都是背阴而向阳发展着，并且在阴阳二气的相互激荡中达到一种和谐的状态。人们所厌恶的，是孤、寡、不谷这些境地，而王公却将其作为自称。所以有些事物，减损它反而使它增加，增益它反而使它减损。这是别人给我的教导，我也用它去教导别人。暴力的人死无其所。我把这句话当作施教的宗旨。

经典解读

"道生一，一生二，二生三，三生万物"。在前面的篇章中老子多次论述过，道为万物之本源，在这里他再次指出这一点。"一"既是一个数字概念，表示道的唯一性，同时它也表现着道的无形、混沌、混而为一的状态。《淮南子》中有："所谓无形者，一之谓也。所谓一者，无匹合于天下者也。卓然独立，块然独处，上通九天，下贯九野。员不中规，方不中矩。大浑而为一，弃累而无根。怀囊天地，为道关门。"说明"一"是道的门径，来形容道无所不在、混而为一、囊括天地、无形无声，它表示矛盾的双方还未明显分化的阶段。"二"指阴阳二气，《易经·系辞上》有"一阴一阳谓之道"之称。世间万物大多分为相互对立转化的两个不同方面，有无、高下、先后、寒暑、正负……这些矛盾的不同方面相互转化，而万物也随之不同，从而产生了新的事物，即"三"。而这些不同的新事物又组成了大千世界。

"万物负阴而抱阳，冲气以为和"。万事万物都包括阴阳两个方面，它们相互交融、冲突而达到宁和。其实达到这种所谓的"和"，就是前面所说的"二生三"的过程。三并非指绝对的一种状态，而是不同于"二"的两方面所有新事物的组合。矛盾不同方面占比不同，所产生的新事物自然也不相同。也有人将这种达到"和"的"冲气"当作同阴阳一样的另一种气。如冯友兰说："老子书说'道生一，一生二，二生三，三生万物，万物负阴而抱阳，冲气以为和'（四十二章）。这里说的有三种气：冲气、阴气、阳气。我认为所谓冲气就是一，阴阳是二，三在先秦是多数的意思。二生三就是说，有了阴阳，很多的东西就生出来了。那么冲气究竟是哪一种气呢？照后来《淮南子》所讲的宇宙发生的程序说，在还没有天地的时候，有一种混沌未分的气，后来这种气起了分化，轻清的气上浮为天，重浊的气下沉为地，这就是天地之始。轻清的气就阳气，重浊的气就是阴气。在阴阳二气开始分化而还没有完全分化的时候，在这种情况中的气就叫做冲气。'冲'是道的一种性质，'道冲而用之或不盈'（四章）。这种尚未完全分化的气，与道相差不多，所以叫冲气。也叫做一。"（《老子哲学讨论集》第41页）冯先生的观点也很有道理。无论"冲"是一种元素还是一种运动，总之它都是要达到一种"和"的状态。将其应用于在现实生活中，就是告诉人们处理一件事时，如何控制其中的各种因素，想要达到什么样的平衡，都是值得思考的事。

"物或损之而益，或益之而损"。对于事物来说，有时损害它反而使它得益，有时增益它反而使它受损。事物只有达到一个"和"的状态，才是最有利的，它们的发展皆遵循阴阳平衡之道，管理事物都要遵循这个规律，否则主观地妄为经常会造成相反的结果。比如，果树每年都需要进行修剪，否则枝叶过于茂盛就没有空间生长果实，然而修剪一旦过度，就会对树木造成损害，不能得到想要的结果；再如，孩子需要管理，需要自由，但它们都是有个限度的，管理过于严刻，就会损害孩子的独立创造力，而自由过于放纵，则会容易导致他们误入邪路。

"强梁者不得其死"。可以说"守下"、"守辱"、"不争"、"致虚"是老子处世为事思想的根本。老子已经屡次讨论过"柔弱胜刚强"、"知止不殆"、"物壮则老"的道理了。这里再次说出：强横霸道的人，必将死无其所。一个人强横霸道，在内就会失去谦卑之心，听不进劝谏，无法改正自己的缺点，骄傲自满，被欲望所驱使；在外强横就会招致不满，霸道就会惹起怨恨，助之者日少，而怨之者日多，如此怎么能死得其所呢？所以老子将这些作为施政的根本。

哲理引申

战国时期，齐国在齐威王、齐宣王两代励精图治之下，到了齐闵王时期达到的强盛。年轻的齐闵王像他的祖父一样雄心勃勃，不仅希望继续保持齐国东方强国的地位，而且还想建立更大的霸业。

即位之初，他就不断地通过干预他国朝政，来建立自己的威望，树立齐国的威望。首先，他倚仗强大的武力，帮助韩国公子咎驱逐了竞争对手公子几瑟。之后又伙同魏襄王胁迫韩襄王立公子咎为太子，使韩国更加亲近齐国。

不久，在魏国说客陈轸的游说下，齐闵王派孟尝君田文率领齐军，联合韩、

173

魏攻打秦国。齐闵王三年（前298年），孟尝君统帅齐、韩、魏三国联军，势如破竹，很快就攻到了秦国的边防要隘——函谷关。联军攻破函谷关后，为了缓解局势，秦昭王被迫"割河东而讲和"。这次行动大大地提高了齐国的威望，使其俨然成为了东方诸国的领袖，自此，齐闵王也以天下霸主自居。

伐秦战争结束后，齐闵王又对北方的燕国展开了攻击，击破燕军十多万，俘虏了燕军将领，占领多座城池，迫使燕国向齐国求和。这让齐闵王称霸天下的野心进一步膨胀。齐闵王十三年（前288年），秦昭王和齐闵王相约共同称帝，秦昭王为西帝，齐闵王为东帝。

之后，齐闵王借宋康王昏庸无道，四处树敌之时，吞并了宋国。在与宋国的战争中，齐闵王胁迫北方的燕国出动军队帮助自己进攻，燕昭王迫于齐国的强力，不得不派将军张魁统帅两万燕军协助齐国攻宋。当傲慢的齐闵王看到燕国军队时，不仅没有感激之情，反而对燕国只派出这点军队感到十分愤怒，当即下令将燕将张魁处死。消息传到燕国，燕昭王愤恨不已，可又毫无办法，于是一边卧薪尝胆，等待时机，一边继续对齐国低声下气，忍气吞声。在赵国的帮助下，齐军迅速攻占了宋国，宋康王逃亡魏国。

齐闵王十四年（前287年），齐、赵、燕、韩、魏五国联合发起对秦国的进攻。迫于来自五国的压力，秦昭王不得不废除了帝号，并且割地求和。此时齐闵王的威望达到了极点，但这也是齐国命运的转折点。由于战争连年不断，齐国的人力、物力、财力几乎耗尽，再加上齐闵王被一连串的胜利冲昏了头脑，越来越骄傲自满，不讲究对外战争和对内治理的策略，专横跋扈，穷兵黩武，从而内外树敌。

此时燕昭王为了报齐国攻燕的大仇，在北方已经准备了十多年，在邹衍、剧辛、乐毅等人的辅佐下，燕国开始变得逐渐强大。齐闵王十七年（前284年），燕昭王任命乐毅为上将军，率领燕、赵、韩、魏、秦五国合纵攻齐。齐将触子率齐军与五国联军对峙于济水旁边。触子见诸侯联军强大，依济水立营固守。骄傲的齐闵王一直不把诸侯军队放在眼里，尤其是曾经臣服于自己的燕国，于是敦促触子决战，派人呵斥道："你如果不尽力作战，我就灭绝你的族类，掘平你的祖基！"触子十分伤心，只得出兵决战，齐国军队连年征战，很快被养精蓄锐的联军击败。面对逼近都城的诸侯联军，齐闵王又派另一位将领达子统帅残兵迎战。当时情势危急但士兵士气低落，为了激励将士，达子派人向闵王请求赏金。齐闵王大怒道："你们这些无用的东西，打了败仗怎么还能得到赏赐！"结果齐军与燕军一交战就败下阵来，达子战死沙场。乐毅乘胜进军，一举攻下七十余城，齐闵王仓惶逃奔卫国。

面对逃亡而来的齐闵王，卫君避舍称臣，将自己的宫殿让给齐闵王一行使用，但齐闵王仍以大国之君自居，傲慢无理，甚至对卫军呼来喝去。卫国的大臣们都十分愤怒，于是包围了宫殿，将齐闵王驱逐出国。之后齐闵王又逃往邹国、鲁国，他傲慢自大依旧不改，邹人和鲁人都拒绝接纳他。最后只好奔莒。

齐国向楚国求救。楚顷襄王派淖齿救齐，淖齿被齐闵王任命为相。可淖齿无心救齐，却有心与燕国瓜分齐国。一次，齐闵王气冲冲地走进楚军营地之中，数落淖齿不赶快发兵收复齐国的城池。淖齿大怒，他对齐闵王说："您自己骄傲无道，以致齐国被诸侯围攻，不得不逃亡于外。各个诸侯国都不愿意收纳你，如今我们楚国念着旧好来帮助齐国，没想到你竟然如此傲慢。你犯下了这么多的过错，以致百姓背离、社稷沦丧，难道还不之罪吗?!"于是淖齿下令将强横的齐闵王绑在柱子之上，抽去了手筋脚筋，齐闵王在极度痛苦之中哀嚎着死去了。

《史记》上记载："当是时，齐闵王强，南败楚相唐眛于重丘，西摧三晋于观津，遂与三晋击秦，助赵灭中山，破宋，广地千余里。与秦昭王争重为帝，已而复归之。诸侯皆欲背秦而服于齐。"《盐铁论》中也言："及闵王，奋二世之余烈，南举楚淮，北并巨宋，苞十二国，西摧三晋，却强秦，五国宾从；邹鲁之君，泗上诸侯，皆入臣。"齐闵王开始建立了赫赫的功业，使齐国成为东方诸国的领袖，但他不知道联合诸侯，却到处穷兵黩武地征伐。终于惹起众怒，被诸侯围攻。在逃亡时，他依然不知道收敛，强横地对待那些收留他的小国君民，终于被所有国家所厌恶，遭受痛苦的刑罚死去，可以说是老子所说的"强梁者不得其死"的最真实的写照。

175

第四十三章
无有入无间

水看似柔软，却能够穿过坚硬的岩石、土地。最柔弱的东西里面，往往蓄积着人们看不见的巨大力量，使最坚强的东西也无法抵挡。百姓就是如此，统治者们应采取无为而治的方式统治百姓、教化人民，强力只能带来反抗。

原　文

天下之至柔，驰骋天下之至坚①。无有入无间②，吾是以知无为之有益。不言之教，无为之益，天下希及之③。

注　释

①驰骋：穿行。
②无有入无间：无有，无形的东西。无形的力量能够穿透没有间隙的东西。
③希：少。

译　文

天下最柔弱的东西，可以穿行于最坚硬的东西中；无形的力量可以穿透没有间隙的东西。我因此认识到"无为"的益处。"不言"的教导，"无为"的益处，普天下很少有能达到那样的。

经典解读

在前章文字中老子提出了"强梁者不得其死"的观点，告诫人们过于刚强将会导致灾难，保持谦顺才是处世之道。于是本章中继续论述"至柔驰骋于至刚"的道理，指出柔弱的力量是无穷的，无为、不言的好处是不尽的。

"天下之至柔，驰骋天下之至坚。无有入无间，吾是以知无为之有益"。空气是无形的，但它无处不在；空气是柔弱的，我们甚至感觉不到它的存在。但是强烈的空气流动就会形成飓风，那种摇山撼地的力量，足可以摧毁任何阻挡之物。水是柔弱的，但是它能穿过最坚硬的岩石，在大地的缝隙中不断前进，汹涌的海浪、大江大潮的力量更是足以拍扁最坚硬的钢铁轮船。光是柔弱的，但将其聚在一起，就能晒焦一切事物，甚至融化钢铁。

刚强和柔弱没有固定的界限，看似至刚的可能不堪一击，看似至柔的可能拥有想不到的力量。历史上有无数的人，他们站在了权力的顶端，全天下的人都对其惧怕不已，可是也许一个普通的士兵、一个宫女、一个宦官、一个伶人就要了他的性命。历史上有无数的政权，它们占据了广阔的领土，奴役着天下的百姓，可是一声来自百姓的怒吼，就让它们消失得灰飞烟灭。老百姓，是最普通、最柔弱的群体了，可社会正是在他们的推动下，在向前发展着。世界上最伟大的力量就藏在那些不起眼的柔弱之中。

"不言之教，无为之益，天下希及之"。不用语言的教化，无为而为的益处，天下很少有能达到如此的。在第二章中老子就提到过"圣人居无为之事，行不言之教"。"无为"，不是不为，而是不妄为，在道的基础上有为。"不言"也不是不说话，而是不乱说，不妄自颁发政令，使人民不需要多说，不需要多受指导，就能按照事物本来的自然规律，顺利地发展。它是要统治者们采取无为而治的方式统治百姓、教化人民。

"贵柔"、"无为"都是老子提倡的基本观念。《庄子·养生主》里记载了庖丁解牛的故事：有一个名叫丁的厨师替梁惠王宰牛，手所接触的地方，肩所靠着的地方，脚所踩着的地方，膝所顶着的地方，都发出皮骨相离声，刀子刺进去时响声更大，这些声音没有不合乎音律的。它竟然同《桑林》、《经首》两首乐曲伴奏的舞蹈节奏合拍。梁惠王说："嘻！好啊！你的技术怎么会高明到这种程度呢？"

庖丁放下刀子回答说："臣下所探究的是事物的规律，这已经超过了对于宰牛技术的追求。当初我刚开始宰牛的时候，看见的只是整头的牛。三年之后，再也看不见整头的牛了。现在宰牛的时候，臣下只是用精神去接触牛的身体就可以了，而不必用眼睛去看，就像感觉器官停止活动了而全凭精神意愿在活动。

顺着牛体的肌理结构，劈开筋骨间大的空隙，沿着骨节间的空穴使刀，都是依顺着牛体本来的结构。宰牛的刀从来没有碰过经络相连的地方、紧附在骨头上的肌肉和肌肉聚结的地方，更何况股部的大骨头呢？技术高明的厨工每年换一把刀，是因为他们用刀子去割肉。技术一般的厨工每月换一把刀，是因为他们用刀子去砍骨头。现在臣下的这把刀已用了十九年了，宰牛数千头，而刀口却像刚从磨刀石上磨出来的一样。牛身上的骨节是有空隙的，而且刀刃并不厚，用这样薄的刀刃刺入有空隙的骨节，那么在运转刀刃时一定宽绰而有余地，因此用了十九年而刀刃仍像刚从磨刀石上磨出来一样。虽然如此，可是每当碰上筋骨交错的地方，我一见那里难以下刀，就十分警惧而小心翼翼，目光集中，动作放慢。刀子轻轻地动一下，哗啦一声骨肉就已经分离，像一堆泥土散落在地上了。我提起刀站着，为这一成功而得意地四下环顾，一副悠然自得、心满意足的样子。拭好了刀把它收藏起来。"

梁惠王说："好啊！我听了庖丁的话，学到了养生之道啊。"

其实，其中蕴含的何止养生之道，处世治国之道也在其中。刀子是刚强的，可如果它不知道"不争"的道理，成天和骨头硬碰硬，那么必然不能持久，正所谓"强梁者不得其死"。做事、治民也同解牛一样，只有摸清事物的规律，顺着它们的条理，也就是柔软的肌肉缝隙前进才能使事情迎刃而解，复杂的问题变得简单。否则只能陷入困境，不仅事情无法解决，自己也将无法脱身。

"天下之至柔，驰骋天下之至坚"，并不是说柔弱就一定可以战胜刚强，而是说"道"的作用是无所不至的，顺之者必成，可以以柔胜刚，逆之者必摧，即使刚强也不能得到保全。

这是深刻的辩证法的智慧，值得所有人深深思索。

哲理引申

现实中争强好胜的人很多，尤其在如今这个社会资源有限，什么都要排队的时代。乘车需要拼命地挤，买票需要插队，吃饭、走路似乎到哪里都有一群竞争者，好像一慢下来就会被别人占了先机，自己就只能"吃冷饭"。其实，有时想想，世界真的这么拥挤吗？资源真的那么贫乏吗？我们每天真的都很忙，不抢不争就没法过了吗？

也许，有时的确因为时间的原因不得不赶忙，但大部分时候都是我们的头脑里那种"抢"的想法在作怪。比如，排队买票、排队上车，大家一拥而上谁都很难受，大家如果能耐心排队反而效率更高。在生活中多点谦让之心，的确很重要，它不仅不会让自己吃亏，反而会使这个社会更加美好，对生活在这个社会中的每一个人都是有利的。

廉颇是战国时期赵国的名将。赵惠文王时，廉颇率兵攻打齐国，大败齐军，攻占了很多城池，因军功被封为左上卿。他作战勇敢，用兵有方，在各诸侯国里以勇猛善战而闻名。

赵惠文王得到了著名的宝玉和氏璧。秦昭王知道这件事以后，依靠国力的强大，派人给赵王送信，说愿意用十五座城邑来换取和氏璧。一块美玉换十五个城市，当然很划算。但是赵国人却不敢轻易送去，因为秦国背信弃义、欺骗诸侯是出了名的。赵惠文王与各位大臣商议：如果把和氏璧给秦国，秦国的城邑恐怕得不到，只能白白地受骗；如果不送去和氏璧，又担心秦国会出兵攻打赵国。

正在众人不知所措之时，宦官缪贤说："我的门客蔺相如智勇双全，遇事灵活机动，是个可造之才，可以出使秦国。"赵王问："您是根据什么知道他可以做好这个差事呢？"缪贤说："我曾经犯过罪，私下打算逃亡到燕国。门客蔺相如阻止我，他问我：'您凭什么知道燕王会收容您呢？'我告诉他，我曾跟从大王在边境与燕王相会，燕王私下握着我的手说'我愿意和你交个朋友'，所以我打算去他那里。蔺相如对我说：'那时赵国强，燕国弱，您又受赵王宠信，所以燕王才结好于你。现在您从赵国逃奔到燕国，燕王害怕赵国，必定不敢收留您，反而还会把您捆绑起来送回赵国。您不如主动向赵王请罪，或许侥幸能够得到赦免。'臣听从了他的意见，大王也开恩赦免了我。因此我觉得蔺相如是个智勇双全的人，应该能办好这个差事。"

于是赵惠文王召见蔺相如，派他带着和氏璧西行入秦。秦王果然打算食言，蔺相如不惜冒着被杀头的危险欺骗秦王，把和氏璧暗中送回了赵国。秦国君臣十分愤怒，但考虑到杀了蔺相如，终究还是得不到和氏璧，反而断绝了秦、赵两国的友好关系。不如趁此好好款待他，让他回赵国去。于是，完成礼节后，让蔺相如回到了赵国。蔺相如回国之后，赵王认为他是个贤能的大夫，就任命他做上大夫。

后来，秦王派使臣告诉赵王，打算与赵王和好，在西河外渑池相会。在渑池之会上，秦王故意侮辱赵王，多亏蔺相如智勇，没让秦国占到便宜。渑池之会结束后，回到赵国，由于蔺相如功劳大，被封为右上卿，位在廉颇之上。

对此，老将廉颇很是耿耿于怀，他说："我是赵国的大将，有攻城野战的大功，而蔺相如只凭言词立下功劳，职位却在我之上。再说蔺相如本来是卑贱的人，我感到羞耻，不甘心自己的职位在他之下！"扬言遇见蔺相如，一定要羞辱他。蔺相如听到这些话后，不肯和廉颇碰面，每逢上朝时常常推说有病，不愿跟廉颇争位次。过了些时候，蔺相如出门，远远看见廉颇，就掉转车子避开他。

他的门人都十分不解，觉得他懦弱，准备离去。蔺相如挽留他们，说："你们看廉将军与秦王相比哪个厉害？"门客回答说："廉将军不如秦王厉害。"蔺相如说："以秦王那样的威势，我蔺相如却敢在秦国的朝廷上呵斥他，羞辱他的群臣。蔺相如虽然才能低下，难道偏偏害怕廉将军吗？但是我想到，强大的秦国之所以不敢轻易对赵国用兵，就是因为有我们两个人在啊！现在如果两虎相斗，势必不能共存。我之所以这样做的原因是以国家之急为先而以私仇为后啊！"

廉颇听到了蔺相如的话，十分惭愧，他就脱去上衣，露出上身，背着荆条，由宾客引导到蔺相如家的门前请罪，说："我这个粗陋卑贱的人，想不到您宽容我到这样的地步啊！"二人最后握手言和，成为刎颈之交，成就了一段"将相和"的佳话。

第四十四章
知足不辱

名利、财货和身体相比又算得了什么呢，人应知足、知止，这样才可以避免遇到危难。为了财货放弃自身的价值和尊严，为了虚名不惜自贱其身，只会招致厌恶，所获得的虚名和荣誉也必将全部散去。

原 文

名与身孰亲？身与货孰多①？得与亡孰病②？甚爱必大费③，多藏必厚亡④。故知足不辱，知止不殆，可以长久。

注 释

①货：财富；多：贵重。
②得：指名利；亡：丧失性命；病：有害。
③甚爱必大费：过于爱名利、财货就必定要付出很大的耗费。
④多藏必厚亡：丰厚的藏货就必定会招致惨重的损失。

译 文

声名和生命相比哪一样更为珍贵？生命和货利比起来哪一样更为贵重？获取和丢失相比，哪一个更有害？过分地追求名利就必定要付出巨大的代价；过于积敛财富，必定会遭致惨重的损失。所以说，懂得满足，就不会受到屈辱；懂得适可而止，就不会遇见危险；这样才可以保持长久。

经典解读

"名与身孰亲？身与货孰多？得与亡孰病？"虚名和财货与生命相比哪个更

加重要，想必任何人都会选择生命。没有生命再多的财货也不会发生作用，再多的虚名又能带来什么好处呢？这么简单的道理人人都明白。可是当真正面对财货、名利之时大多数人又会陷入迷茫，被这些身外虚妄之物所引诱，而忘记安危，忘记自己的身体、生命。他们为了财货放弃自身的价值和尊严，他们为了虚名不惜自贱其身。然而他们真的得到了名声和财货吗？未必，违背了立身处世之道，这种行为只会招致所有人的厌恶，最终他们所获得的虚名和荣誉也必将全部散去。

"甚爱必大费，多藏必厚亡"。过分地爱惜名利必然会付出昂贵的代价；过分地积敛财富也必定会遭受严重的损失。圣人知道名利的虚妄，所以不会以宠辱害命，不会以得失伤身。很多人都希望建功立业、扬名四海，而真正的得道之人却选择效仿许由、巢父，归隐于山林。财货是身外之物，圣人不贵难得之货，美玉在他们眼里和顽石又有什么区别呢？因此，得到不以之喜，失去不以之忧。《吕氏春秋》记载，一个楚国人丢了一张弓，但他却不肯去寻找，别人问他，他说道："楚国人丢了的，肯定被楚国人捡到了，何必去找？"孔子听到了这事，说道："去掉'楚国'两个字更好。"老子听到了这事，说道："倘然去掉'人'字就更好了！"可见，在老子心中，得与失都毫不重要。

"故知足不辱，知止不殆，可以长久"。知足则不争，不争则不辱；知止则早退，早退则不衰。所以处下者身安，居后者不损。范蠡远遁而全身，文种不退而亡命；张良归隐而保全，韩信贪位而丧生；霍光家族骄奢而灭族，张安世家族则慎俭而兴盛……他们遇到的都是同样的君主，但有人知止、知退，故能长存不败；有人则不知止、不知退最后反而身死家破。

需要注意的是，老子所言的轻名利、远欲望，并非是完全不接近这些。老子并不是一个极端遁世的人，他不反对人的基本需求，只是希望世人在声名利禄之前不要迷失了自己，知道知足常乐、知止不衰之道。

哲理引申

张良是秦末汉初刘邦身边的重要谋士，为刘邦统一天下建立了极大的功勋。汉朝建立后功臣宿将获罪者多，善终者少，但张良淡泊名利，及时隐退，不仅全身而退，其子孙也数代封侯。

张良出身于韩国贵族之家，他的祖上三代相韩。秦国灭韩统一天下后，张良图谋恢复韩国，他结交刺客，在博浪沙狙击秦始皇的车架，但行刺失败，被迫逃亡。他逃亡至下邳之时，偶遇一位名黄石公的隐士，被授予《太公兵法》。

在秦末农民起义中，张良率部投奔刘邦。当时刘邦势力并不突出，但张良发现他是一个心胸广阔、不拘小节的人，一定能在乱世中崛起。张良曾游说项梁立韩国贵族韩成为韩王，他担任韩申徒。以韩申徒之职率军协助平定关中；鸿门宴上正是张良的计谋帮助刘邦脱离险境。后韩王成被项羽杀害，张良复归刘邦，成为其最重要的谋士。他向刘邦提出很多重要计策，如不立六国后代，联合英布、彭越，重用韩信等，又主张追击项羽，彻底歼灭楚军，使刘邦能完全统一天下。

汉朝建立后，刘邦大封功臣，此时人人都期望得到丰厚的赏赐和上等的封地，唯独张良淡泊名利。刘邦曾令张良自择齐国三万户为食邑，张良辞让，谦请封开始与刘邦相遇的留地（今江苏沛县），刘邦同意了，故张良也被称为留侯。张良辞封的理由是：他在韩国灭亡后已经沦为布衣，布衣得封万户、位列侯，应该满足。看到汉朝政权日益巩固，国家大事有人筹划，自己"为韩报仇强秦"的政治目的和"封万户、位列侯"的个人目标亦已达到，一生的夙愿基本满足。

作为一个出色的谋略家，张良深知"狡兔死，走狗烹；飞鸟尽，良弓藏；敌国破，谋臣亡"的哲理，他晓得利物而不居，功成而身退才是世间大道。于是自请告退，摒弃人间万事，专心修道养精，崇信黄老之学，静居行气，欲轻身成仙。但吕后感德张良，劝他毋自苦，张良最后还是没有听从吕后的劝告，仍就远离人间烟火。司马光曾在《资治通鉴》中这样说："以子房之明辩达理，足以知神仙之为虚诡矣；然其欲从赤松子游者，其智可知也。夫功名之际，人臣之所难处。如高帝所称者，三杰而已。淮阴诛夷，萧何系狱，非以履盛满而不止耶！故子房托于神仙，遗弃人间，等功名于外物，置荣利而不顾，所谓明哲保身者，子房有焉。"即：以张良的智谋，肯定知道求仙成神的事是虚妄无功的，但他坚持这么做，远离权力之争，正是他智慧的表现。刘邦称赞的汉初三杰，韩信被杀，萧何也曾入狱，只有张良安身无事，就是因为他懂得人生不可太过完满，知道功名利禄这些身外之物不值得汲汲而求。

在乱世之中建功立业很难得，但能在建功之后懂得全身之道——即"不争"，则更加可贵。与张良同时代的韩信、彭越、英布都是一时之豪杰，但就是不懂这个道理。身居高位而不退，最后身首异处，只留下一声声后人的哀叹。

第四十五章 大成若缺

大成若缺，大盈若冲，大直若屈，大巧若拙，大辩若讷。要辩证地看待各种现象，知足可以不穷，知止可以不弊，清净守虚才可得天下。

原 文

大成若缺①，其用不弊。大盈若冲②，其用不穷。大直若屈③，大巧若拙，大辩若讷④。静胜躁，寒胜热⑤。清静为天下正⑥。

注 释

①大成：最完美的。
②冲：虚、空虚。
③屈：弯曲。
④讷：木讷。
⑤静胜躁，寒胜热：清静克服扰动，寒冷克服暑热。
⑥正：首领、君长，同"侯王得一以为天下正"。

译 文

最完满的东西好似有残缺一样，但它的作用永远不会衰竭；最充盈的东西好似是空虚的，但是它的作用是无穷尽的。最直的东西好似弯曲，最灵巧的东西好似笨拙，最善辩的人好似木讷。清静克服扰动，寒冷克服炎热。清静无为的人才能成为天下之首。

[第四十五章] 大成若缺

经典解读

老子善于用辩证的观点去观察事物，在本章中也是如此。任继愈先生在《老子新译》中写道："这一章讲的是辩证法思想。老子认为有些事物表面看来是一种情况，实质上却又是一种情况。表面情况和实际情况有时完全相反。在政治上不要有为，只有贯彻了'无为'的原则，才能取得成功。"

"大成若缺，其用不弊"。世界上没有真正完满的东西，正所谓"月满则亏，日中则昃"，如果一件事物到达了极端就会朝着相反的方向转化，所以事物的完满中往往带着"缺"，充盈中往往还留有"冲"。徐孺子九岁时，曾经在月亮底下嬉戏。人们说："如果月中没有嫦娥、玉兔、桂树等东西，月亮会更明亮。"徐孺子听了说："不会。月亮中有这些阴影，正如眼睛中有眸子，如果没了它们月亮一定不会这么亮了。"曾国藩是晚清名臣，被很多人视为中国近代读书人的典范，真正做到了"立德、立功、立言"但他依然处事十分谦逊，急流勇退，并在晚年将自己的书房命名为"求阙斋"，表明不能太过圆满。

"大盈若冲，其用不穷"。就如水库一样，水面必须时刻保持在安全限度之下，才能发挥其最大的作用。如果过于追求多装，反而会使流水冲破堤坝，造成灾难，大盈也必将变为大空。

"大直若屈，大巧若拙，大辩若讷"。直和屈，巧和拙，辩和讷本来就是相生相成，相对而说的，它们之间没有完全明确的界限，直可以变为曲，讷也可以变为辩。一方面，人们应该辩证地看待事物，看到它直、巧、辩，就应想到屈、拙、讷的一面，反之亦然。这样在使用人才、利用事物时才不会导致偏颇。另一方面，人们处理事情，也应该换个角度去思考，如何以屈求直，如何以拙胜巧。如卢良彦先生在《老子新解》中说：要完成大目标，小的迁就是必要的。如果不愿做小的迁就，而坏了大目标，就贻害无穷，这就叫"大直若屈"。

"静胜躁，寒胜热。清静为天下正"。安静能战胜躁动，寒冷能战胜炎热。清静无为的人才能成为天下的领袖。在老子的观念之中，静是绝对的，而动则是相对的。按照自然规律，一切躁动的东西都将回归于宁静，如池塘中荡起的波纹、山谷中激荡的回声、摇动的树木、纷飞的蝴蝶……同样，人的初始也是无知无欲的，人心也是无波无澜的，正是因为在外物、外欲的引诱之下，心中变得躁动，人开始知道得失、美丑、寒暑，等等。如果没有了外物的干扰，人一定会回归于朴素，心也将归于宁静。而达到这种状态的方式就是无为。

哲理引申

北宋初期，宋太祖赵匡胤在中原建立了宋王朝，江南的割据政权南唐畏于宋朝的强大军力，向其称臣进贡。一次，江南派名士徐铉前来朝拜，徐铉博学多闻，口才出众，与其兄徐锴、江宁人徐熙号称"三徐"。按照惯例，别国前来进贡，宋朝应该派官员监督陪伴，但朝中的大臣都因为自己的口才不如徐铉而推辞。如果派出的人口才、文才不如江南，这将是极失大朝面子的事，一时间宰相也不知安排什么人了。只得向宋太祖说明情况。

宋太祖听后说："你暂且退下，我自己来选一个合适的人去对付徐铉。"大臣们都十分疑惑，实在是想不出，武将出身的皇帝如何能在皇宫中找到一个能言善辩的人呢？不一会儿，就听太监宣传殿前司听旨，紧接着几个殿前侍者进入宫中，宋太祖看后，御笔点了其中一个说："此人即可。"朝中上下都惊诧不已，竟然不知道宋太祖的侍卫中竟然隐藏着这么厉害的人物。因为皇帝钦点，宰相也不好再说什么，只好打发被点之人立即动身。渡江前往迎接徐铉。

徐铉见到宋使，前去攀谈，引经据典，词锋如云，旁观者都惊诧不已，不知道使者将如何回答。可是，使者者一言不发，只是时而点头而已。徐铉不知深浅，在使者面上既看不到赞赏的表情，也看不到反对的神色。这样一连几天都是如此，徐铉只说得精疲力竭，觉得宋使高深莫测又谦虚谨慎，反而显得自己喋喋不休、故意卖弄，于是再也不吭声了。

后来，宋使完成任务，回到宫中。朝臣们才知道，原来宋太祖选的使者根本就大字不识一个。宋太祖告诉他，无论南唐使臣说什么，仅仅点头就足够了。在徐铉谈经论典的时候，宋使根本什么都听不懂。

宋太祖作为一个武将出身的皇帝，却具有真正的大智慧，真正了解了老子所说的"大辩若拙"的道理，因而能用沉默战胜口若悬河。

第四十六章
知足常足

正是因为统治者的不知足而引起的战争使人们不能进行正常的生产活动，不可避免地带来种种惨祸、暴行、灾难的痛苦。真正有资格统治人民的统治者应该以百姓的利益为先，时刻以爱民自励。

原 文

天下有道，却走马以粪①，天下无道，戎马生于郊②。祸莫大于不知足；咎莫大于欲得。故知足之足，常足矣③。

注 释

①却：摒去、退回。粪：耕种、播种。
②戎马：战马。
③故知足之足，常足矣：知道满足才会永远满足。

译 文

天下有道之时，战马就退还到民间供百姓用来耕种，天下无道之时，战马遍布，以致在郊区产仔。最大的祸患就是不知足，最大的过错就是贪欲多。所以知道满足才会永远知足。

经典解读

在本章老子联系当时社会的现实——诸侯混战，百姓流离失所，来论述知足的重要性。

老子认为，天下战乱纷纷就是因为统治者背离了"道"。天下有道时，马应该在农田中帮助农民进行耕种，而现实却是军马乱跑。正是因为统治者的不知足而引起的战争使人们不能进行正常的生产活动，不可避免地要带来种种惨祸、暴行、灾难的痛苦。老子反对战争，认为战争是"不祥之器"，所以他呼吁统治者不要被欲望所驱使，不要恃强凌弱，并告诫他们"强梁者不得其死"、"物壮则老"，要求他们知足守虚。

可是天下听从老子劝谏的人太少了，无数的人被欲望所驱使，在不知足的道路上跌了大跟头，轻者头破血流，重者身首异处。清朝乾隆宠臣和珅，因为受到皇帝的宠信，大肆贪污钱财，最后乾隆帝一死，他就被嘉靖皇帝逮捕，被迫自尽，所有的钱财也都入了国库。东汉时的大将军梁冀，专断朝政近二十年，聚敛财富，大肆搜刮，并向求官者收取贿赂，建私家林苑，方圆近千里，只知跋扈专横，最后被汉桓帝治罪，被迫自杀，其家产也都被没收变卖。明英宗时宦官王振，受宠擅权，大兴土木，广收贿赂，操纵朝政，更策动明英宗亲征，导致土木堡兵败，最后被乱军所杀……

老子说不知足是最大的祸患，可惜千百年来，世人在奔向欲望的道路上前仆后继，真正能知足常乐的又有多少？

哲理引申

春秋时晋国国内各世卿大族政治斗争十分激烈，因此在继承人选择问题上也都小心翼翼，唯恐选择了不称职的继承人导致家族破灭。智宣子智申为了确定继承人，召集族人、家臣举行家庭会议，商讨立嗣问题。他准备立智瑶为继承人，但族人智果表示反对，说："智瑶不如智宵！"智宣子认为："智宵面相凶狠。"智果说："智宵狠在表面，而智瑶是狠在内心，智瑶有五大优点：须髯飘逸，身材高大；擅长弓箭，力能驾车；技能出众，才艺超群；能言善辩，文辞流畅；坚强果断，恒毅勇敢。此五贤别人无法能比，但他却没有仁德之心。如果不用仁德去施政，而用以上五贤才能去强行统治，谁能拥护他？如果立智瑶为继承人，智氏宗族必然有灭门之祸！"

智申听不进去，仍然固执己见，准备立智瑶为嗣。智果预感到智氏危亡的来临，为了保全自己，带领着自己的一小部分族人到晋国太史那里注册，改智氏为辅氏，表示脱离智氏，另立宗庙。

智瑶继承卿位后不久，正卿赵简子逝世，他执掌了晋国大权。凭借自己的才能，智瑶带领晋国建立了很多功勋，在东面打败齐国，在南面征服郑国等小国，又通过计谋吞并了很多周围的异族政权。在伴随着这些功勋的赞美声中，他开始变得骄傲自满，不仅凌辱国外的诸侯，也开始欺压晋国内部的韩、赵、魏三家世卿。

前468年，智瑶讨伐郑国，与赵襄子毋恤一同出征，在兵临郑都城下时。智瑶以统帅的身份命赵毋恤攻城。统帅自己不上，却让别人当炮灰，赵毋恤立刻表示拒绝执行命令。智瑶火冒三丈，傲慢地对毋恤说："你既让人厌恶，又没有胆量，赵简子怎么立你为嗣卿？"毋恤反驳："因为我能隐忍，这个对赵氏应该没有害处吧？"

打了胜仗后，诸将在一起喝酒，智瑶醉醺醺地想到了毋恤忤逆他命令的事，顺势将酒罐子砸向赵毋恤。赵氏的家臣们群情激愤，都要找智瑶拼命，却被毋恤拦住，他说："父亲选择我为赵氏的继承人，就是因为我能够隐忍！"

前457年，智瑶攻打卫国归来，与韩、魏宗主韩虎、魏驹大开庆功宴。在宴会中，智瑶趁着酒兴，欺负韩虎，并连同韩氏的家臣段规一并羞辱。他的部下劝谏他，不可如此，恐怕会招致祸患，智瑶又是傲慢地回答："都是我给别人带来祸患，谁能给我带来祸患呢？"

前455年，智瑶想到了一个极佳的点子，可以发展智氏的势力，同时削弱其他诸卿。于是他以国君的名义要求韩氏进献一万户的封邑给国家。显然大家都明白，这些土地说是给国家的，最终还是将落入智瑶的手中。韩虎自然不愿意，想拒绝。但段规问韩虎为什么不给智瑶土地，韩虎说："无缘无故地讨要土地，所以我不给。"段规劝诫道："智瑶这个人贪得无厌，而且生性残暴。如果得不到土地，必然会派兵攻打韩氏。给他土地，他会再向别人索取土地，别人不给，他必定发兵攻打。这样韩国就可以避免受攻，等待形势好转。"韩虎一想有理，于是交出了土地。

智瑶得到了好处又故技重施，向魏氏讨要封邑。魏驹也知道这是智瑶的圈套，想不给。他的家臣任章问："为什么不给啊？"魏驹说："无缘无故要地盘，所以不给。"任章劝魏驹："智瑶无故索要地盘，诸大夫一定会对他存有恐惧之心，我们给了他土地，他一定会更加骄横。智瑶会由于骄横而轻敌，而我们这几家会由于害怕而亲近联合；一旦产生冲突，由亲近而联合的军队来对付骄横而轻敌的智瑶，智瑶的命一定长不了。"魏驹觉得有道理也将土地交了出去。

智瑶不费一兵一卒得到如此多的好处，胃口越来越大，于是想到了"懦弱无能"的赵毋恤。他派人向赵氏提出将蔺、宅皋狼献出来，宅皋狼是赵氏的祖地，赵襄子立刻拒绝了这个要求说："说土地是先祖留下来的，不能无故送人。"智瑶没想到，赵毋恤这个懦弱的，一直被自己瞧不起的家伙竟然敢拒绝自己的要求。于是，立刻挟持韩、魏两家的军队进攻赵氏。

赵氏兵寡战败，退守晋阳。智瑶率联军到晋阳后，立刻发动强攻。赵军依托城墙工事，坚守三月，联军始终未能攻克。智瑶见强攻无效，便改用围困及水攻的战术，切断所有出入通道；决开汾水灌淹晋阳城。大水淹没城内"三版"（六尺），时间长达三年之久。城内生活非常困难，粮食即将断绝。人们悬釜（炊具）做饭，搭棚居住，形势极为严峻。

赵毋恤在危急之时，派谋臣张孟谈暗地去见韩康子、魏桓子，用"唇亡则齿寒"的道理说服他们与赵联合，共同对付智瑶。智瑶属臣发觉韩、魏两氏可能倒戈，劝智瑶提防，智瑶以为大功即将告成，不采纳他的建议。智果同样发现了韩、魏的异动，劝智瑶速杀韩康子及魏桓子，或者以重贿收买二人身边谋臣。但智瑶既下不了除去他们的决心，也舍不得自己手中的财富，还是拒绝了建议。智果等人见智瑶如此，纷纷找借口离开战场，逃往别处。

果然，不久以后，韩、魏军秘密出动，在夜里杀死守河堤的智氏士兵，突然决堤放水反灌智瑶军队。智氏军队因忙于救水而陷于混乱。韩、魏军急从两翼进攻。赵毋恤则亲率精锐从正面出城反击，大败智军，智瑶也在战斗中被杀死。

第四十七章
执道知天下

"其出弥远，其知弥少"，即那些耳目所闻、所见的感官经验是不足为恃的。过于相信这种感官经验，反而会使人们迷乱、疑惑，不能深入了解事物的本质，认清事物的全体。圣人了解天地万物，不是单单通过感受，而是依靠内在的自省，通过达到心灵的虚空、平静、朴实来观看天下万物，掌握万物的发展规律，即"道"。这样就可以不出门而知天道，不窥牖而知天理。

原　文

不出户，知天下；不窥牖①，见天道②。其出弥远，其知弥少。是以圣人不行而知，不见而明③，不为而成④。

注　释

①牖：窗子。
②天道：天地万物运行的自然规律。
③不见而明：不需眼睛看到，就知晓事理。
④不为而成：不需要特地去做，就能够成功。

译　文

不出门户，就能够推知天下的事理；不望窗外，就可以认知万物运行的自然规律。所见的越多，所知晓的就越少。所以，圣人不出行却能够推知事理，不窥见就能明了"天道"，不特意去做就可以取得成功。

经典解读

人们常说：耳听为虚，眼见为实。可老子却认为，"眼见"也不足以为恃，大千世界，滚滚红尘，存在着太多让人心迷目乱的因素。正如前文所说"大成若缺，其用不弊。大盈若冲，其用不穷。大直若屈，大巧若拙，大辩若讷"。我们所见所闻的东西，并不像其表现出来的那么简单，很多事物往往在现象之下存在着不同的、多样的本质。而这些，仅仅依赖人的视觉、听觉、感觉是很难得知的，其中的规律是"视而不见、听而不闻、搏而不得"的。

所以圣人不通过远行、观察的办法来了解世间万物，而是通过加强自己的修养，"致虚极、守静笃"，来了解道，来了解世间万物运行的最根本规律。如陈鼓应先生在《老子注释及评介》中说："老子认为世界上一切事物都依循着某种规律运行着，掌握着这种规律（或原则），当可洞察事物的真情实况。他认为心灵的深处是透明的，好像一面镜子，这种本明的智慧，上面蒙着一层如灰尘般的情欲（情欲活动受到外界的诱发就会趋于频繁）。老子认为我们应透过自我修养的功夫，作内观返照，净化欲念，清除心灵的蔽障，以本明的智慧，虚静的心境，去览照外物，去了解外物和外物运行的规律。"

很多人批判老子是彻头彻尾的唯心主义先验论者，其最主要的证据就是"不出户，知天下；不窥牖，见天道"。其实，这种观点存在偏颇。老子并不轻视对世间万物规律的观察，前面章节老子清晰地提到了"执古之道，以御今之有"等内容，说明老子的"道"是在对"从古至今的万物发展规律"中认识到的。本章所说"圣人不通过远行、观察的办法来了解世间万物……"主要指圣人"得道"以后，就不需要再去一一观察万物，才能了解它们的状况了。"人法地，地法天，天法道，道法自然"，天地万物无论如何运行、运动，归根到底都是一个"道"，圣人参悟透了这个"道"就不需要再去出行、窥牖了。孔子要求"举一隅而以三隅反"，子贡称赞颜回"闻一而知十"，古人要求"见微而知著"，说"知机，其神乎"，这都是要求人们要能将规律推广运用，不断发展开来，只不过老子将"道"的推广范围扩展到了天地万物。

《列子·仲尼篇》有这样一段。当初列子喜好出游。他的老师壶丘子问他："御寇喜欢游览，游览有什么好处呢？"列子说："游览的快乐，是因为总能看到新的东西。我的游览和别人不同。别人游览，欣赏的是所见到的东西；我游览，欣赏的是事物的变化。所有人都游览，却没有人能分辨不同的游览方法！"壶丘子说："你的游览与别人相同嘛，为何还要说本来与别人不同呢！凡是见到的东西，必然会同时见到这些东西的变化。欣赏外物的变化，却不知道自身也在不停地变化之中。只知道欣赏外物，却不知道欣赏自己。欣赏外物的，希望把外物都看遍；欣赏自己的，也应把自身都看遍。把自身都看遍，这是最高的游览；把外物都看遍，并不是最高的游览。"从此列子终身不再外出，自己认为不懂得游览。壶丘子说："什么才是最高的游览呢？最高的游览不知道到了哪里，最高的欣赏不知道看到了什么。什么地方都游览到，什么事物都观赏到，才是我所说的游览，才是我所说的观赏，如此才是最高的游览境界。"

列子开始认为，通过游览可以看到新的事物，了解新的变化规律。而他的老师壶丘子却认为，这样的游览并非最高层次的游览。最高层次的游览只需"透过自我修养的功夫，作内观返照，净化欲念，清除心灵的蔽障，以本明的智慧，虚静的心境，去览照外物"。达到如此境界的人，无论游览何种地方，观看到何种事物、何种变化，都会悟到"道"，所以，得道之人，无论在哪里，得到的感悟都是一样的。他们见壤土可以知泰山，见涓流可以知汪洋，见秋叶可以知四时往复，因此又何必劳心远行，又何必费神察听，他们只需参照内心，保持虚静，即可执一而知万物，不出户而知天道。

哲理引申

刘基，字伯温，青田县南田乡人，故称刘青田，明朝开国元勋。他通经史、晓天文、精兵法，辅佐朱元璋完成帝业，以神机妙算、运筹帷幄著称于世，被后人比作"明代的诸葛武侯"。朱元璋也多次称刘基为："吾之子房也。"中国民间广泛流传着"三分天下诸葛亮，一统江山刘伯温；前朝军师诸葛亮，后朝军师刘伯温"的说法。

刘基天资聪明，且十分好学，幼时接受了很多儒家经典教育。据传，他长大后机遇巧合又得到了一本道家奇书《六甲天书》，并通过苦学掌握了丰富的奇门斗数知识。

元朝末年，刘基被授为江西高安县丞。他体察民情，发现一些豪绅地主勾结贪官污吏，无法无天，无恶不作。倾听百姓的哭诉后，刘基经过明察暗访，掌握了真凭实据后，对几个劣迹昭著的豪强恶霸，坚决予以严惩，并对县衙内贪赃枉法的官吏也进行了整治，高安县的社会风气很快就有了好转。后来，刘基算出元朝末日迫近，天下势将大乱，便辞官在老家青田读书、著作，韬光养晦等待时机。

果然，不久群雄四起。朱元璋打下浙江金华后，得知刘基是江南名士，即以重金礼聘，刘基卖关子，没有答应。朱元璋手下总制孙炎又亲自写信邀请刘基，他才同意出山，从此作为朱元璋的谋臣，开始了运筹帷幄的生涯。

朱元璋初起兵时，奉红巾军头领韩林儿为首。至正十五年（1355年），韩林儿在亳州称帝，国号大宋，朱元璋得到消息，即表祝贺，到了新年，还令中书省为韩林儿专设御座并叩头礼拜。群臣皆拜，独刘伯温不拜。朱元璋问他为什么不拜。他说："韩林儿不过是个放牧的小孩子而已，没有真龙天子之相。我拜他干什么！"朱元璋忙问，谁有天子之相。刘基看着他笑而不答。朱元璋心中十分高兴，从此十分看重刘基。

刘基还善于利用天象、神异现象进谏良言。1367年，朱元璋以刘基为太史令，荧惑星出现在心宿位，预示有兵灾祸乱，刘基请求朱元璋下诏罪己。不久，天气大旱，刘基请求处理久积冤案，朱元璋便当即命令刘基予以平反，不久大雨也就从天而降。一次朱元璋做了一个梦，尘土漫天，众人都以为不利，而刘基却说："这是获得疆土和百姓的吉象，所以应当停刑等待。"朱元璋很高兴，就将无辜的囚犯全部交给刘基释放了，周围很多地方听到了朱元璋的仁德，纷纷来降，这样果然得到了很多土地，大家更加相信刘基知天文、算人事。

一次朱元璋外出，刘基和左丞相李善长一起留守京城，中书省都事李彬因贪图私利，纵容下属而被治罪。他是李善长的亲信，李善长希望从轻发落。刘基却认为李彬罪大恶极，按法应诛，就派人快马报知朱元璋，在祈雨之时将李彬处死了。因为这件事，刘基与李善长开始不和。李善长便向朱元璋告状，说刘基在坛土遗下杀人，是不敬之举。那些平时怨恨刘基的人也纷纷诬陷刘基。当时正逢天旱，朱元璋要求诸臣发表意见。刘基上奏说："士卒亡故者，他们的妻子全部迁往他营居住，共有数万人，致使阴气郁结。工匠死后，腐尸骨骸暴露在外，将投降的吴军将吏都编入军户，便足以协调阴阳之气。"朱元璋采纳了他的意见，但之后并未下雨，便对他产生了不满，认为他欺骗了自己。刘基自然知道伴君如伴虎的道理，正好老妻身体欠佳，便以此为由请假回家了。

[第四十七章] 执道知天下

　　后世传颂刘基，总是将其说得神乎其神，无所不能，无所不知。其实，现在看来他只不过是掌握了一些规律，即老子所说的"道"。元朝无道，是以"算出"天下将大乱了；他看出朱元璋的野心和实力，故而说他有"帝王之相"；至于因解梦、祈雨而释放冤狱、减免刑罚，则更是按照"道"而办事了，只不过他在其中加入了一些鬼神梦幻的传闻罢了。也正是因为这样，他后来的预言下雨并未成功。

　　所以说，传说中的那些能"上知天文，下知地理，中知人事"的人，并非是他们能通神，而是他们懂得了一些自然万物的规律，懂得了"道"，如老子所说的"不出户，知天下；不窥牖，见天道"而已。

第四十八章
无为无不为

"为学"和"为道"是不同的,求道之人应减少主观妄念,保持虚静、朴实,达到无为无不为的境界。治理天下之道也是如此,如果肆意妄为就不配治理天下。

原 文

为学日益①,为道日损②,损之又损,以至于无为。无为而无不为③,取天下常以无事④;及其有事⑤,不足以取天下。

注 释

①为学日益:求学的人,外界知识越来越多。
②为道日损:求道的人,主观妄念越来越少。
③无为而无不为:不妄为,就没有什么事情做不成。
④取:治、教化之意。无事:无为,无扰攘之事。
⑤有事:有为,以政令扰民。

译 文

求学的人,其学问知识一天比一天增加;求道的人,主观妄念则一天比一天减少。减少又减少,到最后达到"无为"的境地。如果能够做到无为,任何事情都可以有所作为。治理国家的人,要经常无为为治国之本,如果经常以政令扰害民众,那就不配治理国家了。

经典解读

"为学"是为了获得更多的外在经验知识,这些知识越积累就越多,所以那些大儒才日复一日地求新、求知,还要"时习之"。求道则不能如此,为道者应该每日减少自己的主观妄念,力求达到虚空、平静,如此才能得"道",才是真正的大智慧。

有人将老子所说的"学"看为"仁义礼智"等内容,认为"为学日益,为道日损",是老子对"礼"等做的批判。这种说法虽然合乎老子一贯的观点,却显得狭隘,没有说出老子对其他的知识的看法,未必是老子的本意。

其实,在文中老子只是陈述了"为学日益"的一个事实,并未对其进行批判,也并未表示反对的观点。"为学"、"为道"可以看成是了解这个世界的两个方面,"为学"就是不断发现其中的新知识、新事物、新变化。"为道"就是不断思考这些事物的本源,思索万物变化的基本规律。"为学"了解的知识太多就会让人们产生更多的想法、欲望,这样人就容易在茫茫世界中迷失,而"为道"所进行的思考、反思,就是为了防止人们迷失,让人们不背离自己的根本。就像放风筝一样,"为学"使之高飞,"为道"使之不脱离绳索。

主观妄念不断被消除,就会达到"无为"的境地,掌握了事物发展的规律,不妄为进行干涉,如此则无不为,做什么都可以,什么都可以做成功。统治者只有采取无为而治的方针,不妄用政令干涉百姓,才能管理好天下。无为而治的内容,老子已经多次论述,不再赘言。

这里需要值得指出的是,"为道"是必须的,但"为学"也不能缺少。老子提倡"绝学无忧",但不可能人人都是如此。巢父、许由这些隐士固然是得道高人,但如果人人都隐居,社会就无法发展了;人人都安于清贫,无所作为,那社会必将变得一片萧条荒凉。我们在认识到现在社会发展的问题时,要有一个前提,那就是社会向前发展的大势是没有错的。"为学"使人们知识越来越多,它增长了人们心中的私欲、妄念,但也正是它,正是因为有了喜怒哀乐,有了善恶丑美,世界才变得多姿多彩起来。

无为而治是老子心中的理想统治方法,但在乱世中无为而治并不能发挥作用。相反那些心怀"机诈"的统治者,才能创立不世的功勋。李世民发动宣武门之变、宋太祖陈桥兵变、康熙智擒鳌拜,哪一个不是利用巧诈而成功的呢?历史大部分时间处于老子所说的"无道之世"中,一味地理想化反而导致失败。

南唐李煜、西蜀孟昶倒是整天饮酒作乐，无所作为，反而都丢了江山，丢了性命。

外部的经验和内心的虚空，看似矛盾，其实并不矛盾。我们常常说一个人"经历沧桑，却保持一颗童心"、"看尽花开花落，任由云卷云舒"不就是这样的一种和谐吗？在生活中，我们既要"拿得起"，即"为学日益"，又要"放得下"，即"为道日损"，如此才能使人生更加多姿、生命更加精彩，而又不会在滚滚红尘中迷失方向。

哲理引申

天地之所以能容纳万物，是因为其中保持空虚；大海之所以不枯竭，是因为有河川源源不断地注入。为学之道也是如此，老子说"为学日益"，如何才能日益呢？一方面就是每天不断进取，另一方面是保持一颗谦虚谨慎的心，体悟"逆水行舟，不进则退"的道理。

"铁杵磨针"的故事大家都听过。李白小时候不爱学习，一次在嬉玩中看到一个老婆婆在磨一根铁棒，李白问她这是为了什么？婆婆说想把铁棒磨成绣花针。李白深受震动，体会到"只要功夫深，铁杵磨成针"的道理，从此发奋苦学，最后成了唐代最著名的大诗人之一。古人治学很重视这个道理。北宋诗人黄庭坚就曾说："三日不读书，便觉语言无味，面目可憎。"

懒惰是治学的第一个敌人，而自大就是治学的第二个敌人。很多人读了一些书便自以为是，自作聪明，殊不知天外有天，人外有人，知识的海洋是永远没有止境的。只有那些时刻保持谦虚的人，才能不断提高。

孔子就要求弟子们在治学过程中时刻保持谦虚。有一次，孔子带着几个学生到庙里去祭祀，刚进庙门就看见座位上放着一个引人注目的器具，据说这是一种盛酒的祭器。学生们看了觉得新奇，纷纷提出疑问。孔子没有回答，却问寺庙里的人："请问您，这是什么器具啊？"守庙的人一见这人谦虚有礼，也恭敬地说："夫子，这是放在座位右边的器具呀！"于是孔子仔细端详着那器，口中不断重复念着："座右"、"座右"，然后对学生们说："放在座位右边的器具，当它空着的时候是倾斜的，装一半水时，就变正了，而装满水呢？它就会倾覆。"听了老师的话，学生们都不知老师所指为何。孔子看出大家的心思，就要学生们打来了水。往器里倒了一半水时，那器具果然就正了。继续往器具里倒水，器具中刚装满了水就倾倒了。孔子说："倾倒是因为水满所致啊！"弟子问：

"怎样才能不被倾倒?"孔子语重心长地说:"聪明的人,应当用持重保持自己的聪明;有功的人,应当用谦虚保持他的功劳;勇敢的人,应当用谨慎保持他的本领……这就是说要用退让的办法来减少自满。"学生们才恍然大悟为何人们要将这容器放在座右。

古希腊的著名哲学家苏格拉底,每当被称赞学识渊博、智慧超群的时候,总谦逊地说:"我唯一知道的就是我自己的无知。"牛顿,人类历史上最伟大科学家之一,对于自己的成功,他总是谦虚地说:"如果我看得远一点,那是因为我站在巨人的肩上的缘故。"他还将自己比喻成一个在海滨玩耍的小孩子,认为自己只是"有时很高兴地拾到一颗光滑美丽的石子儿,真理的大海还是没有发现"。

正如老子后面所说的"知者不知",学识越渊博的人越会知道自己的缺陷,"学然后知不足"。其实"为学"的人,也时时刻刻都在"为道"。他们在不断追求纷繁的知识之时,时刻保持谦虚的心,不断进取的精神,这正是"道"所具有的美好品德。

第四十九章
圣人常无心

圣人是没有私心的,他们不能有自己的主观意愿,而应该时刻想着百姓的意愿。只有如此才能得善、得信,才能治理百姓,让他们回归到淳朴无欲的状态。

原 文

圣人常无心①,以百姓之心为心。善者,吾善之;不善者,吾亦善之,德善②。信者,吾信之;不信者,吾亦信之,德信。圣人在天下,歙歙焉为天下浑其心③,百姓皆注其耳目④,圣人皆孩之⑤。

注 释

①无心:没有私心。
②德善:"德"通"得"。
③歙歙焉:收敛意欲状。浑其心:使人心思化归于浑朴。
④百姓皆注其耳目:民众都注目、倾听圣人的言行。
⑤圣人皆孩之:圣人使百姓们都回复到婴孩般纯真质朴的状态。

译 文

圣人是没有私心的,以百姓的心为自己的心。对于善良的人,善待于他;对于不善良的人,也善待他,这样就可以得到善良了。对于守信的人,信任他;对不守信的人,也信任他,这样可以得到诚信了。圣人治理天下,收敛自己的欲意,使天下百姓心思归于浑朴,百姓们都注目、听闻他们的教化,圣人使百姓回到婴孩般纯朴的状态。

经典解读

《礼记·礼运篇》云：大道之行也，天下为公。在本章中老子也提出了同样的观点，即"圣人常无心"。老子所说的无心，并非完全没有想法，而是没有"私心"，他们以百姓的心为心。正如孟子所云：乐民之乐者民亦乐其乐，忧民之忧者民亦忧其忧。乐以天下，忧以天下，而不王者，未之有也。

一个统治者，如果怀有私心，掌握权力只为谋取私利，放纵私欲，这样的人是不配治理天下的。所以，夏桀筑倾宫、饰瑶台、做琼室、立玉门，最后被流放于南巢；帝辛建鹿台、造酒池、悬肉为林，最后自焚而死；隋炀帝大兴土木，穷游极乐，最后死于乱兵之手。而得道的统治者，乐人之乐，忧人之忧，其行而民从之，其言而民听之，待其死则人民如丧考妣。

圣人不是普通的百姓，而是天下的统治者，是人们效仿的对象，他的一言一行百姓都会看在眼中。统治者为善，善待百姓，百姓就会向善，社会就会和谐；统治者使用诈巧，百姓就会丧失道德廉耻，投机取巧，乱法败德，无恶不作；统治者虐待欺骗百姓，百姓也就会残暴鲜耻，为非作歹。《论语》中说的"君子德风，小人德草"，《大学》中说"君子有絜矩之道"都是这个道理。因此，圣人治理天下之时，只有摒弃私欲，才能使百姓也效仿他，摒弃私欲，做到"无知无欲"、"如婴孩"。

汉朝初年，保留了很多残刑酷法。汉文帝四年（前176年）时，有个叫淳于意的人犯了过错。按照刑法，他应该接受肉刑。他的小女儿缇萦上书说："我的父亲做官吏，齐国的人都说他清廉公平，如今犯法应当获罪受刑。我为死的人不能复生而感到悲痛，而受刑的人不能再改过，即使想改过自新，也没有办法了。我愿意舍身做官府中的女仆，来赎去父亲的罪过。"汉文帝听了十分感动，于是立刻免去了这种残酷、不人道的刑罚。文帝为官之时，对身边人说："百官的过错应该由我一个人承担。我得以执掌帝位，既不聪敏又不明智，却独自享受神灵的降福，百姓却什么也享受不到，这就加重了我的无德。现在命令祭祀官员要向神献上敬意，不要为我自己祈求什么。"他本人生活简朴，还时常关心百姓的生活，遇到灾荒之时，就下令政府开仓放粮，救济百姓。正是因为汉文帝这样，总是将百姓的心当成自己的心，才使西汉迅速走出混战的阴影，开创了著名的"文景之治"。

唐太宗李世民，也是个关心百姓的明君。他自我克制，虚心纳谏，并采纳了很多以农为本的意见，厉行节约，休养生息，文教复兴，完善科举制度，取得了"贞观之治"的伟大成就。

哲理引申

普通人整日为生活所忙碌，声色犬马之害接触的不多。而那些贵族富豪则有大把的时间消遣娱乐，有大量的财力供其挥霍，尤其是皇帝，万人之上，一旦荒淫起来，可以随意妄为，无人可制。也正是这样，古今中外出了很多荒淫无道，沉湎于声色的昏庸之君。

北宋末期，完颜阿骨打在北方建立了金国，金国灭辽、灭北宋强盛一时，但到了第三代皇帝，金熙宗沉湎酒色，致使腐败之风日烈，他本人也因为喜怒无常、荒于酒色、嗜杀成性，而众叛亲离。于是，皇统九年（1149年）金朝发生政变，金熙宗被弑，二十七岁的海陵王完颜亮登上了皇位。

完颜亮即位之初颇有建树，他推进女真汉化进程，大批起用渤海、契丹、汉人人才，以扩大政权的基础，巩固统治；在燕京（北京）建立新的都城，称为中都，并将政治中心南迁，加强了金朝对南部的控制。他在政治经济等多方面进行改革，罢世袭万户职，以改变贵族"子孙相继"，专揽威权状况；仿中原王朝制度，设国子监以教育生员；对科举进行改革；印制交钞，与铜钱并行；补订法律，加强国家治安。除此之外完颜亮还颇有文采和壮志，他对汉文化极其推崇，在做藩王时，他给人题写扇面，其中有"大柄若在手，清风满天下"之句，志向非凡跃然纸上。一日，完颜亮进入妻子居室，见瓶中木樨花灿然而放，溢彩流金，乃索笔为诗曰：

绿叶枝头金缕装，秋深自有别般香。

一朝扬汝名天下，也学君王著赭黄。

诗中所见文采和气度都非常人可比。据说他读罢柳永的《望海潮》一词："东南形胜，三吴都会，钱塘自古繁华……有三秋桂子，十里荷花"，"遂起投鞭渡江、立马吴山之志"，即兴题诗称：

万里车书一混同，江南岂有别疆封？

提兵百万西湖上，立马吴山第一峰。

后来伐宋之时，他又作了一首《念奴娇·雪》，该词韵苍凉，文思奇诡，实为古来咏雪诗词中的上乘之作。时人称他"一吟一咏，冠绝当时"，连江南饱学之士看到他诗词都不得不叹服,说:"北地之坚强,绝胜江南之柔弱。"

可惜这样的一个颇有作为,又文采斐然的君主却成了史上声名最为狼藉的皇帝。这是因为完颜亮极度腐化、荒淫的生活。他曾对大臣高怀贞说他的志向:"吾有三志,国家大事,皆我所出,一也;帅师伐远,执其君长问罪于前,二也;得天下绝色而妻之,三也。"在这三个志向的驱使下,完颜亮一方面撕毁与南宋合约,厉兵秣马准备南侵;一方面在生活上纵欲荒淫,沉湎于声色。

《醒世恒言》上就有一篇《金海陵纵欲亡身》的故事,记载了这位聪明天子,贪淫无道、蔑礼败伦、身死国失的事。当他未登上帝位之时,妾媵不过三四人,做了皇帝以后,为了满足自己的欲望,妃子就多达十二人,其他昭仪、美人、才人、无封号者数以百计。他大兴宫殿,宫殿中遍布黄金,锦帐延绵,绫罗绸缎如荼如火,宫殿建设若不合其意,便毁掉重建,花费亿万不止。他后宫妃嫔众多还不满足,若见到美色佳人必定想方设法与之私通,甚至为了夺人之妻,枉杀无辜大臣。一时间,满朝人心惶惶,皆以美色为祸。

他听说济南尹乌禄的妻子乌林答氏姿色美貌,想与之私通,但乌林答氏行为端谨,令其无隙可乘。于是完颜亮就威逼乌禄将妻子进献给他,乌禄对妻子十分宠爱,但完颜亮是皇帝,他不知所措。乌林答氏说:"我若不去淫贼必然会加害夫君,我自有办法,既不连累夫君,又不辱我清名。"于是含泪而行,为了保持名节她在路上自刎而死。此事令乌禄对完颜亮恨之入骨。

完颜亮又听闻南宋刘贵妃美色天下绝伦,就立刻起兵南侵,他这种为了个人欲望而横起战端的行为,受到了朝野反对。但他不以为意,大肆征召工役沿长江造战船,毁坏居民房屋以求取木材,视人命如草芥。终于,国内发生叛变,宗室官员们推举对完颜亮恨之入骨的曹国公乌禄为帝,即后来的金世宗。完颜亮听到政变的消息后,召集军队,准备北归,但天下人早已对他恨之入骨,军队哗变,完颜亮也被叛军所杀。完颜亮在临死之前还在叹息自己征服天下的大志未能完成,可惜这样一位聪明天子至死也没能明白,正是他的那些私欲害死了自己。

第五十章
摄生之道

有人长寿，有人命短。那些夭折早亡之人，大多有两类，一类是因为不珍惜生命，行动不慎，进入了"死地"，一类是因为过于珍惜生命，反而适得其反，妨碍了生命。只有践行清静无为、任性自然的养生之道才能生存长久。

原　文

出生入死①，生之徒②，十有三③；死之徒④，十有三；人之生，动之于死地⑤，亦十有三。夫何故？以其生生之厚⑥。盖闻善摄生者⑦，陆行不遇兕虎，入军不被甲兵⑧。兕无所投其角，虎无所措其爪，兵无所容其刃。夫何故？以其无死地⑨。

注　释

①出生入死：出世为生，入地为死。

②生之徒：长寿之人。

③十有三：十分之三。

④死之徒：夭折早死之人。

⑤人之生，动之于死地：此句意为人本来可以长生的，却意外地走向死亡之路。

⑥生生之厚：由于求生的欲望太强，营养过剩，因而奉养过厚了。

⑦摄生者：摄生指养生之道，即保养自己。

⑧入军不被甲兵：战争中不被杀伤。
⑨无死地：没有进入死亡范围。

译 文

　　人始出于世而生，最终入于地而死。属于长寿的人有十分之三；属于短命而亡的人有十分之三；人本来可以活得长久些，却自己走向死亡之路，这样的人也占十分之三。为什么会这样呢？因为奉养太过度了。据说，真正善于养护自己生命的人，在陆地上行走，不会遇到凶恶的犀牛和猛虎，在战争中也受不到武器的伤害。犀牛于其身无处投角，老虎对其身无处伸爪，武器对其身无处刺击锋刃。为什么会这样呢？因为他没有进入死亡的领域。

经典解读

　　天生万物，有朝夕而亡的，有千年而不朽的。人生在世，有长命百岁的，有夭折早逝的。长生长寿是所有人的愿望，即使那些一生修道者也不能完全漠视死亡，否则又何必炼丹、又何必养气。故而王羲之在《兰亭集序》中感慨："一死生为虚诞，齐彭殇为妄作。""死生亦大矣！"

　　虽然人人都知长寿之好，可惜并非人人能够得到长寿。本章中老子就说"生之徒，十有三"，即真正能算得上长寿的也不过十之三四而已。那么，为何人人都向往长寿，大部分人却不能长寿呢？老子认为主要有两种原因：一是，动之于死地，即行动不慎自取灭亡；一是，生生之厚，即过于爱惜生命，反而适得其反。

　　行为不慎自取灭亡的人，并非不知道生命的可贵，而是因为外欲的吸引，而疏忽了生命的重要性。因为具有外欲，所以导致内心狂放，忘记慎重安全。所以，王弼在为这段话注释的时候写道：蚖蟮认为深渊还不够深，于是在其中凿穴居住；鹰鹯认为高山还不够高，于是在上面增筑巢穴。这些地方，弓箭射不到，渔网够不着，可以说是处于不死之地了。可是因为欲望，它们"触矢而毙，贪饵吞钩"，终入于死地。争夺抢掠，斗狠涉险，驰骋畋猎，游冶攀爬都是导致人们"动之于死地"的因素。故而修道、修禅之人无不要求，节欲、空心。

　　一个人，如果爱惜生命，一定不能被眼前的利益，欲望所迷惑。古人云：君子甚患无故之利。孔子说：危邦不入，乱邦不居。孟子说：君子不立于危墙之下。都是告诫人们要知道远离危害，谨守善地。但历史上无数人，为贪欲而入死地，为色欲而入死地，为虚名而入死地，为权力而入死地……

还有些人因为过于爱惜生命，却适得其反。比如，那些天天做保健，整天药不离口的人，反而常常得不到健康，而那些在田地间耕种，似乎从来不知道呵护身体的人，反而身体倍儿棒。成天吃大鱼大肉、成天喝营养饮料的人，往往身体不如吃粗茶淡饭、饮白开水的人。养生应该顺应身体的自然规律，过分的营养、呵护，不仅不会带来好处，反而会伤害人的本性，损害人的身体。

这一点在养护、教育幼儿上很有启发意义。有些家庭就是对孩子呵护过度，而导致教育的失败。教育出的孩子，不仅身体虚弱，干点什么都干不了，反而一离开了往日的呵护，就会闹毛病。曾经有报道，一个孩子经常闹毛病，怎么也找不出原因来，后来医生通过对其生活习惯进行了解才知道，家人从小就给孩子极精细的呵护，家里一尘不染，出去蒙得严严实实的，这样反而将孩子弄成了温室里的花朵，一和外界接触就适应不了。而那些在田间玩耍的孩子，满手是泥，满地打滚，长大了却大多十分健康。

所以说，人不能因为外欲而忘记了自己身体的安危，也不能太过关注生命，而导致过犹不及。所以说保持清淡、宁静、顺其自然最好。老子生逢春秋乱世，在当时战乱纷纷，统治者为了私欲而肆起干戈，他们自己锦衣玉食、纵欲奢靡，而百姓却处于战火之中，兵戈之下。这正是老子所说的危害生命的两个极端。因此他主张不要发动战争，也不要奢侈无度，而是清静无为、恪守"道"的原则，不妄为，不伤害别人，他希望人们能够做到少私寡欲，清静质朴、纯任自然。

哲理引申

有无、美丑都是相形相依的，得失、祸福也正是如此。你把心思放在一件事上，必然会忽略其他的事情，你得到了一些东西必然会错过另外的一些。面对纷繁世界，各种诱惑，我们该如何取舍呢？用老子的话说就是"恒使无欲"，就是因为有了太多的欲望，权力欲、金钱欲、美色欲、美味欲……人才会不断感到疲劳，感到巨大的压力。欲望过多、患得患失的心态，是痛苦的重要源泉，孔子也曾对其进行过批判："其未得之也，患不得之；既得之，患失之。苟患失之，无所不至矣！"可见在孔子眼中，患得患失也是为恶堕落（无所不至）的罪恶之源。

纣王，是小说《封神演义》中有名的昏君，他是商朝末代君王，史书上一般称之为帝辛。《荀子·非相篇》说帝辛"长巨姣美，天下之杰也；筋力超劲，百人之敌也"。《史记·殷本记》也说"帝纣资辨捷疾，闻见甚敏，材力过人，手格猛兽"。可见，帝辛天资聪颖，闻见甚敏，稍长又材力过人，有倒曳九牛之威，具抚梁易柱之力。

帝辛才资出众深得其父帝乙的欢心，于是被立为继承人。帝辛继位后，重视农桑，发展生产，国力强盛。他对东夷用兵，打退了东夷向中原扩张的势头，特别是讨伐徐夷的胜利，把商朝的国土扩大到山东、安徽、江苏、浙江、福建沿海。

开始他还能选贤任能，合理治理天下。但取得一定成绩后，这位君王开始骄横起来，变得刚愎自用，听不进谏言，以为天下没有人能高过自己。同时，生活上也开始奢侈起来，筷子换成象牙的，杯子换成犀玉的，吃旄象豹胎，穿九重锦衣，大肆兴建广厦高台。尤其是建设鹿台，随意挥霍国家财物，消耗民力。为了满足自己的色欲帝辛还强迫诸侯国向其进献美女歌姬，其宠妃妲己就是这个时候被献到纣王面前的。

得到妲己之后，纣王荒废朝政，整日在鹿台之上饮酒听乐，让妇女倡优裸着身子，跳互相追逐的"北里舞"，以取笑乐。每到秋高气爽，他便陪着妲己到西山一带去打猎，有时十天半月也不回来。为寻找乐子，取悦妲己，他断朝涉之胫，剖孕妇之腹，做长夜之饮。对鬼神的祭祀也便怠慢起来。帝辛生活日益奢侈，赋税不断加重，天下百姓民不聊生，而鹿台的府库，却装得满满的。百姓日益怨望，诸侯渐有离心。于是纣王便采纳妲己的建议，以炮烙之刑镇压人心，还将敢于直言进谏的宗亲比干剖心杀死。

帝辛的荒淫残暴使贤臣纷纷出走，而小人更加投其所好，狼狈为奸，诸侯纷纷反抗殷朝的统治。周武王趁机对天下宣布帝辛的各种罪行，誓师伐纣，天下诸侯云从影随，在牧野一带打败商君。骄傲残暴的纣王见大势已去只好在鹿台举火自焚。

帝辛资质出众，也取得了很多的成绩，但就是因为过于沉湎于自己的欲望，贪欲、色欲、享乐欲、田猎欲……从而导致帝国灭亡，宗庙陵迟，成为史上暴君的典型。海纳百川有容乃大，壁立千仞无欲则刚，"多欲"为败国亡身之根本，不可以不慎重对待。

第五十一章
尊道贵德

"道"生长万物,"德"养育万物,但"道"和"德"并不干涉万物的生长繁衍,而是顺其自然。万物长成以后,又不居功,"生而不有,为而不恃,长而不宰"。统治者也应效法"道":一方面要求能够不妄为,无为而治。另一方面能够"不居功",让百姓觉得"我自然"。如此,才能得到人民的尊重、敬爱。

原 文

道生之,德畜之,物形之,势成之①。是以万物莫不尊道而贵德。道之尊,德之贵,夫莫之命而常自然②。故道生之,德畜之,长之育之,成之熟之;养之覆之③。生而不有,为而不恃,长而不宰,是谓玄德。

注 释

①势:万物生长的自然环境。一说:势者,力也;一说,对立。
②莫之命而常自然:不干涉或主宰万物,而任万物自化自成。
③养:爱护、养护。覆:维护、保护。

译 文

道生成万事万物,德养育万事万物。万事万物表现出各种各样的形态,因所处的自然环境而生长、成熟。故此,万物莫不以道为尊,以德为贵。道之所以被尊崇,德所以被珍贵,就在于道和德无为自然,不主宰、干涉万物,而是让万物完全顺应自然规律成长壮大。因而,道生长万物,德养育万物,使万物

[第五十一章] 尊道贵德

生长发展，成熟结果，使其受到抚养、保护。生长万物而不据为己有，抚育万物而不自恃有功，导引万物而不主宰，这就是"玄德"。

经典解读

在第三十八章中，老子详细论述了"道"与"德"的关系，在这里继续论述它们同万事万物的关系。"道"生成万物，它是万物的本源。"德"是"道"的化身，是"道"的人世间的具体作用，它养育万物。万物表现出各种形态，在自然的环境中能够生长、成熟都是"道"以及它外化的"德"的作用。因此万事万物无不以它们为尊、为贵。

第二十五章，谈到过"道法自然"，即道纯任自然，本来就是如此的，因此依"道"而生长、运行的万物也应该纯任自然，不应该对它们进行人为的干扰或妄图主宰它们。对于统治者来说，要合于"道"，不失"德"，能够采取无为而治的政策。思民之所思，解民之所忧，长之，育之，养之，覆之，为他们生长、成功创造顺利的条件，而不妄为主宰；功成以后，也不可自以为有功，自以为人民之主。

《孟子》中也说："兵役徭役不妨害农业生产的季节，粮食便会吃不完；如果细密的鱼网不到深的池沼里去捕鱼，鱼鳖就会吃不光；按季节拿着斧头入山砍伐树木，木材就会用不尽。粮食和鱼鳖吃不完，木材用不尽，那么百姓便对生养死葬没有什么遗憾。百姓对生养死葬都没有遗憾，就是王道的开端了。"

虽然，他们所持的治国理念有所差异，但在不妄为干扰百姓，不违背自然规则，顺应人民性情养育他们、引导他们、教化他们上却是一致的。只有如此才是合乎"道"、合乎"德"的。而那些利用战争暴力掠夺百姓，利用严刑酷法使他们顺从，利用人为限制防止他们迁移的则都是拂人之性的，这样的统治者也早晚会被人们抛弃。

哲理引申

老子指出"道"和"德"之所以受到人们的尊重，是因为它们抚养万物、保护万物，却不将功业据为己有。世界上最大的德行，就是默默进行、不求回报地付出。天地覆育万物、承载万物，从来不要求生活在其中的生物给它们什么回报，所以人们敬畏天地自然，对它们充满了无尽的崇拜；父母抚育子女、保护子女，从来不要求子女有什么回报，所以世人都知道父母是最亲近的人，是最应该得到尊重的人。

209

真正的道德应出于内在的为善之心，绝不可以怀着功利的目的，为了求得回报而虚伪行善。这也是老子所说的"上德无德，是以有德"。虚伪的行善，表面对人客客气气，为他人着想，背地里却考虑的都是自己的名声，盘算着如何得到对方的回报，这不是道德，而是孔子口中的"乡愿"。孔子说："乡愿，德之贼也！"孟子解释说，乡愿之人"同乎流俗，合乎污世，居之似忠信，行之似廉洁，众皆悦之，自以为是，而不可与入尧舜之道，故曰'德之贼'也。"这样的人表面上看似行事符合道德，其实完全出于自私自利的目的，实际上是将道德引入了错误的方向，给人们做出了不好的表率。历史上这样的事、这样的人都很多，比如公子光厚待专诸、严仲子厚待聂政，他们行善事是为了让别人为自己卖命，所以即使付出再多，后人也不会称赞他们有道德，反而认为他们阴险奸诈。故《菜根谭》中说道："君子而诈善，无异小人之肆恶。"

有目的的伪善，求回报的施舍都是君子所不齿的。真正的有道德之人，行善良之事，完全是出于恻隐之心、道义之心，他们将行善当成一种使命，能够在帮助别人之中实现自己的人生价值，取得乐趣。雷锋之所以能够长时间成为人们的学习楷模，就是因为他有一颗真正的助人之心，将服务于社会、服务于他人当作一件快乐的事，帮助别人之时从来不求回报，甚至很少留下姓名。

战国之时的鲁仲连就是一个助人不求回报的君子。秦国在长平之战中打败了赵国，将数十万赵军降卒坑杀，这让鲁仲连看到了它残暴的本性。当时，赵国内外很多人都提出让赵国降服于秦国，与秦国媾和、向秦国称臣纳贡，赵王犹豫不决。鲁仲连看到这种情形，毅然投入了反对与秦国媾和的队伍中。他奔走于诸侯各国，号召大家联合起来，反对残暴的秦国，并在赵王面前亲自和主张投降的大臣辩论，最终说服了赵王，保住了赵国的几个城池，并让诸侯们看清了秦国残暴的面目。事后，赵国君臣准备报答他，鲁仲连却连忙逃走，称："所贵于天下之士者，为人排患、释难、解纷乱而无所取也。即有所取者，是商贾之人也，仲连不忍为也。"也就是说天下士人之所以受到敬仰，正是因为他们能够为人排除患难、解除纷乱而不求回报，如果做了好事却接受回报，那就成了出卖自己行为的生意人了，还怎么能够称为士人君子呢！

真正行善的人，是从来不求回报的。他们为善的唯一目的就是帮助别人，让这个世界变得更加美好。整个世界都美好了，生活在其中的人，谁不会受益呢？他们即使不想得到回报，可以吗？

第五十二章
知其子，守其母

天下自然万物的生长和发展有一个总的根源——母，即作为万物本源的"道"，它是世间规律的共性方面。"道"又衍化出事物不同的方面——子，即世间规律的个性方面。人应该从万物变化中去追索其共性，把握最基本的原则。同时也应该认识到它们的个性，不至于僵化，教条。这样才能"既知其子，复守其母，没身不殆"。

原　文

天下有始①，以为天下母②。既得其母，以知其子③；既知其子，复守其母，没身不殆。塞其兑，闭其门④，终身不勤⑤。开其兑，济其事⑥，终身不救。见小曰明⑦，守柔曰强⑧。用其光，复归其明⑨，无遗身殃⑩；是为袭常⑪。

注　释

①始：本始，指"道"。
②母：根源，指"道"。
③子：派生物，指由"道"所产生的万物。
④塞其兑，闭其门：兑，指口，引伸为孔穴；门，指门径。此句意为：塞住贪欲的孔穴，闭上欲念的门径。
⑤勤：劳作，含有劳扰的意思。
⑥开其兑，济其事：打开贪欲的孔穴，增加纷杂的事件。

⑦见小曰明：小，细微。能察见细微，才叫作"明"。
⑧强：强健，刚强。
⑨用其光，复归其明：光指功用，明指根本、本体。发挥其功用，又不丧失其根本。
⑩无遗身殃：不给自己留下麻烦和灾祸。
⑪袭常：因顺常道，得到常道。

译　文

天地万物本身都有起始，这个始作为天地万物的根源。如果知道根源，就能认识万物；如果认识了万事万物，又不背离根本，那么终身都不会陷入危险。塞住欲念的孔穴，闭起欲念的门径，终身都不会有烦扰之事。如果打开欲念的孔穴，就会增添纷杂的事件，终身都理不清头绪。能够察见到细微的，叫作"明"；能够持守柔弱的，叫作"强"。运用其光芒，返照内在的明，不会给自己留下灾祸，这就是得到了"常道"。

经典解读

"道"是天地万物万事之本源，万事万物都是依从着"道"来运行的。因此，我们可以从宇宙万物的运行规律中来总结"道"，故而《大学》中有言：物有本末，事有终始，知所先后，则近道矣。前面篇章中也有"执古之道，以御今之有"。反过来，人们也可以通过总结、归纳、"悟"出的"道"，来推测世间万物的发展，平常所说的"以故知新，以已察人"，"月晕知风，础润知雨"都是如此。

"既得其母，以知其子；既知其子，复守其母，没身不殆"。"母"即是万物本源之"道"，是普遍性、共性；"子"即万事万物运行规则之"道"，是特殊性、个性。老子在此指出了共性与个性之间的关系。共性中产生个性，个性中蕴含有共性；掌握了共性，可以推测出个性，掌握了个性，可以总结出共性。所以，世人既要认识世间规律的共性方面，也要认识到其个性的不同，如此才能"没身不殆"。

本章内容和第四十七章、第四十八章内容联系极为紧密，应参照领悟。第四十七章所言内容在这里得到了最好的解释，得其母，可以知其子，即掌握了"道"的普遍性，以后便可以推演出它的特殊性即个性。如此只要悟到了"道"，

[第五十二章] 知其子，守其母

便可以"不出户，知天下；不窥牖，见天道"了。而第四十八章内容也和本章内容相互解释。"得其母，察其子"是什么呢？就是"为道"，以共性察个性，个性万千，而共性只有一个本源，就是"道"，所以心境越宁静，思想越纯朴就越接近"道"，故而说"为道日损"。而"知其子，察其母"是什么呢？就是"为学"，世间规律纷呈，要在这些个性中寻找到最基本的共性，那么知识越多，就越能总结出来，所以说"为学日益"。

"塞其兑，闭其门，终身不勤。开其兑，济其事，终身不救"。兑是人的耳目口鼻等感官，门是心思和欲望之门，勤是指愁苦、烦恼，救是指理清事物的头绪。所以这句话还是告诉人们，外物外欲太多会导致人迷惑、迷失，只有保持虚静，减少欲望才能永远没有忧患。

"见小曰明，守柔曰强。用其光，复归其明，无遗身殃；是为袭常"。大的事物人人都能见到，只有得道者才能发现那些幽隐、细微的变化，这样才能够称为"明"。"柔弱胜刚强"、"天下之至柔，驰骋于天下之至坚"，所以能坚守柔弱的才可以称为"强"。日月因其明而发光，故可以照耀万物，明是根本，光是功用。万事万物，在不离根本的基础上发挥作用才能永远不殆，才能用之不竭。

本章老子在阐述共性、个性之间的关系上，告诉人们既要看到事物的本源，又要发挥其功用。离开本源，人就会陷入迷惘，事物的功用也会用尽。不认识到个性，就不能物尽其用，人不知道这个道理就会陷入僵化、教条之中。

哲理引申

在一定程度上"道"是指规律，它揭示了宇宙间万物的生长衰亡，小到一棵树如何生长、发芽、结果，大到一个国家如何建立、兴盛、灭亡。千百年来人们总结了无数规律，这些"道"指引着人们生活工作的各个方面，衍化成道德、法律、经验、文化知识等不同体系。它们成为人类智慧与思想的源泉，通过这些规律人们更好、更快地适应这个社会，更容易、更迅速地取得成功。但由于时间地点的差异，道并非是一成不变的，可以说"变"也是道的一个重要方面。很多人只能看到"常道"，而不能看到"非常道"，殊不知"常道"未必是"正道"，"非常道"也未必是"误道"。

战国时期，赵国大将赵奢在瘀与之战中大败精锐秦军，奠定了其千古名将的美名。随着赵奢的显赫，他的儿子赵括也被世人所关注。赵括从小就学习兵法，博闻强识，口齿伶俐，谈论起军事常常将他的父亲驳得不知所言，因此他经常沾沾自喜，自以为可比孙武、吴起，当时天下没人能抵得过他。

孝成王七年（前259年）秦军与赵军在长平对阵，赵王派廉颇率兵攻打秦军，秦军几次打败赵军，廉颇领军坚守营垒不出战。秦军屡次挑战，廉颇都置之不理，秦将十分苦恼。这时，秦国使了反间计，花费大量黄金派遣间谍混入赵国境内，秦国的间谍散布谣言说，廉颇无能，秦军当前所厌恶忌讳的就是马服君赵奢的儿子赵括来做将军。赵孝成王对廉颇的失利和固守不出本来就已经十分不满了，因此当听到这些谣言以后，立刻下令让赵括代替廉颇到长平担任赵军总指挥。蔺相如说："大王只凭名声来任用赵括，就好像用胶把调弦的柱粘死再去弹瑟那样不知变通。赵括只会读他父亲留下的兵法书，不懂得灵活应变。"赵王不听还是命赵括为将。

年轻气盛，信心十足的赵括代替廉颇之后，把原有的规章制度全都改变了，把原来的军吏也撤换了。这让秦国大喜，秦昭王立刻让经久沙场的常胜将军白起到长平，并下令："有敢透露武安君白起为将的格杀勿论。"白起到了长平后，便调遣奇兵假装败逃，赵括倾巢出动追击败军，渐渐进入了白起设定好的圈套之中。此时，秦军又派出一队骑兵截断赵军运粮的道路，把赵军分割成两半。赵括发现中计以后，已经无法撤回营地，只得在当地固守待援，随着粮草的耗尽，赵军士卒离心，饥饿的士兵甚至相互残杀，发生了人吃人的事件。待援无望的赵括，屡次反击都不能攻破秦军营垒，于是亲自带领精兵发动最后的冲锋，在战场上被秦军射死。赵括死后，四十余万赵军投降秦军，全部被活埋，赵国大伤元气，多亏楚国、魏国军队来援救才得以解除亡国之灾。

兵法，是无数才智绝伦的军事家在战场上总结出来的规律，它们可以指导将军如何用兵作战，在一定程度上只有遵循这些"道"，战争才能取胜。赵括熟读兵法，自以为得了战争之道的真谛，殊不知，战场、时间、敌我力量、外交环境都是在不断转变的，因此，"道"也是在不断变化的，赵括只知道守着书本之上的老规矩，哪能不兵败身死呢？相反，真正悟得战争之道的人，在战场之上则会灵活变通，依据当前形式来阐述道的真正涵义。

第五十三章
贼民者盗

统治者的欲望无度，造成了人民的苦难，造成了世界上的不公平。老子揭露了一些社会上存在的矛盾现象，对那些违道害民的统治者进行了严厉的批判，并指出盘剥残害百姓有如大盗。

原　文

使我介然有知①，行于大道，唯施是畏②。大道甚夷③，而人好径④。朝甚除⑤，田甚芜，仓甚虚，服文采，带利剑，厌饮食⑥，财货有余，是谓盗夸⑦。非道也哉！

注　释

①介然有知：介，确实。确实有智慧。
②施：邪、斜行。
③夷：平坦。
④人：人君。径：小路、邪径。
⑤朝甚除：宫殿很整洁。
⑥厌饮食：厌，饱足、满足、足够。饱得不愿再吃。
⑦盗夸：大盗、盗魁。

译　文

假如我真的是有智慧的，就将沿着大道而行，唯恐走了邪路。大道虽然平坦，但人君却喜欢走邪径。宫殿打扫得清净整洁，却弄得农田荒芜，仓库空虚，而人君仍穿着锦绣的衣服，佩带着锋利的宝剑，享受精美的饮食以致生厌，他们刮敛的财货用都用不完，这就叫作大盗的行径。这是多么无道啊！

经典解读

"朱门酒肉臭，路有冻死骨"，自古以来，世事皆然。老子正是看尽了世间的不公与人民的苦难，所以发出了"非道也哉！"的哀叹。

《孔子家语·七十二弟子解》记载，在子游做武城邑宰的时候，孔子问子游，这里有没有贤人？子游回答说："有澹台灭明者，行不由径，非公事不见卿大夫。"在古人眼中，一举一动都代表着一个人的操守。行路之时，要沿着大路前行，不走斜径小路。在人生的道路抉择上，也应如此，坚守正道是一个人的根本，而邪行则会带来灾难。在老子眼中，"大道"，就是回归于"道"，守虚、守下、守辱、不争，作为一个统治者不仅仅在个人修养上如此，还得爱惜百姓，养之育之，教之化之，不损其生，不害其性，使他们也回归于"道"。《诗》上将这种统治者形容为"恺悌君子，民之父母"。

可是世上的统治者，大多不是这样的，他们不坚守着大道，反而专行邪僻小路，因为自己的贪欲而残害百姓，因为自己的妄为而危害百姓。他们劳废民力修建高墙华屋，将自己的宫殿打扫得干干净净的，却任由百姓的田地荒芜；他们自己剥夺无数的财宝珍玩，却让百姓的粮仓空罄；他们自己锦衣玉食、美酒佳肴，百姓却衣不蔽体、食不果腹；百姓哀鸿遍野，人君却游乐无度，甚至为了满足自己的欲望而肆起干戈。老子愤怒地形容这些不知大道的统治者，说他们不是民之父母，而是窃国大盗。

这种表面上是人君，其实却残害人民、剥削人民的人，历来就受到思想家们的批判。即使最讲究名分和礼仪的儒者们也将其视为民贼。《孟子》中写道："贼仁者谓之贼，贼义者谓之残；残贼之人，谓之一夫。"董仲舒在《春秋繁露》中也写道："天之生民，非为王也；而天立王，以为民也。故其德足以安乐民者，天予之；其恶足以贼害民者，天夺之。"老子在此大声疾呼："非道也哉！"表达了对压迫百姓的无道统治者的炽烈仇恨，对于灾难深重的人民的真挚同情，及对于压迫人民、掠夺人民的社会政治制度必然崩溃的深刻信念。

哲理引申

君主之所以能位于人民之上，这地位和权力并不是上天赋予的，而正是他所统治的人民给予他们的。当人民真正地厌恶他时，所处的位置越高，跌下得也就越重。贤明的统治者知道这个道理，他们爱护百姓，抚恤百姓，以百姓之心为心，百姓也愿意为他们效力，期盼他们的统治。然而，历史上有很多统治者自以为英明无比，而将老百姓看成是愚昧无知、任人宰割的俎上之鱼肉，他们利用手中的权力，肆意地欺压百姓，肆意地盘剥百姓，殊不知统治者的一举一动都会深深地烙在人们的心里。

春秋之时，卫懿公喜欢白鹤，为了养鹤，他强占了很多肥沃的农田，还强迫人民建造了很多苑囿专门供那些白鹤休息。卫懿公每天不理朝政，只知道在鹤苑里嬉戏游乐。不仅如此，有些职位空缺，他不选拔贤能的人来补充，甚至将这些职位封给他喜爱的鹤，因此卫国出现了很多白鹤邑宰、白鹤司马，成为各国的笑柄。国家遇到灾荒之时，大臣们进谏说希望减少人们的赋税，关闭一些养鹤的苑囿，将其作为农田分给国人。卫懿公听了十分生气，他傲慢地对大臣们说："白鹤是多么的美丽、优雅，比那些土里土气的农夫高贵多了，为什么要为了那些农夫而损害白鹤的利益呢？"

卫懿公的荒唐无道，引来了国人的不满，也引来了狄人的注意。狄人听说卫懿公无道，卫国混乱，就趁机向卫国发动了攻击，当狄人攻击到卫国都城时，卫懿公才感觉畏惧，于是号召百姓们拿起武器保卫国家。这时，人们已怨恨地说道："让那些当官的白鹤去保卫国家吧！"没有人愿意为国家战斗，卫国国都被轻易攻破，卫懿公也被戎人杀掉挖出了心肝。

前文提到，春秋末期，晋国发生内乱，智瑶带领智、魏、韩三家军队进攻赵氏。赵氏军队寡不敌众作战失利，宗主赵毋恤准备带领部下逃向一城坚守，以待时变。赵毋恤问随从们该逃往哪里。随从说："长子离得近，城墙厚且完好。"赵毋恤说："耗尽民力才建起来这样的城墙，又让人们冒死守卫，谁会追随我呢？"随从又说："邯郸城里仓库充实。"赵毋恤说："剥夺百姓的膏脂来充满仓库，又要他们在战场上卖命，谁会跟随我呢？还是去晋阳吧，先主在那里经营，尹铎在那里实行宽松的政治，人们一定亲近我们。"于是他带领部下死守晋阳。智瑶带兵围困晋阳三年，城中百姓没有一个背叛的。

统治者爱护人民，人民就会爱护他；反之统治者压迫人民，人民就会抛弃他。如果不爱惜人民还要用强力维持统治，用强力维持剥削，那又和盗贼有什么区别。一旦人民忍无可忍，等待他们的就只有灭亡。

第五十四章
观天下

如何判断天下是否有德？老子通过"善建"、"善抱"之道，来说明"道"与"德"的重要性，阐述了"道"是为身、为家、为乡、为邦、为天下的根本。

原　文

善建者不拔①，善抱者不脱②，子孙以祭祀不辍③。修之于身，其德乃真；修之于家，其德乃余；修之于乡，其德乃长④；修之于邦，其德乃丰；修之于天下，其德乃普。故以身观身，以家观家，以乡观乡，以邦观邦，以天下观天下⑤。吾何以知天下然哉？以此。

注　释

①建：建立。拔：拔出。
②抱：抱住、抱持。
③子孙以祭祀不辍：能够遵守"善建"、"善抱"的道理，才会子子孙孙永远延续，祭祀不绝。
④长：长久。
⑤故以身观身，以家观家，以乡观乡，以邦观邦，以天下观天下：观看人性可以知道其立身之道，观看家况可以知道其齐家之道，观看乡风可以知道其治乡之道，观看国况可以知道其治国之道，观看天下可以知道天下之道。

译　文

善于建筑的不可能被拔除，善于抱持的不可能被脱离，能够遵守"善建"、

"善抱"的"道",才会子子孙孙永远延续,祭祀不绝。修道于自身,德性就会纯真;修道于自家,德性就会盈盛;修道于乡郭,德性就会长久;修道于国家,德性就会丰隆;修道于天下,德性就会普及。所以,观看人性可以知道其立身之道,观看家况可以知道其齐家之道,观看乡风可以知道其治乡之道,观看国况可以知道其治国之道,观看天下可以知道天下之道。我是如何知晓天下万物万事的呢?就是以此。

经典解读

"善建者不拔,善抱者不脱"。善于建筑的不可能被拔除,善于抱持的不可能被脱离,什么才是"善建"、"善抱"呢?善于建筑的人,一定要固定好它的根本;善于抱物的人,一定不会抓持太多东西。根本不牢固,建筑物越高倒得越快,抓的东西太多,就很容易脱手。所以这两句话还是告诉人们要固本、要知足。人之本在于身,身之本在于道,对于修身来说,就是要依"道"养身,戒除骄奢淫逸,返还宁静自然,保持空虚谦逊。对于天下来说,天下之本在于爱民,民之本在于守道。作为统治者就是要爱护百姓、顺从百姓,依"道"实施无为之治。而那些耽于美酒佳肴、女色利禄、驰骋畋猎的人,那些剥夺百姓、压迫百姓、肆意妄为、肆起干戈的统治者就是不懂"善建"、"善抱"的道,就是背离了"道"。这样的人、这样的政权即使对鬼神再尊崇,祭祀再隆重,也不可能"祭祀不辍",子孙不会永远延续。

接下来老子提出了"修之于身,其德乃真;修之于家,其德乃余;修之于乡,其德乃长;修之于邦,其德乃丰;修之于天下,其德乃普",既说明了修道对于自身、家庭、乡里、国家、天下的重要作用,同时也指出一种修道养德的循序渐进的过程。修道于自身,德性就会纯真;之后可以修道于自家,这样德性就会盈盛;然后可以修道于乡郭,如此德性才会长久;然后可以修道于国家,德性才会丰隆;最后修道于天下,德性才会普及。这很容易让人想起《大学》中所说的"格物,致知,诚意,正心,修身,齐家,治国,平天下"之路。虽然道家以为"道之真,以治身,其绪余,以为国",而儒家则以治国、平天下为终极目标,其间有"为而为"与"无为而为"的差别,但它们的路线却是重叠的。圣人都是得道于自身而后可以教化万民,没有身不修而可以为万民之主的。因此,在老子眼中那些得道的圣人,才是理想的统治者,而那些只知道贪图享乐、肆意妄为的统治者是不合格的,是非道的,是"盗夸"。

"故以身观身，以家观家，以乡观乡，以邦观邦，以天下观天下。吾何以知天下然哉？以此"。知道了"道"、"德"对为身、为家、为乡、为国、为天下的重要作用以后，就可以反过来通过身、家、乡、国、天下的情况看个人以及统治者是否有德，是否守道。人不纯朴、不真实、不谦恭就是失德失道；家不和睦、不团结就是失德失道；乡郭民风不朴实、百业不兴旺就是失德失道；国家不强盛，上下不同心就是失德失道；天下不安宁，百姓不能安居乐业就是失德失道。老子通过这些来告诫人们，劝诫统治者时时应该进行反省，经常审视自己是否失德，施政是否有道。

哲理引申

提到中国古代的明君，很多人会立刻想到唐太宗李世民，这位贞观之治的缔造者，被所有后世的皇帝视作典范，连乾隆皇帝都对其钦佩不已。李世民登基以后，采取以民为本的政策，广开言路，虚心纳谏，减轻税赋，厉行节俭。史书记载：贞观年间"官吏多清谨自守。王公贵族、大臣豪强没有敢侵欺百姓的。商路上不再有盗贼，监狱里很少出现罪犯，马牛布野，外户不闭。旅客外出自山东至于沧海都不用自带粮食，在路上就有人供给。民风淳朴，旅客路过村落，一定会受到厚重款待，这都是以前未曾有过的事"。

一次，唐太宗与群臣议论怎样禁止盗贼。有的人请求使用严厉的刑法来禁止他们。唐太宗听了微笑着说："老百姓之所以去做盗贼是由于赋税太多，劳役、兵役太重，官吏们又贪得无厌，老百姓吃不饱，穿不暖，这是切身的问题，所以也就顾不得廉耻了。朕应当去掉奢侈的花费，节省开支，减轻徭役，少收赋税，选拔和任用廉洁的官吏，让老百姓穿的吃的都有富余，那么他们自然就不会去做盗贼了，怎么能用严厉的刑法呢！"按这样实行以后，天下太平，路不拾遗，夜不闭户，商人和旅客可以露宿而不用担心安全问题。

唐太宗曾对身边的大臣说："君主依靠国家，国家依靠民众。依靠剥削民众来奉养君主，如同割下身上的肉来充腹，腹饱而身死，君主富裕国家就灭亡。所以，君主的忧患，不是来自外面，而是常在自身。欲望兴盛，费用就会增大；费用增大，赋役就会繁重；赋役繁重，民众就会愁苦；民众愁苦，国家就会危急；国家危急，君主就会丧失政权。朕常常思考这些，所以就不敢放纵自己的欲望。"

除了爱民，他对辅佐自己的大臣也真心相待。李绩回朝任兵部尚书时，积劳成疾，重病缠身。太宗亲自探望，敦促太医认真治疗，甚至过问李绩所服药物。太医向他禀报说："此病乃多年风寒淤积所致，我有一验方，其他药物都有，只缺'须灰'一味。"唐太宗迫不及待地问："须灰是何药，能找到吗？"太医解释说："须灰就是胡须所烧成之灰。"唐太宗一听，马上说道："这药我有。"立即命人取来剪刀，亲自将自己的胡须剪下，烧成灰后，又亲自将须灰调入药中，让李绩服下。李绩服药后，病情迅速好转，很快便痊愈了。他被太宗剪须一事感动得"顿首见血，泣以恳谢"。孟子曰："君之视臣如手足，则臣视君如腹心。"唐太宗就做到了这一点。

　　正因为唐太宗爱护下属，所以所有的大臣都尽忠职守，敢于直谏事实，国家政治变得十分清明；正因为他爱护百姓，所以百姓没有重税徭役，生活得都很安乐，没有作奸犯科之人，一时天下大治。老子说，"故以身观身，以家观家，以乡观乡，以邦观邦，以天下观天下"，观看唐太宗李世民的言行，即可知道圣明的统治者一定是将"爱民"作为最基本的治理之道的。可惜后世的统治者，能向他学习的太少了。

第五十五章
物壮则老

只有道德涵养浑厚的人，才能像婴儿一样纯真、朴实、无知无欲，不会受到任何外界的干扰。老子告诫人们要保持心灵凝聚和谐的状态，如果纵欲贪生，使气逞强，就会早亡。

原 文

含德之厚，比于赤子。毒虫不螫①，猛兽不据②，攫鸟不搏③。骨弱筋柔而握固，未知牝牡之合而朘作④，精之至也。终日号而不嗄⑤，和之至也。知和曰"常"⑥，知常曰"明"，益生曰祥⑦，心使气曰强⑧。物壮则老⑨，谓之不道，不道早已。

注 释

①螫：毒虫子用毒刺咬人。

②据：兽类用爪、足攫取物品。

③攫鸟：猛禽。搏：鹰隼用爪击物。

④朘作：婴孩的生殖器勃起。朘，男孩的生殖器。

⑤嗄：噪音嘶哑。

⑥知和曰"常"："常"指事物运作的规律。和，指阴阳二气合和的状态。

⑦益生：纵欲贪生。祥：这里指妖祥、不祥的意思。

⑧强：逞强、强暴。

⑨壮：强壮，盈盛。

[第五十五章] 物壮则老

译　文

　　道德涵养浑厚的人，就好比初生的婴孩。毒虫不螫他，猛兽不伤害他，凶恶的鸟不搏击他。他的筋骨柔弱，但拳头却握得很牢固；他虽然不知道男女的交合之事，但他的小生殖器却勃然举起，这就是因为精气充沛的缘故。他整天啼哭，但嗓子却不会沙哑，这是因为和气纯厚的缘故。认识淳和的道理叫作"常"，知道"常"的叫作"明"。贪生纵欲就会遭殃，意气用事就叫作逞强。事物过于壮盛了就会变衰老，这就叫"不道"，"不道"会很快地死亡。

经典解读

　　"含德之厚，比于赤子"。只有道德涵养浑厚的人，才能像婴儿一样。老子认为婴儿是人纯真、最朴实的状态，他无知无欲，还没有受到任何外界的干扰，故而第十章说"专气致柔，能如婴儿乎"，第二十八章说"常德不离，复归于婴儿"，第四十九章说"圣人皆孩之"。可见在老子心中，人们因为受到外界事物的诱惑，产生了私欲杂念，以致自己偏离了本来的纯真，修道之人需要做的就是摒弃妄念、削损欲望重新回归于婴儿般的无思无虑，无求无欲；圣人要做的，就是教化百姓，放下争执与机诈，回归他们纯朴的本性。

　　老子并不是要采取愚民政策，他所谓的"无知无欲"是没有机诈，不逞巧智，不是愚蠢，而是纯朴，不是蒙昧，而是真实。真正的"上德"是遵循着规律，符合于人的本性，而不怀功利目的的，像婴儿那样渴了就喝，饿了就吃，想哭就哭，想笑就笑。而"下德"、"下礼"等则让人们有了礼义廉耻等看似高尚，却扰乱了人类本性的东西，他们让人们学会了狡诈，学会了欺骗，学会了伪饰。

　　《列子》中记载了一个理想中的华胥氏之国：那里的人自然平等而无贵贱之分，人民没有嗜好，乐生安死，不知亲疏，不辨爱憎，不知背逆，不知向顺。可见天下虽大，文化虽殊，而智者的思虑却何其相似。在他们眼中人本来就是纯真无瑕的，正是因为有了智慧，有了礼仪，所以世界才充满了奸诈，充满了痛苦。而修道之人，就是要在这纷纷乱世红尘之中，回归于心灵上的纯真朴实。

　　"毒虫不螫，猛兽不据，攫鸟不搏"。人多认为修道至极，则人与物化，天下没有什么可以伤害他，没有什么可以损害他。《列子·黄帝篇》就说："喝醉酒的人从车上跌落下来，虽然有伤却不会死亡。骨骼与别人相同，而损伤却比别人轻，就是因为他的精神完整。坐车没有知觉，跌落也没有知觉，死亡、生存、惊恐、惧怕等观念都侵入不到他的心中，因而遇到任何事情都不害怕。他因为醉酒而使精神完整尚且如此，又何况积聚了完整的天赋纯真之气呢？圣人把自己隐藏在天赋的纯真之气中，所以没有任何外物能伤害他。"现在看来，这种观点显然存在夸张的成分，醉酒的人跌下车子当然也会受伤，婴儿终日啼哭嗓子也会嘶哑。所以在看这段话的时候，应将其理解为能够顺应自然规律，故而可以及时地避开灾祸。至于能不能通过修道获得那种"超能力"则无法考证了。

"益生曰祥，心使气曰强"。益生即纵欲贪生，也就是第五十章所说的"动之于死地"。对各种欲望的放纵和追求会导致人迷失本性，最终走向死地。心使气即意气用事，不能保持内心的平静，肆意妄为，也必将招致灾难。

哲理引申

封侯拜相是大多人的梦想，激励着无数士子苦读奔走，人们大多想着荣华富贵、声名权势、尊位厚宝，又有多少人知道将相尊贵之后其实也隐藏着巨大的危险。古今历史上有无数人从最底层爬到了高位，却最终死在了权势之中，物壮则老，没有什么能永远保持旺盛，知止才可以长久，知退才可以保全。

范雎是秦昭王时的著名相国，他本是魏国大夫须贾门客，因被怀疑通齐卖魏，差点被魏国相国魏齐鞭笞致死，后易名入秦，取得了秦昭王的信任，受到重用被封为应侯。长平之战时范雎以反间计使赵国启用赵括代廉颇为将，助白起大破赵军。战后，范雎妒忌白起的军功，借秦昭王之命迫使白起自杀。然而，范雎的亲信郑安平被诸侯击败，投降赵国；助其入秦的王稽也因通敌罪被诛杀。虽然秦昭王对他还是十分信任，但他却感到十分不安心。

此时，燕人蔡泽来到秦国，故意声称自己将要代替范雎的位置，范雎知道这是想引起他的注意，就召见了蔡泽。蔡泽到来后，只向应侯作了个揖。范雎本来就不痛快，等见了蔡泽，看他又如此傲慢，就斥责他说："你曾扬言要取代我做秦相，可曾有这种事吗？"蔡泽回答说："有的。"应侯说："让我听听你的说法。"蔡泽说："哎！您认识问题怎么这么迟钝啊！一年之中春、夏、秋、冬四季更替，各自完成了它的使命就自动退去。人的身体各个部分都很健壮，手脚灵活，耳朵听得清，眼睛看得明，心神聪慧，这难道不是士人的愿望吗？"应侯说："是的。"蔡泽说："以仁为本，主持正义，推行正道，广施恩德，愿在天

[第五十五章] 物壮则老

下实现自己的志向，天下人拥护爱戴而尊敬仰慕他，都希望让他做君主，这难道不是善辩明智之士所期望的吗？"应侯说："是的。"蔡泽又说："位居富贵显赫荣耀，治理一切事物，使它们都能各得其所；性命活得长久，平安度过一生而不会夭折；天下都继承他的传统，固守他的事业，并永远流传下去；名声与实际相符完美无缺，恩泽远施千里之外，世世代代称赞他永不断绝，与天地一样长久：这难道不是推行正道广施恩德的效果而圣人所说的吉祥善事的吗？"应侯说："是的。"

蔡泽又说："秦国的商鞅，楚国的吴起，越国的文种，他们的悲惨结局也可羡慕吗？"应侯知道蔡泽要用这些话来堵自己的嘴，从而说服自己，便故意狡辩说，商鞅、吴起、文种都是为国尽忠之人，虽然身死但成就了一番伟业，虽死犹荣。蔡泽又指出，人们最期望的是既能建功立业，又能保全人身。自身性命与功业名声都能保全的，这才是上等。只有懂得物极必衰的道理，及时而退才能做到如此。范雎听了这些，不得不承认蔡泽讲得有道理。于是就向秦昭王推荐蔡泽代替自己，得到昭王同意后，范雎就回到了封地，老死于斯。

物壮而老，盛极而衰的道理人人都懂，但面对高官厚禄却很少有人能轻易地放下。面对蔡泽的劝谏，范雎醒悟了，于是他得以保全性命。

第五十六章
知者不言

聪明的智者不多说话，而到处说长论短的人是不聪明的。人们应像"道"一样，谦卑虚静，如此便可以超脱亲疏、厉害、贵贱等世俗范畴，为天下所重。

原　文

知者不言，言者不知①。塞其兑，闭其门②；挫其锐，解其纷；和其光，同其尘③，是谓玄同④。故不可得而亲，不可得而疏；不可得而利，不可得而害；不可得而贵，不可得而贱⑤；故为天下贵。

注　释

①知者不言，言者不知：聪明的人不多说话，话多的人不聪明。引申为：得"道"的人不强施号令，一切顺乎自然；肆意妄为的人没有领会到"道"的真谛。

②塞其兑，闭其门：塞住贪欲的孔穴，闭上欲念的门径。

③挫其锐，解其纷；和其光，同其尘：消磨去其锐气，解除其纷扰，平和其光芒，混同其尘世。

④玄同：玄妙齐同，指"道"。

⑤不可得而亲，不可得而疏；不可得而利，不可得而害；不可得而贵，不可得而贱：这几句是说"玄同"的境界已经超出了亲疏、利害、贵贱等世俗的范畴。

[第五十六章] 知者不言

译　文

聪明的智者不多说话，而到处说长论短的人是不聪明的。塞住贪欲的孔穴，闭上欲念的门径。不露锋芒，消解纷争，收敛他们的光耀，混同他们的尘世，这就是深奥的玄同。达到"玄同"境界的人，已经超脱亲疏、利害、贵贱的世俗范围，所以就为天下人所尊重。

经典解读

四十二章说"冲气以为和"，是讲事物矛盾着的双方，经过斗争而达到和谐与统一。第五十五章讲"知和曰常"，即以"和"为事物的常态。本章承接以上两章的内容，讲怎样可以保持常态的和。这三章之间层层深入，向人讲述了"和"的最高道德境界。

"知者不言，言者不知"。真正的聪明是不需要夸耀来表现的，真正的智者也懂得"口食祸之门"、"多言多败"的道理，所以他们不会成天喋喋不休，道长论短。而那些四处夸口，好说闲话，好扯舌头的人，只能算是愚昧无知之人。对于统治者来说，真正得道的统治者一定是能了解百姓的心性，能顺应自然规律，采取无为而治的方针，不会经常发布政令，使人们不知所从。申不害就曾说过："君之所以尊者，令也，令之不行，是无君也，故明君慎之。"君主之所以受到尊崇，是因为他们能够下达政令，政令频仍而不能实行，君主就会失去威势，所以圣明的君主对政令下达十分慎重。所以古人说"君无戏言"，周成王桐叶封弟本是一句戏言，而周公却将叔虞真的分封出去；齐桓公被曹沫劫持，后来想要食言，而管仲劝他遵守当初的约定。所以说，人一定要慎言慎行，言出于口，必须竭力实现承诺。

"挫其锐，解其纷；和其光，同其尘"。第四章中用其来描述"道"的特性，而在此则更侧重于修道之人的特点。要求人们清静无为、简单圆润、和光同尘。这种要求和道的特性完全相同，因此老子称之为"玄同"。

《庄子·知北游》中说了这样一个寓言，可以说是对老子"知者不言，言者不知"思想的敷衍。知向北游历，遇上了无为谓。知对无为谓说："我想向你请教一些问题：怎样思索、怎样考虑才能懂得道？怎样居处、怎样行事才符合于道？依从什么、采用什么方法才能获得道？"问了好几次无为谓都不回答，不是不回答，而是不知道回答。知从无为谓那里得不到解答，便返回到白水的南岸，见到了狂屈。知把先前的问话向狂屈提出请教，狂屈说："唉，我知道怎样回答这些问题，我将告诉给你，可是心中正想说话却又忘记了那些想说的话。"知从狂屈那里也没有得到解答，便转回到黄帝的住所，见到黄帝向他再问。黄帝说："没有思索、没有考虑方才能够懂得道，没有安处、没有行动方才能够符合于道，没有依从、没有方法方才能够获得道。"

知于是问黄帝："我和你知道这些道理，无为谓和狂屈不知道这些道理，那么，谁是正确的呢？"黄帝说："无为谓是真正正确的，狂屈接近于正确；我和你则始终未能接近于道。知道的人不说，说的人不知道，所以圣人施行的是不用言传的教育。道不可能靠言传来获得，德不可能靠谈话来达到……无为谓是真正了解大道的，因为他什么也不知道；狂屈他是接近于道的，因为他忘记了；我和你终究不能接近于道，因为我们什么都知道。"

所以说，真正懂得大道的人，是不会总将道挂在嘴边的。"道"只能去体悟，而不能来言说，我们所言说的只不过是"道"的一些细枝末节，正如古人所言，所谓的经典都是圣人留下的糟粕，而真正的圣人之道是"仰之弥高，钻之弥坚"可悟而不可闻的，更不是通过学习书本、文字，效仿贤人言行可以得到的。与其成天论道，不如静心修道；与其孜孜教民，不如无为而治。

哲理引申

正如"无为而治"不是毫无作为一样，"智者不言"也应该这样理解：它不是告诉人们一味地不说话，而是应该讲究方法地去说，不乱说、妄说。古代的聪明人理解这个道理，所以在劝谏别人之时，十分讲究方式，故而往往能取得十分好的效果。

很多时候，沉默比说话更能打动人心。阳虎在赵氏为官，取得了不错的效果，但同时他也开始变得骄傲不法。赵氏家臣都劝说赵简子惩罚或驱赶阳虎，赵简子知道了这些，只是微微点了点头。不久，他在召见阳虎时给了阳虎一卷书简，什么话也没说就走了。阳虎很奇怪，打开书简后发现，里面记载的都是自己的不法事迹，顿时吓得大汗淋漓，从此再也不敢行为不端了。

孙叔敖死后，儿子十分贫穷，就去求助于孙叔敖的老朋友优孟。优孟并没有直接去劝谏楚王，而是花了三年时间来学习孙叔敖的言行举止，直到平时的表情神态都和孙叔敖一模一样时，才去见楚庄王。楚庄王见了优孟大惊，以为孙叔敖复生了，立刻要优孟做令尹。优孟这时才说道："我不愿意做楚国的令尹。"楚庄王惊奇地问为什么。优孟说:"孙叔敖做令尹多年,为官清廉,帮助大王成就了霸业。可如今他的后人生活在贫困之中,布衣褴褛,食不饱腹,做令尹得到如此下场,有什么可贵的呢?"庄王听后,明白了他的意思,所以下令封赏孙叔敖的儿子。

庄子说:"辩不若默,道不可闻。"很多时候,浅显的道理大家都明白,但一旦讲出来,就没有人去按着它做了。这并不是因为人们愚笨,不懂得道理,而是因为世人要考虑的东西很多,君王要顾及自己的威严,平民也要爱惜自己的面子。新版《三国演义》中的曹操就被形容为"有错,改错,但不认错",那些暗示他的建议他都能够接受,而直接将其想法说出来的人则遭到了杀害。直接说出来的话往往显得过于尖锐,让人觉得伤了面子,伤了自尊,所以宁愿坚持错误的也不愿意改正。智者知道人们的这种心理,所以往往不会直言相劝,而是能够给人留个台阶,留些余地,让其感觉自己醒悟了,自己知错能改了。

如果赵简子直接批评阳虎,不仅会打消他的工作积极性,还会从此在君臣之间形成隔阂,甚至失去这个人才。而采用无言的方式一方面让阳虎知道了自己的意思,另一方面还会让他觉得自己给了他面子而感恩。同样,优孟如果直接劝谏楚王,他的身份低微,楚王被这种人批评心中一定不快,反之,通过学习孙叔敖则能唤起楚王与孙叔敖往日的感情,取得比言语大得多的效果。因此人们在说话时,一定要讲究方式,很多时候沉默胜于直言。

第五十七章
以无事取天下

老子以"天下多忌讳,而民弥贫;人多利器,国家滋昏;人多伎巧,奇物滋起;法令滋彰,盗贼多有"反证应以"无事取天下",继续强调清静无为的治国之道。

原 文

以正治国①,以奇用兵②,以无事取天下③。吾何以知其然哉?以此④:天下多忌讳⑤,而民弥贫;人多利器⑥,国家滋昏;人多伎巧⑦,奇物滋起⑧;法令滋彰,盗贼多有。故圣人云:"我无为,而民自化⑨;我好静,而民自正;我无事,而民自富;我无欲,而民自朴。"

注 释

①正:正道。

②奇:奇巧、奇谋。

③取天下:治理天下。

④以此:此,指下面一段文字。以此即以下面这段话为根据。

⑤忌讳:禁忌、避讳,即法令条文、礼仪制度。

⑥利器:获利的手段和方法。

⑦伎巧:技巧、巧智。

⑧奇物:奇事、邪事。

⑨我无为,而民自化:自化,自我化育。我无为而人民就自然顺化了。

[第五十七章] 以无事取天下

译　文

以正道去治国，以奇谋去用兵，以无为之道来管理天下。我是怎么知道的呢？根据就在于此：天下的禁忌越多，百姓就越贫穷；人民获利之法越多，国家就越混乱；人们的技巧越多，邪风怪事就纷纷出现；法令越是森严，盗贼就越是增加。所以圣人说："我无为，人民就自我化育；我好静，人民就自守正道；我无事，人民就自至富足；我无欲，而人民就自归淳朴。"

经典解读

"以正治国，以奇用兵，以无事取天下"。治国之法和治军之法不同，《司马法》上说"国容不入军，军容不入国"，治国讲究仁义、法制，而治理军队，指挥战争则讲究奇谋、诡计；治国要坚守正道，不能用欺骗、诡诈的方式来统治百姓，与其他国家交往。所以古人云："亲仁善邻，国之宝也"、"礼义廉耻，国之四维"。而兵则是"诡道"，越是不按照常理行事，越是能让对方迷惑，越能取得成功。如果治理的是整个天下，礼仪法令、诡计奇谋就都不足以凭恃了，只有"无为而治"才能使人们自化，天下安宁。

"天下多忌讳，而民弥贫；人多利器，国家滋昏；人多伎巧，奇物滋起；法令滋彰，盗贼多有"。忌讳，则礼仪、法规之类限制人民行为之物。老子认为对人民干扰过多才是他们贫穷的原因。利器、伎巧，是指谋利之工具、手段。人们有了过多的谋利手段，就会好高骛远，生产出更多的奢侈品，为了争夺这些"难得之货"，于是有了等级、有了欺诈、有了战争，国家混乱之源正在于此。法令滋彰，老子所说的法令和法律有所区别，现在所说的法律是所有社会成员共同遵守的社会准则，用以维护社会秩序，而老子所处的年代，法令则都是统治者肆意发放的，用来谋取利益、压制人们。比如，古代很多时候，统治者为了最大限度地盘剥利益，制定各种税法，人们种田、盖房子，甚至牲口产仔都要依令纳税。因此老子并非排斥以法治国，而是反对统治者肆意妄为。

"我无为，而民自化；我好静，而民自正；我无事，而民自富；我无欲，而民自朴"。上之所行，下之所效，第四十九章中说过，圣人在上，"百姓皆注其耳目"，所以要想用无为之法治理天下，就一定要自己先做到清静无为，以身作则，潜移默化地使百姓受到教化，而自己坚守正道、自己实现富足、自己回归纯朴。

231

哲理引申

曹参，字敬伯，沛人，西汉名将。陈胜、吴广农民起义后，沛县吏民拥立刘邦为沛公，曹参被推为中涓。

在协助刘邦创立西汉王朝的过程中，曹参立下了赫赫战功，"身被七十创，攻城略地，功最多"，"凡下二国，县一百二十二；得王二人，相三人，将军六人，大莫敖、郡守、司马、候、御史各一人"。楚汉战争结束后，曹参以功食邑平阳一万六百三十户，号平阳侯。

刘邦封自己的儿子刘肥为齐王，齐国民情"伪诈多变"，加之多年战争的破坏，经济凋敝，民不聊生。在这种情况下，如何治理齐，是大难题。刘邦想到了稳重的曹参，于是拜他为齐相国。曹参至齐，召集长老和儒生，征求"安集百姓"的计策。诸儒至者上百人，所言"人人殊"，均属不着边际的空论。曹参听说胶西盖公善长黄老之术，便使人厚礼请盖公。盖公说："治道贵清静，而民自定。"曹参觉得和那些儒生的话相比这才是济世良言，于是"纳其言，用黄老之术"，"相齐九年，齐国安集，大称贤相"。

惠帝二年（前193年），丞相萧何死。曹参接替相位，他仍以治齐之术治汉，施政办事，一遵萧何约束，无所变更。郡国吏，选用敦厚长者，对华而不实、欲务声名者，概不录用。人有小过，曹参加以掩饰，相府相安无事。曹参日夜饮酒，不治事。吏及宾客见此情景，皆想劝他。曹参知其意，凡来者乃以酒堵其嘴。复欲言者，曹参复予之酒，直至大醉而去，终不得言。不久，相府官吏多仿效曹参，日夜饮酒高歌。从官对此很反感，但无可奈何。他们借相舍后园与吏舍挨着的条件，请曹参游后园，让他听到醉吏的狂叫，想乘机请求他惩治那些人。曹参非但不惩治醉吏，反而"取酒张坐饮，亦歌呼，与相应和"。

惠帝见曹参整日无所事事，以为是欺负他年轻。曹参的儿子窋为中大夫，惠帝令窋规劝其父。曹窋谏曹参。曹参大怒，笞曹窋二百大板。上朝时，惠帝责问曹参为什么打曹窋。曹参不直接回答，他脱帽谢罪说："陛下自认为和高皇帝谁更贤能？"惠帝说："我怎么敢和先帝比呢！"曹参说："陛下以为我和萧何谁更贤能？"惠帝说："您好像比不上萧何。"曹参说："陛下说得对啊！先帝与萧何安定天下，法令既明。现在您做了皇帝，臣等为官，只需要遵照以前的法令不失误不就可以了吗？"惠帝说："好，您请起吧！"

[第五十七章] 以无事取天下

所谓"新官上任三把火",当官都希望政令从己出,而曹参却深知有为而有不为的道理,在"无为"思想指导下,推行约法省禁、轻徭薄赋政策,所以收到了"天下俱称其美"的社会效果。惠帝五年(前190年),曹参病死。天下百姓都歌颂他的功劳:"萧何为法,若画一。曹参代之,守而勿失。载其清静,民以宁一。"

第五十八章
福祸相依

政治宽厚,人民就淳朴;政治苛酷,人民就狡黠。宇宙的矛盾都是对立转化的,统治者应方正而不生硬,有棱角而不尖锐,直率而不放肆,光亮而不刺眼。

原 文

其政闷闷①,其民淳淳②;其政察察③,其民缺缺④。祸兮,福之所倚;福兮,祸之所伏。孰知其极:其无正也⑤。正复为奇,善复为妖⑥。人之迷,其日固久⑦。是以圣人方而不割⑧,廉而不刿⑨,直而不肆⑩,光而不耀⑪。

注 释

①闷闷:宽厚。

②淳淳:淳朴厚道。

③察察:严厉、苛察。

④缺缺:狡诈、奸诈。

⑤其无正也:正,定规;其,指福、祸变换。此句意为:它们并没有确定的标准。

⑥正复为奇,善复为妖:正,方正、端正;奇,反常、邪;善,善良;妖,邪恶。这句话意为:正的变为邪的,善的变成恶的。

⑦人之迷,其日固久:人们陷于迷惑之中,时日已很久了。

⑧方而不割:方正而不割裂人。

⑨廉而不刿：锐利而不刺伤人。
⑩直而不肆：直率而不放肆。
⑪光而不耀：光亮而不刺眼。

译　文

　　政治宽厚，人民就淳朴；政治苛酷，人民就狡黠。灾祸啊，幸福依傍于它；幸福啊，灾祸藏伏于它。谁知道这其中的界限？它们并没有确定的标准。正转变为邪的，善转变为恶的，人们的迷惑，由来已经很久了。因此，圣人方正而不生硬，有棱角而不尖锐，直率而不放肆，光亮而不刺眼。

经典解读

　　上一章老子论述了应"以无事取天下"，以及对统治者的要求："无为"、"好静"、"无事"、"无欲"。本章则从不同治理方式下人民的表现和事物间对立转化的自然规律方面进行论证，提出统治者要："不割"、"不刿"、"不肆"、"不耀"。

　　"其政闷闷，其民淳淳；其政察察，其民缺缺"。政治宽厚，人民就淳朴；政治苛酷，人民就狡黠。两种不同的政治手段，得到两种不同的民生状态。正如上章所言"法令滋彰，盗贼多起"，人民的本性是如婴孩般纯朴的，如果能无为而顺应他们的本性，人民必然保持淳厚、朴实，可惜统治者总是妄想以自己的法令来改变人民、滋扰人民，最后人民不仅没有变得更好，反而学会了巧诈和虚伪。老子因此告诫统治者，治理国家要宽厚温和，不能苛察狭隘。

　　"祸兮，福之所倚；福兮，祸之所伏"。这是老子所有言论中最著名的话语之一了。它告诉人们，祸患中孕育着幸福，幸福中隐含着灾祸；身身处于灾祸悲伤之中，要坚定自己的信念，等待幸福来敲门，在成功富贵之时，要时时警醒，防止隐藏着的灾难忽然降临。《淮南子》中记载了"塞翁失马"的故事：

　　长城一带的人中，有位擅长占卜的人。有一天，他家的马忽然跑到了北方胡人那边。乡亲们都为此来慰问他。那个老人说："这怎么就不能变成一件好事呢？"过了几个月，那匹马带着胡人的良马回来了。邻居们都前来祝贺他们一家。那个老人说："这怎么就不能变成一件坏事呢？"他家中有很多好马，他的儿子喜欢骑马，结果从胡人的烈马上掉下来摔得大腿骨折。人们都前来安慰他们一家。那个老人说："这怎么就不能变成一件好事呢？"过了一年，胡人大举入侵边境一带，壮年男子都拿起弓箭去作战。靠近长城一带的人，绝大部分都死了。唯独那个老人的儿子因为腿瘸的缘故免于征战，父子得以保全性命。

"是以圣人方而不割，廉而不刿，直而不肆，光而不耀"，是上两章内容的延续，依然是告诫统治者不可骄奢自大、不可刚愎自用，要和光同尘，守下持虚。只有这样才能成为一个品德高尚的人，只有这样才能成为一个合格的领导者。

哲理引申

人们都希望自己能明察秋毫，对于任何事都弄得明明白白的。但"水至清则无鱼，人至察则无徒"，一个人如果过于精明、过于较真就会让自己显得锋芒毕露，就会没有朋友，甚至弄得没有人愿意接近，愿意打交道。尤其是一个统治者、领导者不能过于"精明强干"，不能过于"明察秋毫"，一定要给手下一定的自由空间，让他们能够自由地发挥，当他们犯了错误，不能过于苛刻，一定要有包容之心。领导者应该能心胸若渊，容纳不同的人、不同的事，同时也包括一些缺点和不好的现象，做到"方而不割，廉而不刿，直而不肆，光而不耀"。

管仲和鲍叔牙是生死之交，但却不推荐鲍叔牙为相，就是知道他过于苛察，不能容人之短。唐代陆贽说："若录长补短，则天下无不用之人；责短舍长，则天下无不弃之士。"只有懂得"泰山不让土壤，故能成其大；河海不择细流，故能就其深"之道理的人才能够集天下贤才而用之。

春秋时，鲁国阳虎因为政见和孔子不和屡受孔子批判，他很有才能，但更有野心。他是鲁国季孙氏的家臣，却软禁少主季孙斯，自己独掌大权。孔子本来对鲁国国政掌握在三桓之手就十分不满，如今三桓的大权也掌握在了家臣的手中，可以说在孔子眼中，阳虎是无道中的无道了。

阳虎执政时，四处安排亲信，将那些对现状不满的贵族们都拉到自己身边，准备发动政变，夺取政权。前502年，阳虎指挥季孙氏军队，挟持季孙斯到都城曲阜东门外赴宴，准备一举消灭三桓。但是政变失败，阳虎无奈，只得逃亡齐国。

齐景公考虑到他是个人才，便收纳了他，然而在齐国，阳虎又不老实了，积极贿赂齐国的当权派，很快便得到了齐景公的重用。于是他向齐景公建议：乘鲁国尚未恢复，乘机攻打他。齐景公犹豫不决，就去请教鲍文子鲍国。鲍国说:"阳虎很有本事,深得季氏宠信,但阳虎却想杀死季氏,进而祸乱鲁国。这个人曾说过'为仁不富,为富不仁'这句话,他是一个只知利害,丝毫不讲道义的人。现在鲁国总算免除了这个祸害,您却收容他,听信于他,这不是引狼入室吗?"

齐景公一想,对啊,这个阳虎向来都是个假公济私的小人,他要我出兵打鲁国,八成没安好心。景公越想越觉得这个阳虎是个危险人物。于是立刻下令逮捕阳虎。阳虎得到消息后,又开始了逃亡。

他辗转至晋国。投奔了晋国上卿赵简子,赵鞅早就听说了阳虎的才能,就委阳虎以大任。孔子听说赵鞅收纳了阳虎这样的乱臣贼子后,愤愤地说道:"赵氏一定要有灾难了!"赵鞅的左右也劝诫道:"阳虎这个人很善于窃取他人的国政,怎么能让这样的人物来辅佐呢?"赵简子微微一笑,说:"阳虎所善于窃取的都是可以被窃取的政权。"

时间一久,果然阳虎又有些飘飘然了,开始大肆敛财,并聚集了一帮门客。一日,赵简子召见阳虎,将一书简给他,上面赫然记录着阳虎网罗家臣、侵吞库金的事实。阳虎看过以后,吓出一身冷汗,以后行事再也不敢胡来了,悉心辅佐赵氏。因为阳虎的才能,赵氏大治,赵简子也成为了晋国最强大的世卿。

孔子这样最有智慧的人,竟然也有预言不对的时候。可见,赵简子在用人上果然很有一套。他能泣思犯颜直谏的周舍,能包容违背自己命令的尹铎,能重用偷奸耍滑的阳虎,可谓是明智而又不苛察,坚定而又不刚愎,所以能够笼集各种人才,使其家族不断兴盛。

第五十九章
俭以养德

爱惜是生命，乃至国家长久保持的根本。只有积累雄厚的德，才能够统治百姓，治理天下。有了德，也就接近了道，一个国家有这样的统治者，才能长久维持，根深蒂固。

原 文

治人事天①，莫若啬②。夫唯啬，是谓早服③；早服谓之重积德④；重积德则无不克；无不克则莫知其极，莫知其极，可以有国；有国之母⑤，可以长久。是谓根深固柢，长生久视之道⑥。

注 释

①治人事天：治人，管理百姓；事天，治理天下。
②啬：爱惜、节俭。
③早服：早为准备。
④重积德：不断地积德。
⑤有国之母：保守国家的根本、原则。
⑥长生久视：长久地维持、长久存在。

译 文

管理百姓、治理天下，没有比爱惜、节俭更为重要的了。节俭爱惜，才是早做准备的行为；早做准备，就是不断地积"德"；不断地积"德"，就没有什么不能攻克的；没有什么不能攻克，那就无法估量他的力量；具备了这种无法估量的力量，就可以担负治理国家的重任。有了治理国家的原则和道理，国家就可以长久维持。这就可以称为根深蒂固、长生久视之道。

经典解读

"治人事天，莫若啬"。"啬"并不是吝啬、抠门，而是节俭、爱惜。即管理百姓、治理天下没有比节俭、爱惜更重要的了。老子提倡无为而治的思想，主张人保持心灵空虚、回归朴实纯朴。在治国之上要"啬"，一方面不要浪费民力，不要铺张浪费，不要兴土木，搞形象工程；一方面要精简礼仪、不妄下法令，避免冗政酷吏对百姓的骚扰。同理，在修身上也要"啬"，不能放纵自己的贪欲，而是应保持朴素节俭的生活，不要沉迷于难得之货、驰骋畋猎，而是应回归于平淡。

"夫唯啬，是谓早服；早服谓之重积德"。为什么说只有节俭、爱惜才是早做准备的行为呢？老子在前面刚刚说到"祸福相依"的道理。生活是在不断变化的，一个人只有爱惜、节俭才有可能在忽然陷入的灾祸中得以保全，才不会被忽来的危机所击倒；一个统治者，只有平时爱惜人们、节俭国力，才能在国家的危难中不被人民抛弃。故而《易经》说"君子以俭德避难，不可荣以禄"。

"重积德则无不克；无不克则莫知其极，莫知其极，可以有国；有国之母，可以长久"。兵力军事是末端，而"道"、"德"才是根本，所以《孙子兵法》、《吴子》等都将是否有德、是否守道，视为取得胜利的根本。《荀子·议兵》中也指出"仁人之兵，王者之志也！"得道者不用巧诈，不用诡计，就能胜过孙武、吴起这样的善用兵者。只有懂得以"道"为本，不断积德，才能具备攻无不克、战无不胜的力量，才能担负治理国家的重任。

只有，以"道"、"德"为本，践行节俭、爱惜之道，一个人才能保全自身，一个统治者才能治理天下，行军作战才能无所不克。

哲理引申

石崇少年时好学不倦，二十多岁就担任修武县令，以有才能著名。后入洛阳任散骑侍郎，又迁任城阳太守。太康元年（280年），石崇因参与伐吴有功，被封为安阳乡侯，后因疾病自求解职，不久，又被拜为黄门郎。之后，石崇被外调任南中郎将、荆州刺史。他虽然聪明有才气，但任性而行为不检点，在任荆州刺史时竟抢劫远行商客，获得了巨额财物，并以此富甲天下。他为了与皇亲王恺斗富，修筑了著名的金谷园，此园极为豪华，周围几十里内，楼榭亭阁，高下错落，珍珠、玛瑙、琥珀、犀角、象牙等贵重物品将园内的屋宇装饰得金碧辉煌，宛如宫殿。

据《世说新语》等记载，石崇生活处处十分奢侈，连他家里的厕所都修建得华美绝伦，里面准备了各种各样的香水、香膏供客人洗手。客人如厕时都有十多个女仆恭立侍候，一律穿着锦绣，打扮得艳丽夺目。客人上过了厕所，这些婢女要客人把身上原来穿的衣服脱下，侍候他们换上了新衣才让他们出去。这种奢华让很多人上厕所时以为误入了内室，以致客人大多不好意思如厕了。

石崇的财产之多难以计数，他院子里宏丽室宇彼此相连，后房的几百个姬妾，都穿着刺绣精美无双的锦缎，身上装饰着璀璨夺目的珍珠、美玉、宝石。凡天下美妙的丝竹音乐都进了他的耳朵，凡水陆上的珍禽异兽都进了他的厨房。

石崇曾与晋武帝的舅父王恺斗富。王恺饭后用糖水洗锅，石崇便用蜡烛当柴烧；王恺做了四十里的紫丝布步障，石崇便做五十里的锦步障；王恺用赤石脂涂墙壁，石崇便用花椒。晋武帝暗中帮助王恺，赐了他一棵二尺来高的珊瑚树，枝条繁茂，光彩流离，世上很少有与之相当的。王恺兴冲冲地把这棵珊瑚树拿来给石崇看，石崇看后竟用铁如意随手将这棵珊瑚树打碎了。王恺既心疼又愤怒，认为石崇是忌妒自己的宝物。石崇说："这有什么，我现在就赔给你。"于是命令手下的人把家里的珊瑚树全部拿出来，这些珊瑚树比王恺的更高、更大、更美，王恺看了也只能叹气。

在八王之乱时，赵王司马伦发动政变，诛杀贾后等人，石崇因是同党而被免官，他的外甥欧阳建当初也曾得罪过司马伦，因此备受嫉恨。恰好石崇有一名叫绿珠的爱妾，相貌美艳，善吹笛。司马伦的心腹孙秀故意派人去索要绿珠，听了使者的要求，石崇勃然发怒说："绿珠是我的爱妾，怎么能给你们。"使者劝他说："君侯博古通今，明察远近，还望三思。"石崇坚决不同意。孙秀本来就艳羡石崇的财产，如今听到他居然敢拒绝自己的要求，十分恼怒，就劝司马伦杀掉石崇及其亲党。

石崇被捕时，正在楼上宴饮，甲士到了门前。石崇对绿珠说："今天我为了你而惹祸。"绿珠哭着说："我应该在你面前死去来报答你。"便自投于楼下而死。石崇以为孙秀只是想要绿珠，现在没了也不会将他怎么样，不过是流放到交趾、广州罢了。直到被装在囚车上拉到东市，他才叹息道："这些奴才原来是想图我的家产啊！"押他的人答道："知道是家财害了你，为何不早点把它散掉！"石崇无言以对，他的母亲、兄长、妻妾、儿女全部被杀害。

财富能给人提供舒适的生活，但它也能带来厄运。石崇富甲天下却不知道"富贵而骄，自遗其咎"的道理，处处斗富争强，终于尝到了恶果。押送人说的"何不早把它散掉"，岂不值得所有追求财富的人深深思索！

第六十章
治大国若烹小鲜

"治大国,若烹小鲜"的比喻,统治者要懂得为政的关键在于安静无为,要小心谨慎,节俭、爱惜民力,不能乱发政令扰乱人们。如果以个人的主观愿望去改变社会,朝令夕改、朝三暮四,百姓就会无所适从,国家就会动乱不安。

原　文

治大国,若烹小鲜①,以道莅天下②,其鬼不神③。非其鬼不神④,其神不伤人。非其神不伤人,圣人亦不伤人。夫两不相伤⑤,故德交归焉⑥。

注　释

①小鲜:小鱼。
②莅:临。
③其鬼不神:鬼不起作用。
④非:不唯、不仅。
⑤两不相伤:鬼神和圣人不侵越人。
⑥故德交归焉:让人民享受德的恩泽。

译　文

治理大国,好像煎烹小鱼。用"道"治理天下,鬼神起不了作用,不仅鬼不起作用,而是鬼怪的作用伤不了人。不但鬼的作用伤害不了人,圣人不会伤害人。这样,鬼神和圣人都不伤害人,就可以让人民享受到德的恩泽。

[第六十章] 治大国若烹小鲜

经典解读

"治大国,若烹小鲜"是一个极其形象的比喻。烹煎小鱼,必须小心翼翼,而且不能经常翻动,用刀铲乱翻、乱搅鱼就碎了。统治者治理国家也是一样,要懂得为政的关键在于安静无为,要小心谨慎、节俭、爱惜民力,不能乱发政令扰乱人们。如果以个人的主观愿望去改变社会,朝令夕改、朝三暮四、忽左忽右,老百姓就会无所适从,国家就会动乱不安。

"以道莅天下,其鬼不神。非其鬼不神,其神不伤人。非其神不伤人,圣人亦不伤人"。老子并不是一个有神论者,他认为世间万物都是由自然规律也就是"道"来产生、支配的。春秋之时,天下混乱,礼崩乐乱,人们的思想也陷入了极度的混乱之中。一些巫师、术士借着鬼神的幌子愚昧民众,欺骗百姓,比如西门豹治理邺时提到的那些巫师、乡绅们;一些统治者也借着天命、神授的旗号肆起干戈。老子看穿了他们愚民、欺民的本质,于是呼吁要采用"无为清净"之法治理天下。这样那些打着鬼神幌子欺骗人民的人就不能再肆意妄为了,不仅如此,那些怀有智慧的"圣人"也不能再随意伤害百姓了,天下万物万事完全任其自然,使百姓自化、自育、自成。如此才能算是"上德",才能让人民享受到"德"的恩泽。

哲理引申

中国经历了将近两千余年的封建社会,皇帝、王公不计其数,其中出了无数骄奢淫逸的暴君,也有很多强国爱民的圣明君主。宋仁宗赵祯就是一个颇受后世称赞的皇帝,明朝孝宗时翰林院庶吉士邹智在《立斋遗文》中说:"宋之英主,无出仁宗。"王夫之在《宋论》中说:"仁宗之称盛治,至于今而闻者羡之。"就连自视甚高的清朝乾隆皇帝也称中国古代只有三个帝王是他最佩服的:一是他的祖父康熙玄烨,二是唐太宗李世民,三是宋仁宗赵祯。康熙、李世民都是开疆辟土、武功卓绝的帝王,而宋仁宗并没有如此的功业,甚至在位之时经常被西夏打败,并向辽、夏进贡岁币。那他为何能得到后世如此多的赞扬呢,就是因为他懂得为君之道,能以德服人。

宋仁宗对待官员、百姓极为宽厚,而且时刻怀着仁慈之心。一天早上,宋仁宗起床后,对身边的大臣说:"昨天晚上觉得肚子很饿所以睡不着,于是就特别想吃烧羊。"身边的近臣听到后说:"那皇上为什么不下命令去取几个来?"仁宗听后说道："近来听说皇宫里只要索要一次，宫外的人便以此为例，天天要宰羊，以备我享用。我是真的担心如果这次我下命令索要了，你们以后就会连夜宰杀，来供应我的不时之需呢！那么时间一长，就要浪费许多人力物力精力啊！怎么能因为一时的饥饿，而开始无止境的杀戮呢？"

在进士考试中，苏辙曾在试卷里写道："我在路上听人说，在宫中美女数以千计，终日里歌舞饮酒，纸醉金迷。皇上既不关心老百姓的疾苦，也不跟大臣们商量治国安邦的大计。"考官们看了试卷都认为苏辙无中生有、恶意诽谤，建议对其严厉制裁。宋仁宗却很淡定地说："朕设立科举考试，本来就是要欢迎敢言之士。苏辙一个小官，敢于如此直言，应该特与功名。"

大多皇帝认为自己说话就是金口玉言，想怎么治理国家就怎么治理，想让谁当官就让谁当，就连著名的明君汉文帝都因为自己的喜好而提拔了邓通这样的无能之人。宋仁宗在这点上就有进步，虽然他也想提拔自己喜好的人，但他能够接受大臣的意见，听取批评。

一次，包拯在朝堂上要拿掉三司使张尧佐的职务，理由是他平庸了些。张尧佐是仁宗宠妃张贵妃的伯父。包拯把奏章递上去了，宋仁宗也有点为难。最后他想了个变通的办法，就是让张尧佐去当节度使。没想到包拯还是不愿意，并带领七名言官前去与仁宗理论，仁宗生气地说："岂欲论张尧佐乎？节度使是粗官，何用争？"七人中的唐介不客气地回答道："节度使，太祖、太宗皆曾为之，恐非粗官。"宋仁宗被大臣们问得说不出话来，只得作罢。

宋仁宗生性恭俭仁恕，百司曾奏请扩大苑林，宋仁宗说："我继承了先帝的苑囿，还以为广，怎么能再扩建呢？"宋仁宗去世后，天下百姓如丧考妣，讣告送到辽国时"燕境之人无远近皆哭"，辽道宗耶律洪基痛哭道："已经四十二年没有发生战事了！"史载辽道宗"惊肃再拜，对左右臣子说：'我如果生活在中原，不过配给仁宗皇帝执鞭牵马，做一个都虞侯罢了！'"

宋朝在仁宗之时达到繁荣的顶峰，唐宋八大家有六个生活在这个时代，还有司马光、文彦博、富弼、范仲淹、晏殊、柳永等诸多名臣、文豪。大臣们说宋仁宗没有太多的长处，却唯独会做皇帝。正是因为他宽厚仁慈，以德为本，不对大臣、百姓肆意干扰，才取得了如此的评价。所以说，一个统治者，只有"不伤人"、不肆意妄为、不乱起兵革，如此才能有资格统治国家、治理天下。

第六十一章 大邦者下流

春秋乱世战争不断，老子目睹了这种兼并战争给世人带来的痛苦，于是提出了大国、小国之间和平共处的政治主张。在老子看来，战争主要来源于大国，只有大国能谦卑自处，不恃强而凌弱，不以大而欺小，甘居下流，才能天下交归。

原 文

大邦者下流，天下之牝，天下之交也①。牝常以静胜牡，以静为下。故大邦以下小邦，则取小邦；小邦以下大邦，则取大邦。故或下以取，或下而取②。大邦不过欲兼畜人③，小邦不过欲入事人。夫两者各得所欲，大者宜为下。

注 释

①大邦者下流，天下之牝，天下之交也：大国要像居于江河下游那样，使天下百川河流交汇在这里，处在天下雌柔的位置。
②或下而取：下，谦下；取，借为聚。
③兼畜人：把人聚在一起加以养护。

译 文

大国要像居于江河下游那样，使天下百川河流交汇在这里，处在天下雌柔的位置。雌柔常以安静守定而胜过雄强，这是因为它居于柔下的缘故。所以，大国对小国谦下忍让，就可以取得小国的信任和依赖；小国对大国谦下忍让，就可以见容于大国。所以，或者大国对小国谦让而取得大国的信任，或者小国对大国谦让而见容于大国。大国不要过分想统治小国，小国不要过分想顺从大国，两方面各得所欲求的，大国特别应该谦下忍让。

经典解读

在诸侯林立的春秋时期，大国不断地发动战争兼并小国，而小国则不得已屈服于大国的威势，甚至朝秦暮楚地在大国之间通过维持平衡而生存下去。老子认为这些都是因为大国兼并蓄养的欲望而造成的。但要想实现这种愿望，通过兼并战争是残忍而不明智的。大国应该向居于江河下游那样坚守雌柔，有容纳百川的胸怀、气度才能让小国自愿投入其怀抱中。如果大国能对小国谦下忍让，那么就会得到小国的信任和依赖，又何必发动战争，导致伏尸遍野，血流漂橹呢！

《孟子·梁惠王》中说："只有仁者能以大国侍奉小国，所以商汤曾侍奉葛国，文王曾侍奉混夷。只有智者能以小国侍奉大国，所以周太王曾侍奉獯鬻，勾践曾侍奉吴国。能以大国地位侍奉小国的，是乐於听从天命的人；能以小国地位侍奉大国的，是畏惧天命的人。乐於听从天命的能安定天下，畏惧天命的能保住他的国家。"老子曾经说过，只有得道的有德圣人才可以统治天下，否则滥用武力发动战争来强取天下，即使能得到一时的成功，其基业也必定不能长久。就如秦王朝，以武力兼并天下，却不知道实行仁政爱民，反而用严刑酷法奴役天下人，最后导致大帝国轰然崩溃。智伯、齐闵王势力强大，都因四处征伐而国破身死；勾践忍辱侍奉吴国，燕昭王含垢侍奉齐国，刘邦在鸿门宴中卑辞向项羽赔罪，却都笑到了最后。

哲理引申

"大邦者下流"，一个人如果想要取得别人的拥护，一定要能为别人着想，而不仅仅是时刻将自己的利益放在首位；同样，一个国家如果想成为天下的领袖，也要甘居下流，将全天下利益放在首位，不能为了谋取本国、本邦的利益而违背道义。

春秋之时，周天子威严丧失，天下诸侯恃武逞强，以兵称雄，道义被彻底抛弃到了天外。这时，齐桓公继承了齐国的王位，在鲍叔牙的推荐下，他得到了管仲的辅佐。齐桓公向管仲询问如何才能称霸天下，管仲说："要想称霸天下，不能单单依靠武力，还要顺从道义，只有按道义行事，才能让天下诸侯信服，才能赢得天下人的尊敬。"于是桓公任用管仲励精图治，对内整顿朝政、例行改革，对外尊王攘夷，存亡续绝。

桓公五年（前681），齐国与鲁国爆发战争，鲁国失败，鲁庄公请求割让城池平息战争，桓公答应了，并与鲁在柯地会盟。会上，鲁庄公的臣子曹沫拔出宝剑，劫持了齐桓公，要求齐国归还鲁国在齐鲁边境上的汶阳之田。齐桓公鉴于形势答应了曹沫的要求。事后，齐桓公想不归还土地并且杀掉曹沫。管仲劝谏说："不给汶阳之田，只是逞一时之快。失信于诸侯，天下人就不帮我们了！"齐桓公思索后将汶阳之田还给了鲁国。诸侯们知道了这件事情，都认为齐桓公有信誉，渐渐地都想依附齐国了。

桓公二十三年（前663年），山戎攻打燕国，燕国向齐国求救，齐桓公出兵讨伐山戎救援燕国，一直打到孤竹才回师。燕庄公于是送齐桓公回国一直送到了齐国的境内。桓公说："不是天子，诸侯相送不能出境，我不可以对燕无礼。"于是把燕君所到的地方割给了燕国，叮嘱燕君学习召公为政，像周成王、周康王时一样给周朝纳贡。诸侯听说此事，都衷心拥护齐国做诸侯的霸主。

当时，狄人势力开始强大，屡屡入侵中原诸侯国。桓公二十七年（前659年），邢国告急，齐桓公召集宋、曹等国共同救邢。狄人退兵后，齐桓公又帮助邢国把都城迁到靠近齐国较为安全的夷仪。不久，狄人又侵犯卫国，杀死了卫懿公。齐桓公便于第二年在楚丘帮助卫国筑新城，使得卫国延续了社稷。

齐桓公称霸，并不单单靠武力，他时时依道义而行事，因此才能得到天下诸侯的依附，相比而下，同时期的楚成王和晋献公同样是雄主，但他们只知道逞武力、巧诈，攻灭别的国家，很少像齐桓公一样，为其他诸侯排忧解难，所以齐桓公能够成为春秋五霸之首，是有其原因的。所以说，大国要想成为天下领袖，不单单要依靠强大的实力，还需要有包容、仁慈的胸怀。

第六十二章
道者，人之宝

"道"是天下万物之根本，是无所不能的，用之于市，可以获利；用之于世，可以得人；依大道而行，没有事是做不成的；不违大道，即使犯了过错都可以免除灾祸。

原　文

　　道者，万物之奥①，善人之宝，不善人之所保②。美言可以市尊③，美行可以加人④。人之不善，何弃之有！故立天子，置三公，虽有拱璧以先驷马⑤，不如坐进此道⑥。古之所以贵此道者何？不曰：求以得⑦，有罪以免邪⑧？故为天下贵。

注　释

　　①奥：幽渊，荫蔽、孕育之所。
　　②善人之宝，不善人之所保：得道的人利用道而行事，未得道的人也要依靠道来保全。
　　③美言可以市尊：宣扬赞美"道"，便可以获得别人的尊敬。
　　④美行可以加人：尊崇践行"道"，便可以使远近之人归附。
　　⑤拱璧以先驷马：拱璧，贵重的玉；驷马，四匹马驾的车。古代的献礼，轻物在先，重物在后。指珍重的宝物和华冗的礼仪。
　　⑥坐进此道：献上清静无为的"道"。
　　⑦求以得：有求就得到。

⑧有罪以免邪：有罪的人得到"道"，可以免去罪过。

译　文

"道"是荫庇万物之所，得道之人依其行事，未得道的人也要靠它来保全。宣扬赞美"道"，便可以获得别人的尊重；尊崇践行"道"，便可以使远近之人归附。那些舍弃它的人是多么愚昧无知啊！所以在天子即位、设置三公的时候，举行拱璧在先驷马在后的献礼仪式，还不如把这个"道"进献给他们。自古以来，人们之所以把"道"看得这样宝贵，不正是由于依其行事一定可以获得成功；犯了罪过，也可凭借它而获得宽恕吗？就因为这个，"道"才能如此被珍视。

经典解读

"道"是天地万物所遵行的自然规律，得道的人遵从"道"、践行"道"而获得成功，那些没有悟到"道"的人，也是因为凭借了"道"而得到保全的。"道"是普遍存在的，无论人是否认识到了它，它都会对人们产生影响。

在老子看来世上没有比"道"更加珍贵、更加有用的东西了。可惜太多的人，并未认识到这一点。世人盲目地追求财货、沉湎于虚名享乐，却把"道"丢在了一边。统治者们珍爱贵器重宝，看重繁冗华纡的礼节，却不重视"道"，这是多么的不明智啊！他们不知道"道"才是一切名利、权力的根本之所在。宣扬"道"，就可以获得真正的美名；践行"道"就可以获得天下人归附；即使犯了过错，也能依靠"道"而得到宽免。

"求以得，有罪以免邪？"这就是说，道能化人，无论是得道圣人，还是普通民众，甚至犯过过错的罪人，只要一心向道，就能免除祸患，而有所得。所以说，"道"是所有人应该追求的东西，正如孔子所云"朝闻道，夕死可矣"。求道不怕晚，不怕曾经错过什么，只要有心向道，一定能获得好处。老子通过说明"道"的这些重要作用来告诫世人，尊崇"道"，践行"道"。

哲理引申

周处是东吴名臣周鲂之子。他年轻之时臂力过人，不好学习，整日驰骋畋猎，纵情肆欲，州里乡曲的人都将其视为祸患。周处自己并未意识到这一点，一次看到乡中父老愁眉苦脸，就问："现在时政和谐年成丰收，何苦不快乐呢？"父老感叹道："三个祸害未除，哪有什么快乐呢？"周处说："指的是什么？"父老回答道:"南山有白额猛虎,长桥下有蛟龙。"周处说:"像这样的祸患,我能除掉它们。"父老说:"你如能除掉三害,那真是一郡的大庆。"周处便进入深山射死了猛虎,又跳到水中与蛟龙搏斗,蛟龙时沉时浮,游了几十里,经过三天三夜的搏斗,才将蛟龙杀死。

周处杀死了蛟龙回来后,听说乡里互相庆贺"三害已除",才知道自己就是第三害,也了解了乡人对自己的厌恶。他决定痛改前非,于是便到吴国寻找著名学者陆机、陆云求教。当时陆机不在,他见到陆云,具以实情相告,说:"我想修养操行而年纪已大,恐怕来不及了。"陆云说:"古代的人看重朝闻道晚上就改变过失,你前途还可以,应担心志向不立,何必忧虑美名不彰呢?"于是周处便磨砺意志发奋好学,说话一定讲忠信,注意克制自己。一年后,州府交相征召。周处在吴国出仕任东观左丞,后来做无难都督。

孙吴被晋朝攻灭后,周处入晋为仕。任新平太守时,他对戎狄安抚讲和,使叛乱的羌人归附,雍地人都赞美他。为广汉太守时,郡内有很多久而未决的案件,周处评考曲直,一时都判决或遣返。出任楚内史时,该郡经历丧乱,新老居户夹杂,风俗不一,周处用教义敦促他们,又把那些露在野外没人认领的尸骸白骨安葬,远近都称赞他。

296年,西北氐、羌等族反叛,首领齐万年称帝。朝廷派周处为建威将军西征。伏波将军孙秀对他说:"你有老母,可以凭这个理由推辞。"周处说:"忠孝之道,怎么能够两全?既然已经告别亲人侍奉国君,父母又怎么能把我当儿子呢?今天是我献身国家的时机。"曾经被周处弹劾过的梁王司马肜为征西大将军,都督关中各种军事。为了报复,司马肜逼迫周处带五千兵进攻数万人。周处说:"我军没有后援,必定失败,不仅自身灭亡,也是国家的耻辱。"司马肜强迫周处进军讨贼,周处便率军进攻齐万年。出发时赋诗说:"去去世事已,策马观西戎。藜藿美梁黍,期待能善终。"说罢便作战,从早晨到日暮,杀敌万余人,弓箭用尽。他手下劝他撤退,周处按剑说道:"这是我报效臣节献出生命的时刻,为何要撤退?以身殉国,不也是可以的吗?"于是全力作战而覆没。朝廷了解到周处的事后,给了他很厚重的嘉奖。

周处年轻之时被乡里视为祸害,但忽然醒悟,决心改过,终于成为一代忠臣,永留青史。孔子说:"朝闻道,夕死可矣。"一个人无论什么时候,只要能坚守正道、回归正道总是不会晚的。这也是老子说"求以得,有罪以免"的含义所在。

第六十三章
大小多少

处理困难的问题要从容易的地方入手，实现远大的目标要从细微的地方入手。天下的难事，一定是由简单的问题积累而成；天下的大事，一定是由微细的小事累积而成。老子要人们不捐小，不弃细，不自大，不轻诺，以德报怨，保守虚空清净的无为之道。

原　文

为无为，事无事，味无味①。大小多少②。报怨以德。图难于其易，为大于其细；天下难事，必作于易；天下大事，必作于细。是以圣人终不为大③，故能成其大。夫轻诺必寡信，多易必多难。是以圣人犹难之，故终无难矣。

注　释

①为无为，事无事，味无味：以无为的态度去有所作为，以不滋事的方法去处理事物，以恬淡无味当作有味。

②大小多少：大，视其大；多，视其多。即以小为大，以少为多。

③不为大：是说有道的人不贪图做大事。

译　文

以无为的态度去有所作为，以不滋事的方法去处理事物，以恬淡无味当作有味。以小为大，以少为多。以德报怨。处理困难的问题要从容易的地方入手，实现远大的目标要从细微的地方入手。天下的难事，一定是由简单的问题积累而成；天下的大事，一定是由微细的小事累积而成。因此，有"道"的圣人始终不贪图大贡献，所以才能做成大事。那些轻易发出诺言的，必定很少能够兑现，把事情看得太容易，势必遭受很多困难。因此，圣人总是看重困难，所以就终于没有困难了。

经典解读

"为无为，事无事，味无味"。践行无为的行为，从事无事的事情，体味无味的味道。

什么叫作践行无为的行为呢？就是顺应自然规律而不妄为，一个人不可以胡作非为，不能被欲望所驱使而无所不为，一个统治者不可以随意扰乱百姓，更不可以为了获得财富、虚名而肆起干戈。

什么叫作从事无事的事情呢？不是人们时常所说的"多一事不如少一事"的明哲保身，而是应该遵守事物的发展规律，而不可乱生事端。

什么叫作体味无味的味道呢？人们喜欢追求华丽的色彩、浓醇的味道，成天梦想着做大事，名留青史，这可以在一定程度上成为前进的动力，但过于崇拜这些，就会陷入浮躁之中，让人迷失自己。所以老子让人们体味平淡，回归安宁，在虚空中领悟"道"的真谛。

"大小多少。报怨以德"。以小为大，以少为多，以德报怨。"九层之台，起于累土"，所有的大事都是从细小开始而做成的，每一个表面的光耀，都有背后无数汗水的浇灌。人们应该认识到这个现实，不要贪多骛远，总想着建立不世之功，没有在小事上的努力一切梦想都是空中楼阁。同样，任何祸患也无不起于毫末，如果不能防微杜渐，任其发展，最终爆发时一定会造成极大的损失。所以古人云：一人三失，怨岂在明，不见是图。

同时，这句话还告诉人们："滴水之恩，当以涌泉相报。"《诗》上说："投我以木瓜，报之以琼琚。"就是说不要轻视微小的恩德，一水一饭之恩也当重视、铭记。当初韩信在穷困之时，受到漂母的照顾，后来用千两黄金来报答恩情；专诸、豫让受到礼遇，不惜以性命相报；侯嬴得到信陵君的恩惠，以自杀来明志……这些都是历史上著名的义士，受人敬仰。善虽小，为之必报，恶虽小，为之必报。因此，刘备告诫儿子："勿以善小而不为，勿以恶小而为之。"

"夫轻诺必寡信，多易必多难。"那些轻易发出诺言的，必定很少能够兑现的，把事情看得太容易，势必遭受很多困难。春晚有过一个小品，是说一个人总是好面子，在外面对别人承诺，却又没能力办成，最后弄得自己内外交困。

承诺一定要从自己的能力出发，不能办成的事一定不可轻易承诺，否则便会失信于人。所以君子一定要量力而行，深记"人无信而不立"。对待事情，不可掉以轻心，否则很容易陷入困境。陈余因为自恃力量强大，不听从李左车的计策而兵败被杀；苻坚因为过分自信而一败涂地。只有不自大，而重视外物，才能立于不败之地。

哲理引申

人们都羡慕那些做大事的人，希望能够一飞冲天，其实"九层之台起于垒土"，所有的大事都是从小事积累而来的。

春秋之时，秦穆公有一匹好马，这匹马不仅长得十分壮美，而且日行千里，鸣声慑人，秦穆公将其视为掌上明珠。一次，秦穆公忽然得到消息，这匹宝马找不到了。如此，一匹引人注目的良马怎么会找不到呢，秦穆公心中十分焦急，于是立刻下令要在全国范围内搜寻这匹马的下落。

经过严密搜查，追捕的官吏发现这匹马原来让岐山下的土著居民捕捉到了。于是连忙去索要，不幸的是，这些人将这匹宝马给宰了，并且已经吃掉了。官员们十分担心，就抓捕了所有吃了那匹马的肉的人，竟然有三百个。官员们战战兢兢地向秦穆公汇报，说他的爱马被这些土著居民当成了美餐。没想到秦穆公听了以后，说："有道德的人是不因为牲畜的缘故而伤害人的，我听说吃马肉不喝酒会伤身体。"于是下令赦免所有的人，并给他们酒喝。

后来秦国和晋国爆发了韩原之战，秦穆公陷入晋军包围之中，危急时刻，忽然冲出一队人拼死作战，不仅救了秦穆公还帮助秦军将晋惠公俘虏。原来这就是曾经被秦穆公赦免的三百人，他们拼死来报答秦穆公当初让他们食马饮酒的恩德。

同样是春秋时代，晋灵公荒淫无道，执政赵盾屡次进谏而不听，劝多了晋灵公感觉赵盾总是对自己指指点点，颇为不快，于是决定除去这位碍事的执政大臣。一次，他在宫内伏下甲兵，邀请赵盾赴宴。赵盾到后，见到有埋伏，连忙在护卫的保卫下逃走，晋灵公放出恶犬，派出甲士追杀，情况万分危急。这时晋灵公追杀的队伍中，忽然有一个甲士倒戈相向，对抗其他追杀者，帮助赵盾成功逃亡。后来赵盾问他这是为何。甲士说："我就是在翳桑的那个饿汉。"

原来，鲁宣公二年（前607年），赵盾在首阳山打猎，住在翳桑。他看见一人面黄肌瘦，就去询问他的病情。那人说："我已经三天没吃东西了。"赵盾就将食物送给他吃，可他却留下一半。赵宣子问他为什么，他说："我离家已三年了，不知道家中老母是否还活着。现在离家很近，请让我把留下的食物送给她。"赵盾让他把食物吃完，另外又为他准备了一篮饭和肉。正是这个人临阵倒戈救了赵盾的性命，也正是赵盾的那一顿饭的恩赐救了自己的性命。

刘备去世前告诫自己的儿子："勿以恶小而为之，勿以善小而不为。"一个人可能不经意间的一件善事就成就了自己，拯救了自己；也可能不经意的一件小事就葬送了自己，毁掉了自己。所以，老子告诫世人：大小多少。

第六十四章
善始慎终

安定的容易把持，未出现征兆的容易图谋；脆弱的容易消解，细微的容易失散；做事情要在它尚未发生以前就处理妥当，治理国政要在祸乱没有产生以前就早做准备。老子教导世人应谋于未兆，为于未有，治于未乱，慎终如始。

原 文

其安易持，其未兆易谋；其脆易泮①，其微易散。为之于未有，治之于未乱。合抱之木，生于毫末②；九层之台，起于累土③；千里之行，始于足下。为者败之，执者失之。是以圣人无为故无败，无执故无失。民之从事，常于几成而败之。慎终如始，则无败事。是以圣人欲不欲，不贵难得之货，学不学④，复众人之所过，以辅万物之自然而不敢为。

注 释

①其脆易泮：泮，散，解。物品脆弱就容易消解。
②毫末：细小的萌芽。
③累土：堆土。
④学：这里指办事有错的教训。

译 文

安定的容易把持，未出现征兆的容易图谋；脆弱的容易消解，细微的容易失散；做事情要在它尚未发生以前就处理妥当，治理国政要在祸乱没有产生以前就早做准备。合抱的大树，生长于细小的萌芽；九层的高台，筑起于每一堆泥土；千里的远行，是从脚下第一步开始走出来的。胡乱妄为的将会招致失败，强行把持的终将失去。因此圣人不妄为所以也不会招致失败，不强行把持所以也不遭受损害。人们做事情，总是在快要成功时失败。当事情快要完成的时候，也要像开始时那样慎重，就没有办不成的事情。因此，圣人追求人所不追求的，不稀罕难以得到的货物，学习别人所不学习的，补救众人所经常犯的过错，遵循万物的自然本性而不会妄加干预。

经典解读

在上一章中，老子论述了要"大小多少"，行无为之事，本章则从"善始"、"慎终"两方面来继续论述"无为"的重要性，告诫人们不浮躁、贵自然。

"其安易持，其未兆易谋；其脆易泮，其微易散。为之于未有，治之于未乱"。任何事物都有一个蕴育、出现、兴盛、衰亡、消失的过程，没有什么是忽然出现的，所以在上一章老子说："图难于其易，为大于其细；天下难事，必作于易；天下大事，必作于细。"做事情要未雨绸缪、深谋远虑，在情势恶化之前，对其进行准备、疏导，而不是临时抱佛脚。也就是说，人应有先见之明，能够消灭祸患于其未发之前。

在冬天到来之前就开始储备木柴、加厚棉衣，在乌云密布之时，就开始寻找避雨的地方。正是因为人们知道将要到来什么，可是对于那些征兆并不如此明显的事情，大多数人就不能早做准备了，只有智者才能知机而早为。周厉王就是不懂得防患于未然，一味地压制百姓，结果导致国人暴动，被流放而死；春申君就是不能听进朱英的良言，而被李园杀害；霍光就是不能看到自己家族的隐患，所以死后不久就惨遭族灭。相反，有些智者则能够在事情出现之前就预测到，从而躲避灾难，比如劝说智伯的智果、絺疵，劝谏虞公的宫之奇，预言吴国将要灭亡的伍子胥……

"合抱之木，生于毫末；九层之台，起于累土；千里之行，始于足下"。所有的成功都是一点一滴奋斗聚集而成的。俗话说"台上一分钟，台下十年功"，只有沉下心来，从小事做起，才能最终取得辉煌。现代的快节奏生活，给了人们很多机会，同时带来的是巨大的压力，年轻人一方面对那些成功人士的一举一动都羡慕不已，一方面又被喧嚣的尘事所羁绊，很难真正地静下心来好好努力。于是，沉迷在对成功的憧憬中，而整日碌碌无为，到最后光阴轻弃，岁月流逝，才发现一切都晚了。所以说，凡事不能浮躁，不能操之过急，都要遵照事物的发展规律慢慢来，踏踏实实地打好基础，才能最终取得成功。

"为者败之，执者失之。是以圣人无为故无败，无执故无失"。第二十九章曾经说过"天下神器，不可为也，不可执也。为者败之，执者失之"，强调统治者不可肆意妄为，要尊重自然规律，谨守无为之道。

"民之从事，常于几成而败之。慎终如始，则无败事"。很多事情眼看着就要成功了，却忽然发生了变化，导致失败。只有注重事物的细节，小心始终，才能避免失败的命运。

哲理引申

龚遂，字少卿，山阳郡南平阳县（今山东省邹城市）人，西汉官员。他开始为昌邑国郎中令，侍奉昌邑王刘贺。但刘贺是个不折不扣的纨绔子弟，行为十分不端正，龚遂多次规劝他，但刘贺根本听不进去，每次听到他的劝谏就掩耳而走，并对人说："郎中令最善于羞辱人了。"刘贺如此荒唐，分不出好坏忠奸，于是身边很快聚集了众多阿谀奉承之辈，他们不仅不对刘贺的不法行为进行劝谏，反而与其沆瀣一气，对其荒唐无道推波助澜。龚遂的忠谏受到很多人的嘲笑，他们认为他不识时务。

汉昭帝死后，没有儿子，于是，大臣们就迎立和昭帝血缘最近的刘贺为帝。此时，刘贺身边的那些小人们都兴高采烈，认为出人头地的机会来了，几百人拥簇着刘贺离开封国，准备进京即位。在路上，刘贺的荒淫无耻暴露无遗，车队到处大肆扰民，毁坏农田、强抢妇女。不仅看不出天子死后应有的悲伤，也看不到将要继承大统而显露出来的谨慎、谦虚。身边那些人如今更是大肆讨好未来的天子，以便将来能封得更高的职位。只有龚遂和中尉王阳多次劝谏，但没有取得什么效果。

刘贺即位之后，继续骄奢淫逸，他身边的那些近臣也鸡犬升天，几天之内刘贺连续给他们升职，这些人也忘乎所以，将长安城搞得乌烟瘴气。这样引起了朝廷旧臣们的不满，终于大将军霍光等人发动政变，将刘贺废除。与刘贺同来的属臣二百多人，刚刚升职，屁股还没坐热就全部遭到了诛杀，只有龚遂和王阳因为多次劝谏而免于死刑。龚遂被剃去头发判处四年徒刑。汉宣帝继位后，听说他的贤能，起用他担任渤海太守。

当时渤海临近各地发生饥荒，民不聊生，盗贼蜂起，郡太守们不能制止。

龚遂认为渤海距离都城遥远，没有沐浴到皇恩教化，那里的百姓因为灾荒而饥寒交加才不得已而作乱，对其应当灵活处理不可一味镇压。他到任后立刻向治下各县发布文告：将郡中追捕盗贼的官吏全部免职，凡是手中拿着锄、镰等农具的都是良民，官吏不得拿问，手中拿着兵器的才是真正的盗贼。乱民们听说了龚遂的法令，立即瓦解散伙，丢掉武器，回去种田了。经过他的治理，渤海郡很快人民富足，百姓安康，连官司都少了很多。

龚遂在侍奉刘贺之时尽职劝谏，所以能够免除大祸；他在做渤海太守之时没有像其他官吏那样对做了盗贼的百姓进行镇压，而是深入地了解了他们之所以做盗贼的原因，既处理好了暴乱，也为自己赢得了皇帝的信任。所以智者一定能够防患于微，察患于隐，舍其末，而逐其本。

第六十五章
去巧智

治国者不能教民以智巧,而是要让人民回归于纯朴。用巧智治国,必将危害国家,而纯朴厚重才是国家的福泽。因此老子提倡"将以愚之",使民无知无欲。

原　文

古之善为道者,非以明民①,将以愚之②。民之难治,以其智多③。故以智治国,国之贼④;不以智治国,国之福。知此两者⑤,亦稽式⑥。常知稽式,是谓玄德。玄德深矣,远矣,与物反矣⑦,然后乃至大顺⑧。

注　释

①明民:让人民知晓巧诈。

②将以愚之:使老百姓无巧诈之心,敦厚朴实、善良忠厚。

③智多:智,巧诈、奸诈,而非为智慧、知识。

④贼:伤害的意思。

⑤两者:指上文"以智治国,国之贼;不以智治国,国之福"。

⑥稽式:法式、法则。

⑦与物反矣:反,通返。此句意为"德"和事物复归于真朴。

⑧大顺:自然。

译　文

古代善于为道的人,不是教导人民知晓智巧伪诈,而是教导人民淳厚朴实。

人们之所以难于统治，乃是因为他们使用太多的智巧心机。所以用智巧心机治理国家，就将导致国家受到伤害，不用智巧心机治理国家，才是国家的福分。了解这两种治国方式的差别，就是一个法则，经常了解这个法则，就叫作"玄德"。玄德深奥玄远，和具体的事物复归到真朴，然后才能顺乎自然。

经典解读

很多人认为老子的思想是愚民思想，是为统治者维护其专制利益而服务的。其实老子并不是要人们愚昧无知，而是达到那种婴儿般的毫无心机的境界。

有道的统治者不会去告诉人民如何逞巧使诈，而是引导人民回归于淳朴，使智者不敢有所为。时代的发展，社会上出现了很多新事物、新思想，人们的思维也越来越开阔。这带来了社会的不断进步，但与此同时这也带来了很多缺陷，甚至罪恶。尤其是，进入信息化社会以后，电话、手机、电脑、网络工具的普及，在给人们带来便利之时，也成为了很多不法分子进行违法活动的途径。电话诈骗、网络诈骗层出不穷。于是，很多机构开始向人们普及，如何防止上当受骗，如何辨识网络诈骗。在学习这些防骗知识之余，也不禁深思，是否随着社会的发展，民风有些"不古"了呢？这些防骗智慧的出现到底是社会的进步，还是退步呢？

也许只有回归于"道"才能改变这些社会上的不良现象，只有这样才能从根本上消除人们的贪欲、恶念，才能让社会告别那些不必要的巧诈和因之而产生的防诈之术。

哲理引申

老子指出，真正善于治理人民的统治者，并不是依靠巧智而进行统治，他们以诚实对待人民，教人民诚实行事。这样的国家，没有那么多阴谋诡计，没有必要时刻钩心斗角，统治者不必担心民众阴谋造反，民众也不会随意对上猜忌疑虑，所有人都能各行其是，这才是国家的幸福、天下的幸运。

相反，有些统治者总觉得自己很聪明，时时用智谋驱使别人为自己卖命，用智谋提防身边的所有人。比如，曹操，他虽然的确很有智谋，但生活之中却充满了钩心斗角，要防备对手，防备下属，防备身边的近侍，甚至连自己的儿子都要防备。这样的人即使处于再高的位置，又有什么可快乐的；他们的统治看似牢固，其实完全是建立在欺诈之上，随时可能倒塌。也正是因为如此，曹魏政权并没有持续多久，就被人用和曹操父子同样的手段夺走了。《韩非子·说林上》说："巧诈不如拙诚。"唯诚可得人心。奸巧欺骗可能能取得一时的目的，然而当谎言破灭以后，所有的成果都会随之消散；只有以诚待人，遵道行事，才能真正取得长久不衰的功业。

统治者需要以诚治民，不行巧智，君子处世亦当如此。一个人是否有大智慧，能够取得大成就，不在于他懂什么阴谋诡计，能够耍几个小聪明，而在于他是否坚守原则，行事合乎道义。《孟子》中记载了这样一个故事，郑国执政子产得到了一条鱼，他看到鱼在盆中忽然生出了恻隐之心，便吩咐身边的小吏将鱼放到池子里去。小吏接受了命令，却偷偷将鱼煮着吃掉了。吃完后回来向子产汇报说："我把鱼刚刚放进池子中时，它还奄奄一息的样子；过了一会儿它的尾巴开始摇摆起来，眨眼间就钻进深处看不见了。"子产听了很高兴，说："鱼得到好的去处了！鱼得到好的去处了！"小吏出来以后，沾沾自喜地对别人夸耀道："谁说子产有智慧的？我都把鱼煮着吃了，他却在那感慨：'鱼得到好的去处了！'"

小吏自以为很聪明，甚至比子产还聪明，但他这种聪明只不过是耍点小诡计而已。表面上占了一点好吃，偷吃了一条鱼，其实是损害了自己的德行，得不偿失。而子产，虽然受到欺骗，却是一个真正有大智慧、大德行的人，他将国家治理得井井有条，使郑国夹在晋楚两个大国之间得以保全，岂是耍阴谋诡计的小吏所能比拟的！

然而，生活中却有很多那位小吏一样的人，喜欢耍点小聪明，占别人一点小便宜，偶尔欺骗别人一两次。他们带着这些战果，到处沾沾自喜，向别人夸耀自己的智慧，这种行为看似聪明，实际上蠢不可及。欺骗别人一两次，得到一些微不足道的好处，丧失了自己的诚心，违背了立身处世的大道，总有一天将会为自己的"聪明"付出沉重的代价。烽火戏诸侯的周幽王，"狼来了"那个故事中的孩子，不都是从欺骗别人之中得到了一时快乐，可他们的结果却是失去了全部，甚至生命。

无论是治理天下，还是为自己的生活而拼搏，都必须知道，小聪明不等于大智慧，人民欺骗不得，上天欺骗不得，生活也欺骗不得。一个人要想取得成功，必须以真诚对待生活，以真诚对待他人，欺瞒巧诈，不如愚而守诚。

第六十六章
甘为民下

江海之所以能够成为百川河流所汇聚的地方,是由于它善于处下。圣人要领导人民,也要用言辞对人民表示谦下。即统治者应具有不争、甘为民下的品质。

原　文

江海之所以能为百谷王者,以其善下之,故能为百谷王。是以圣人欲上民,必以言下之;欲先民,必以身后之。是以圣人处上而民不重①,处前而民不害。是以天下乐推而不厌。以其不争,故天下莫能与之争。

注　释

①重:累、不堪重负。

译　文

江海之所以能够成为百川河流所汇聚的地方,是由于它善于处在低下的地方。因此,圣人要领导人民,必须用言辞对人民表示谦下,要想领导人民,必须把自己的利益放在他们的后面。所以,有道的圣人虽然地位居于人民之上,而人民并不感到负担沉重;居于人民之前,而人民并不感到受害。天下的人民都乐意推戴而不感到厌倦。因为他不与人民相争,所以天下没有人能和他相争。

经典解读

在第七章中老子就以天地长久,来论述"圣人后其身而身先,外其身而身存"的道理,这里再次用江海汇聚百川的比喻,来告诫统治者要能在言行上自

[第六十六章] 甘为民下

甘民下，才能最终居于民上。

　　天下不是君王一个人的天下，也不是某些人的天下，而是所有天下百姓的天下。"水能载舟，亦能覆舟"，位于人民之上的统治者只有认清这个道理，才能获得百姓的认可，他们只有时刻将百姓的利益放在首位，才能得到百姓的爱戴。所以第四十九章说："圣人常无心，以百姓之心为心。"孟子也说："民为贵，社稷次之，君为轻。"只有明白这个道理，将百姓放在自己的前面，统治者才有资格来治理天下，如果将自己高高地悬于万民之上，通过自己的地位和权力而胡作非为，只能被人民所抛弃，失去他原有的位置。也正是因为此，古代的君主们自称为"孤"、"寡"、"不谷"，每遇到灾害就下罪己诏，向上天祈祷，降福万民，而惩罚自己的过失。

　　一个统治者是否得到人民的爱戴，在于他是否将自己看成人民的一部分，是否能和百姓同乐同悲。能爱百姓之所爱，恶百姓之所恶的人，才能"处上而民不重"。若只是考虑着自己纵欲享乐，而干扰百姓的正常生活，只能让人民反对。

哲理引申

　　统治者都希望得到百姓的爱戴、拥护，然而很多统治者只是把这些"梦想"放在口头之上，只有那些真正爱护百姓，关心百姓，与民同乐的君王才能得到百姓的爱护。《曹刿论战》大家都学过，曹刿在问鲁庄公何以战时，庄公先回答了"衣食所安，弗敢专也，必以分人"、"牺牲玉帛，弗敢加也，必以信"，都被曹刿拒绝，只有"小大之狱，虽不能察，必以情"这个理由才被接受。因为前两个理由惠及的都是身边的人、神灵，他们和普通人民关系不大，所以人民不会支持他。

　　勾践在击败吴王阖闾之时，以为自己十分了不起，所以妄自发动与吴国的战争，结果大败而归险些灭国。这时，他才知道只有百姓才是他能倚靠的力量。于是开始善待国民，孕妇到了临产时，向官府报告，官府就派医生去看护。生了孩子国家协助哺育，死了孩子国家给予抚恤。那些孤老、寡妇、患疾病的、贫困无依无靠的人家，官府就收养他们的孩子。勾践还亲自用船装满了粮食肉类到各地巡视，遇到那些漂流在外的人，就供给他们饮食。勾践本人也亲自参加劳动，不是自己种出来的东西就决不吃，不是自己妻子织的布就不穿。因此，越国人都感激他的恩德，誓死为他复仇，最终战胜了吴国。

相反，夏桀无道，夏朝的人民不仅不爱戴他，甚至诅咒说希望能和他同归于尽。当听到商汤起兵讨伐夏桀的消息后，天下人都踮着脚盼望商汤军队的到来，发出"徯我后，后来其苏"的感慨。

《孟子·梁惠王》中记载了孟子和齐宣王的一次对话。齐宣王问道："听说周文王的捕猎场方圆有七十里，真有这回事吗？"孟子回答："史书上有这样的记载。"齐宣王问："这真有那么大吗？"孟子说："可百姓还嫌它太小呢！"齐宣王说："我的捕猎场才方圆四十里，可百姓还觉得太大，这是为什么呢？"孟子说："文王的捕猎场方圆七十里，割草砍柴的人可以去，捕禽猎兽的人也可以去，是与百姓共享的公用场所。百姓嫌它小，不是很合理吗？我刚到达齐国的边境时，问清国家的重要的禁令以后，才敢入境。我听说在国都的郊野有四十里见方的捕猎场，如果有谁杀死了场地里的麋鹿，就跟杀死了人同等判刑，那么，这四十里见方的捕猎场所，就等于在国内设置了一个方圆四十里的大陷阱。百姓觉得它太大，不也同样合乎情理吗？"

只有与民同乐，忧民之忧，乐民之乐者人民才会爱戴他，支持他，甘愿为他效力；那些高高在上，残暴不仁的统治者，所能得到的只有人民的怨恨。这也是老子说"欲上民，必以言下之；欲先民，必以身后之"的原因所在。

第六十七章
圣人"三宝"

仁慈博爱、节俭爱惜、处下居后,是老子的三宝,有了它们便可以战必胜、守必固;而失去了它们,则是自取灭亡。

原 文

天下皆谓我"道"大①,似不肖②。夫唯大,故似不肖。若肖,久矣其细也夫!我有三宝③,持而保之:一曰慈,二曰俭④,三曰不敢为天下先。慈故能勇⑤;俭故能广⑥;不敢为天下先,故能成器长⑦。今舍慈且勇⑧;舍俭且广;舍后且先,死矣!夫慈,以战则胜,以守则固。天将救之,以慈卫之。

注 释

①天下皆谓我"道"大:天下人都认为"道"过于空泛广大。

②似不肖:什么都不像。

③三宝:三件宝贝、法宝。

④俭:啬,保守,有而不尽用。

⑤慈故能勇:仁慈所以能勇武。

⑥俭故能广:俭啬所以能大方。

⑦器长:器,指万物。万物的首长。

⑧且:取。

译 文

天下人都认为"道"过于空泛广大,什么都不像。正因为大,所以才不像任何具体的事物。如果它像任何一个具体的事物，那么它也就显得很渺小了。我有三件法宝执守而且保全它：慈爱、俭啬、不敢居于天下人的前面。有了柔慈，所以能勇武；有了俭啬，所以能大方；不敢居于天下人之先，所以能成为万物的首长。现在丢弃了慈爱而追求勇武；丢弃了俭约而追求大方；舍弃退让而求争先，结果都是走向死亡。慈爱，用来征战，就能够胜利，用来守卫就能巩固。天要援助谁，就用柔慈来保护他。

经典解读

很多人都以为老子的言说过于虚无缥缈，过于空泛无形，但正是这种大，才显现出了"道"的唯一性。所谓"大音希声，大象无形"，如果"道"也有特定的形状和声音，也可以轻易地就被观察到，那它就不能成为世界的本源了，也就不能作为支配时间万物运作的根本规律了。人们习惯通过自己的经验和主观意志来观察、看待世间万物，所以他们对自己不能认识的事物总是心存怀疑，老子就是针对这种情况而说的。

"我有三宝，持而保之：一曰慈，二曰俭，三曰不敢为天下先"。老子所说的三宝，就是"慈"、"俭"、"不敢为天下先"，这三条法则，有了它们便可以终身不殆。"慈"，就是慈爱，老子所说的"慈爱"并不是对什么东西过于珍视，过于溺爱，也不是像东郭先生那样滥用同情心，而是要任其自然，不违背事物本性，滥用、挥霍事物。如前面所说的"天地不仁，以万物为刍狗"。"俭"即第五十九章所说的"啬"，就是对事物节俭、爱惜，对百姓宽容、和爱，而非肆意妄为，滥用事物、滥用民力。"不敢为天下先"就是后其身、下其位，甘愿人下而不争。

"慈故能勇；俭故能广；不敢为天下先，故能成器长"。这是老子从正面对"三宝"的作用进行论述。一个人拥有慈爱，才能勇敢。一方面，"慈"能使自己勇敢：保家卫国的战士因为拥有对国家、人民的爱，所以才会永远走上战场；为民请命的官员因为拥有对百姓的慈爱，才能敢于为民做主，和恶势力做斗争；那些母亲保护孩子而同天灾、猛兽抗争的例子无不是因为拥有慈爱而出现的。另一方面，"慈"能使人民勇，一个让百姓感到慈爱的政权，百姓才会在危难之中奋起保卫它；一个统治者拥有慈爱之心，所以百姓才会为了他而赴汤蹈火；一个将领，拥有慈爱之心所以战士才会前仆后继、死不旋踵。所以说：慈故能勇。"俭故能广；不敢为天下先，故能成器长"，前面已经多章论述，不再赘言。

[第六十七章] 圣人"三宝"

"今舍慈且勇；舍俭且广；舍后且先；死矣！"这是老子根据时代背景出发，从反面来对"三宝"的重要性进行论述。当时众多诸侯，为了一己之私欲，相互征伐，不实行仁慈之政，却网罗勇猛好兵之士；不节俭养民，却滥用民力；不居下处后，却自以为君命神授，凌辱百姓。这样的君主、国家到头来只能走向灭亡。

"夫慈，以战则胜，以守则固。天将救之，以慈卫之"。在论证完"三宝"的作用后，老子指出了"三宝"的核心——慈。指出只有仁慈博爱，才能战无不胜，不可战胜。所以说上天如果眷顾一个人，一定会先给他一个仁慈的心。有了仁慈的心，才能得到尊重、得到支持，建立不朽的功勋。这和孟子所说的"仁者无敌"，有异曲同工之妙。

哲理引申

自古功臣名将死于非命者多，得善终者少，即使能得善终，也大多如范蠡、张良急流勇退。白起赐死杜邮、韩信被诛长乐宫、彭越被枭首、高长恭饮鸩……从古至今名将功高而能全身者莫如郭子仪。郭子仪为平定安史之乱的中流砥柱，唐肃宗曾派人慰劳他说："国家再造，是你的功劳。"平定安史之乱后，他位高权重，名震天下，这样的功业地位没有不招致猜疑、忌妒的。但郭子仪谨慎处事，虚怀若谷，不以功自傲，不以名自得。

唐肃宗上元二年（761年），为了表彰平定安史之乱和拥立之功，皇帝将郭子仪封为汾阳王，还在长安的亲仁里建造了一栋金碧辉煌的王府。令全长安人不解的是，郭子仪住到了新王府后，下令将王府大门打开，任由人们进入观看，还不准府中之人干涉。一天，郭子仪的一个部下要调到外地，前来辞行。他知道郭子仪府中没有禁忌，一直走入内宅，准备拜访郭子仪。没想到，他竟然看到堂堂汾阳王正在帮助爱女和夫人梳妆打扮，一会儿递手巾，一会儿去端水。虽然在现在看来这很正常，但在古代尤其是郭子仪这样地位的人这是不能想象的，张敞画眉只受诗人们赞赏，但在宿儒学士眼中是极其掉身份的事情。这位将官看到后惊讶万分，回去后向人们谈论，一传十、十传百，很快大家都知道了汾阳王的这个笑话。

郭子仪的儿子们听说传言，觉得太丢王爷的面子了，赶忙回去禀告郭子仪，没想到郭子仪毫不在意。儿子们又要求郭子仪像其他王府那样森严戒备，阻挡闲杂人等入内。他们甚至流着泪说："您功绩显赫，声震天下，得到朝野尊重，可为何自己不尊重自己，不管什么人都放进府中。即使商朝贤相伊尹，汉朝大将军霍光也没有这样做啊！"

郭子仪长叹了一声，对几个儿子语重心长地说道："我现在被封为汾阳王，已经是一人之下万人之上了，到了富贵的极点了。你们太年轻，只知道争强好胜，没有看到过这显赫声势背后的危机。月盈则亏，日正则偏，盛极而衰是万物的规律，我们不仅不该炫耀，而且应当及时急流勇退，这才是万全之策。可如今皇帝正在用人之际，我又不能卸甲山林。再说我们郭家一千余口人，到哪去隐居呢？在这进退两难之时，如果我们再紧闭府门与外界隔阂，有仇家定会诬告我们对朝廷不忠，若再有嫉贤妒能之辈的添油加醋，如果引起了皇上猜忌，我和你们就都死无葬身之地了。"

他的儿子们听了父亲的话恍然大悟，无不佩服郭子仪有先见之明。郭子仪在朝为官也是不露锋芒，从来不在皇帝和同僚面前言说自己以前的功绩，对那些深受皇帝信任的权贵既不阿谀也不排斥，只是尽职尽责为国家着想。从而避免了皇帝和权臣对其进行猜忌。他一生富贵，在肃宗、代宗、德宗数朝身居高位。

在唐代宗之时，宦官程元振自认为有拥立之功，担心老将难以制服，多次离间诬陷，使郭子仪被罢免副元帅之职。郭子仪将肃宗所赐的诏书一千余件全部呈给代宗，以表明自己的忠心。代宗看后，安慰郭子仪道："使重臣忧虑，我很惭愧，从今后您不要担心。"

身为重臣，时时都会受到猜忌和忌妒，但郭子仪深知"锉其锐，解其纷，和其光，同其尘"的立身之道，虚怀若谷，明德保身，不仅能全身而终，还泽荫后代。

第六十八章
不争之德

老子论述了作为领导者的几个原则：不武、不怒、不与、为之下。他要求领导者不逞勇武，不轻易被激怒，避免与人正面冲突，充分发挥他人的才智能力，善于利用别人的力量，其本质是不争之德。

原　文

善为士者①，不武；善战者，不怒；善胜敌者，不与②；善用人者，为之下。是谓不争之德，是谓用人之力，是谓配天古之极③。

注　释

①士：指领导者、统率者。
②不与：意为不争，不正面冲突。
③配天古之极：符合自然的道理。

译　文

善于作为领导者的，不逞其勇武；善于作战的人，不轻易生气；善于胜敌的人，不与敌人正面冲突；善于用人的人，对人表示谦下。这叫作不与人争的品德，这叫作运用别人的能力，这叫作符合自然的道理。

经典解读

本章主要通过用兵的道理来说明统治者应当遵守的行为准则，即不争。有人将老子看为一部兵书，本章就是很好的证明，其实这是对老子思想的狭隘化。"道"是天下万事万物的本源，绝非仅仅用在用兵之上。老子只是就军事现象，为其思想提供论据。

"善为士者，不武"，项羽勇猛天下无双，妄图以武力征服天下，最后却被韩信围在垓下；吕布一杆方天画戟无人可敌，却被曹操绑在白门楼之下；齐闵王、智伯依靠武力骄横无道，最终身死国破。一个最好的统帅，应该是一个知进知退，相时而动的智者，而绝不是一味逞匹夫之勇的暴虎冯河之辈。

"善战者，不怒"，善于战争的人，不会轻易被敌人激怒。《孙子兵法·火攻》写道："主不可以怒而兴师，将不可以愠而致战。"如果主将被激怒，就会失去判断力，失去判断力，就会妄为，妄为就会导致失败。

"善胜敌者，不与"，善于战胜敌人的人，不与敌人正面交战。《孙子兵法·谋攻》中有："不战而屈人之兵，善之善者也！"杀敌一千，自损八百，与敌人正面交战导致血流漂橹，伏尸遍野是最下等的胜利方法；胜一筹的是用诡道、奇谋出其不意地攻击并战胜敌人；最好的是不战而屈敌。如何能不战而屈敌呢，就是得"道"、修德。尧舜修德于都城之中，不出一卒而天下都归顺于他们；帝辛无道，周文王修德行善，天下诸侯都听命于他；齐威王接受邹忌的劝谏，改过自新，燕赵韩魏都朝觐齐国，史称"战胜于朝廷"，这就是不战而屈人之兵。

"善用人者，为之下"，圣人后其身，才可以为天下先；不与天下争，才可以为天下谷。统治者要想得到人心，一定要有居下、不争之心。优秀的将领，有了功劳让给部下，有了过错自己承担，和士兵们同甘共苦，同饮同居，所以将士才能用命，在战场上才能慷慨赴难，死不旋踵。

有了这些优点，一个人才能成为合格的统治者，才能运用群策群力取得成功，才叫作符合天道。

哲理引申

"善战者不怒"，一个优秀的将领一定要时刻保持冷静的头脑，不能让愤怒左右自己的判断力；一个决策者，一定要时刻保持平静的心情，不能带着情绪而盲目下决定。所以人们常说，不要在生气的时候决定一件事，否则你会很快品尝痛苦、悔恨的滋味。

公元前203年10月，项羽在成皋与驻军黄河北岸的刘邦对峙，楚军因被汉军阻拒而无法向西进攻，汉军也难以攻下成皋。这时，刘邦派遣卢绾、刘贾率领两万多人渡过白马津协助彭越袭击楚军的后方梁地，攻下十多座城池。梁地连接楚腹地与楚军前线，是楚军粮草运输的重要通道，一旦该地被攻下，楚军而宁可后退一尺。"这就叫作道路上没有行伍之兵；有了争论也不会动武逞强；没有敌人可以去攻打；没有兵器可执握。再没有比轻敌更大的祸患了，轻敌几乎使我丧失了"三宝"。所以，两军势均力敌的时候，怀有悲悯之心的一方可以获得胜利。

经典解读

"吾不敢为主，而为客；不敢进寸，而退尺"。老子的思想是反战的，他在春秋乱世中看惯了征伐厮杀的现状，看到了战争带给人们的灾难，于是十分反对为了获取虚名、土地而主动进攻别国。这句话一方面反映了老子的反战思想，同时它也是一种很好的战争策略——即示弱骄敌、韬光养晦、以退为进。

"行无行；攘无臂；扔无敌；执无兵"。第一个"行"是指"道路"，第二个"行"是指"行伍"。攘臂是与人相争、相斗状，而攘无臂就是袖子只捋上来一点点，有了争论却也只是发发火，没有真正动用武力。扔无敌，就是想要争斗都找不到敌人；执无兵，是指人们手中执着的都不是兵器，想找兵器都找不到。这句话意思即是，统治者谨守不争之德，百姓也就受到潜移默化，不知争强好胜了。

"祸莫大于轻敌，轻敌几丧吾宝。故抗兵相若，哀者胜矣"。遇到争端就肆起干戈，这样就会丧失"慈、俭、不敢为先"这三宝。丧失了"三宝"就不能"以战必胜，以守必固"，因此即使在战争发生之时，两军实力相当的时候，胜利者也一定属于怀有悲悯之心，哀怜之心的一方。

哀兵必胜，即使过去了两千多年，老子的思想依然在战争中有鲜明的体现。第二次世界大战之时，德、日、意法西斯战争准备充足，兵员训练优秀，武器装备先进，统帅也十分出色，但就是因为没有仁慈之心，他们发动战争是为了奴役世界人民，为了掠夺其他国家的资源，在战争过程中更是烧杀抢掠无恶不作。"失道者寡助"，任何优秀的指挥官，任何先进的武器装备都不能挽救其败亡的命运，他们只能在世界人民的反法西斯大潮中走向败亡，自食发动战争的恶果。

如果为了利益、欲望而轻易发动战争，得到的只能是无限的灾害。只有以不争的态度治国，以博爱的心怀处世，才能永葆繁荣，永远不陷于危难之中。

哲理引申

　　本章老子主要是表述反战的思想，但很多人也将其视为用兵之法，即以退为进、反客为主、不可轻敌等。的确，在历史上很多战争都证实了这些思想在战争中的重要作用，很多军事家都将这些思想视为典则。

　　战国后期，中原诸侯之间连年征战，无暇他顾，而北部的匈奴则趁势崛起，燕、赵、秦等北方诸国为了防备匈奴不得不修筑长城，派遣重兵防守北部边境，尤其是赵国，在代地部署了大量军队。然而，即使如此匈奴还是不断入侵，时时抢掠边境州县。

　　李牧就是在这样的环境下，被调为雁门郡边将，领兵防备匈奴。为了发挥将领的优势，赵王给了他很大的权力，他可以根据需要设置官吏，防地内城市的租税都送入李牧的幕府，作为军队的经费。李牧每天宰杀几头牛犒赏士兵，教士兵练习射箭骑马，小心看守烽火台，多派侦察敌情的人员。他定出规章说："匈奴如果入侵，要赶快收拢人马退入营垒固守，胆敢去捕捉敌人的斩首。"匈奴每次入侵，烽火传来警报，李牧立即收拢人马退入营垒固守，不出战。像这样过了好几年，人马物资也没有什么损失。可是一个大将总是不出战，所有人都认为李牧胆小，不仅匈奴轻视赵军，就连赵国守边的官兵也认为李牧怯战、怕战。流言传到了邯郸，赵王派人责备李牧，李牧却依然如故。赵王发怒，把他召回，派别人代他领兵。

　　此后一年多里，匈奴每次来侵犯，赵军就出兵交战。但匈奴都是骑兵，来去如风，赵军屡次失利，损失伤亡很多，边境上无法耕田、放牧。赵王只好再请李牧出任。李牧闭门不出，坚持说有病。赵王一再强使李牧出来，让他领兵。李牧说："大王一定要用我，我还是像以前那样做，才敢奉命。"赵王答应他的要求。

　　李牧来到边境，还按照原来的章程。匈奴屡次进犯都一无所获，但还是看轻李牧，认为他胆怯畏战。而边境的赵国官兵每天得到赏赐却无用武之地，都愿意打一仗。李牧见自己的士兵都怀着对匈奴的愤怒之气，而匈奴人却越来越骄傲。就准备了精选的战车一千三百辆，精选的战马一万三千匹，敢于冲锋陷阵的勇士五万人，善射的士兵十万人。同时让大批牲畜到处放牧，放牧的人民满山遍野。匈奴小股人马入侵，李牧就佯装失败，故意把几千人丢弃给匈奴。单于听到这种情况，就率领大批人马入侵。李牧布下埋伏，张开左右两翼包抄反击敌军，大败匈奴，杀死匈奴骑兵十多万人，使匈奴大伤元气。此后十多年，匈奴不敢接近赵国边境城镇。

可见李牧用兵就深符老子本章中所论述的道理，不主动进攻，向敌方示弱，让士兵怀有哀愤之心，最后找准时机，一举克敌。

第七十章
大道谁知

"道"作为世上的普遍规律，是浅显易懂的，但真正知道"道"、了解"道"、践行"道"的人太稀少了。老子感觉自己就像一个怀抱美玉却不被世人了解的玉人，困惑而孤独。

原　文

吾言甚易知，甚易行。天下莫能知，莫能行。言有宗[1]，事有君[2]，夫唯无知[3]，是以不我知。知我者希，则我者贵[4]。是以圣人被褐而怀玉[5]。

注　释

①言有宗：言论有一定的主旨。
②事有君：办事有一定的根据。
③无知：指别人不理解。
④则：效法。
⑤被褐而怀玉：被，穿着；褐，粗布；玉，美玉，此处引申为知识和才能。意为怀揣着知识和才能。

译　文

我讲的道理是很容易理解的，也很容易施行。但是天下没有谁能理解，更没有谁能践行。我的言论有主旨，行事有根据。正由于人们不理解这个道理，因此才不理解我。能理解我的人很少，那么能以我为模范的人就更难得了。因此有道的圣人总是穿着粗布衣服，怀里揣着美玉。

经典解读

在前面的章节中老子论述了自己的政治理想和政治学说，主张为人处世、统治天下都应顺从于道、符合自然规律。这些都是十分容易被理解的道理，老子的论述也十分清晰。然而，在他所生活的年代，统治者安于骄奢淫逸，士人为钱权名利而奔走，普通人为了生存而不知所从，真正能理解他的学说、践行他的道的人实在是太少了。于是，老子感于明理无人知，美玉无人识，发出了本章的感慨。

一些学者认为这是老子因怀才不遇而发出的哀叹，比如任继愈先生就在《老子新译》中说："他自以为很高明，颇有怀才不遇、曲高和寡的苦闷。其实他唱出的是没落阶级的挽歌。并不是人们不了解他，而是历史抛弃了他。"其实联系老子的思想来看，并非如此。老子本身就提倡无名、不争的，怎么会因为怀才不遇而哀叹呢？他之所以这样说，只是心中怀有仁慈之心，怜悯世人逃不出名利、欲望的缰锁，哀怜百姓因为统治者不知"道"而饱受战争、压迫的摧残。

哲理引申

自古逢秋悲寂寥，我言秋日胜春朝。

晴空一鹤排云上，便引诗情到碧霄。

一首《秋思》，千古传诵，人们在短短几行文字中，看到了诗人广阔的胸襟，淡定乐观的情怀和宠辱不惊的人生态度。

刘禹锡，字梦得，晚年自号庐山人，唐代著名的哲学家、文学家。他诗文俱佳与柳宗元并称"刘柳"，与韦应物、白居易合称"三杰"，留有诗集十八卷，特别是他的《竹枝词》，语调明快，通俗易懂，深受读者喜爱。除了在文学上的成就，他那种豁达的人生态度，更是让他在多愁善感的诗人中，显得格外引人瞩目，成为后世效仿的典范。同王维一样，他不仅是个饱学儒家传统思想的学者，也是个佛教爱好者，同时他对道家学说也很有研究，经常在其诗文中看到逍遥出世的思想。

刘禹锡祖籍中山，据说是匈奴人后裔，其祖上跟随北魏孝文帝南迁洛阳，才开始改姓汉姓。他的父亲为了躲避安史之乱，举家动迁，寓居嘉兴。刘禹锡少时即以好学闻名乡里，从小熟读四书五经，诸子百家颇多涉猎。十九岁时离家游学长安，贞元九年（793年）登进士第，接着以宏词科被录取。两年后，登吏部取士科，授太子校书，开始踏上仕途。刘禹锡一生仕途屯蹇，长期被流放贬谪。唐顺宗即位后，曾任用王叔文等进行改革，刘禹锡当时任屯田员外郎、判度支盐铁案，他与王叔文、柳宗元等同为政治革新的领袖人物。本来改革能缓解唐王朝的政治危机，减轻其内部的各种矛盾，但一些改革措施触犯了掌握实权的藩镇、宦官们的利益，遭到了激烈的对抗。只进行了半年多的革新被迫停止，连支持革新的顺宗皇帝也被迫退位。唐宪宗即位后，王叔文被赐死，其他改革支持者也纷纷被放逐、降职。刘禹锡出贬为连州（广东连县）刺史，但行至江陵，又被改为朗州（湖南常德）司马。

元和九年（814年），刘禹锡曾奉诏回到京城，但不久又因为写诗触怒权贵被外放为连州刺史，此后又被调为夔州刺史、和州刺史，一连二十几年在外不断漂泊。正如他诗中所言："巴山楚水凄凉地，二十三年弃置身。"直到宝历二年（826年）冬，他才从和州奉召回洛阳，贬谪生涯至此结束。

在漫长的贬谪生活中，刘禹锡逐渐开始研究佛教、道教思想，来排解内心的忧愁和烦恼。他与僧人来往，研读佛典，他自述自己案席上放的多是"旁行四句之书"，来往者也皆是"赤髦白足之侣"。佛道思想改变了刘禹锡的人生观。开始他还有对贬谪困苦生活的倾诉，还有对改革失败的惋惜，对王朝衰落的无可奈何。随着长时间的漂流，所见、所感不断增多，他的思想也不断地发生着变化。磨难、漂泊并未让他沉寂、没落，相反他的诗中有了越来越多的激昂和对宠辱、升贬的漠视。如"今日听君歌一曲，暂凭杯酒长精神"、"旧时王谢堂前燕，飞入寻常百姓家"、"莫道桑榆晚，为霞尚满天"，等等。

可以说正是那种清净空灵，宠辱偕忘的佛教、道教思想，让诗人没有在苦难中沉沦，反而让他越来越精神抖擞，越来越激昂乐观。刘禹锡晚年回到洛阳，任太子宾客加检校礼部尚书，此时的他早已参透世俗荣辱，不仅不为升迁而劳心，也不再关注于政治，他每日与朋友交游赋诗，生活逍遥闲适，真正达到了内心的安宁与平和，当然也为后人留下了很多珍贵的诗篇文章。

人们都知道纵欲贪财是伤身害性的行为，然而在现实生活中却很少有能真正放下世间的虚名利禄。这不正如老子所说的"吾言甚易知，甚易行。天下莫能知，莫能行"吗？刘禹锡在经过打击、磨难之后，逐渐看清了纷繁的世事，能够做到任其自然，宠辱不惊，也可以说是"被褐怀玉"的得道之人了。

第七十一章
圣人不病

智者唯恐自己不能看到自己的缺陷,他们寻找自己的缺陷,改正自己的缺陷,所以不会被缺陷困扰,相反,那些愚者唯恐自己的缺陷暴露出来,整天为了文过饰非而惶然若失。世人应正确认识自己的不足,勇敢面对自己的缺陷。

原　文

知不知①,尚矣②;不知知③,病也。圣人不病,以其病病④。夫唯病病,是以不病。

注　释

①知不知:知道自己还有所不知。
②尚矣:高明啊!"尚"通"上"。
③不知知:不知道却自以为知道。
④病病:病,毛病、缺点。把病当作病。

译　文

知道自己还有所不知,这是很高明的。不知道却自以为知道,这就是很错误的。圣人没有缺点,因为他把缺点当作缺点。正因为他把缺点当作缺点,所以,他没有缺点。

经典解读

"知不知,尚矣;不知知,病也"。知人者智,知自者明,只有了解自己的缺陷和不足，并能不断弥补的人才是真正明智的人。故而孔子说："知之为知之，不知为不知，是知也。"

智者唯恐自己不能看到自己的缺陷，于是以铜镜正衣冠，以人言察得失，以往事观兴败，日省其身，有则改之，无则加勉。而那些自以为完美却十分愚昧的人，却唯恐看到自己的缺点，唯恐别人发现自己的缺点。殊不知"人之视己，如见其肝肺"，这种掩耳盗铃的行为只能欺骗自己，不仅得不到好处，反而阻止了自己的进步，成为天下笑柄。

《战国策》中记载了"邹忌讽齐王纳谏"的故事：

邹忌身材、容貌出色。有天早晨他穿戴好衣帽，照着镜子，对他的妻子说："我与城北的徐公相比，谁更美丽呢？"他的妻子说："您美极了，徐公怎么能比得上您呢！"城北的徐公，是齐国的美男子。邹忌不相信自己会比徐公美丽，于是又问他的小妾说："我和徐公相比，谁更美丽？"妾说："徐公怎么能比得上您呢？"第二天，有客人从外面来拜访，邹忌和他坐着谈话。邹忌问客人道："我和徐公相比，谁更美？"客人说："徐公不如您美丽啊。"又过了一天，徐公前来拜访，邹忌仔细地端详他，自己觉得不如他美丽；再照着镜子看看自己，更觉得远远比不上人家。晚上，他躺在床上想这件事，说："我的妻子认为我美，是偏爱我；我的小妾认为我美，是惧怕我；客人认为我美，是想要有求于我。"

于是邹忌上朝拜见齐威王，说："我确实知道自己不如徐公美丽。可是我的妻子偏爱我，我的妾惧怕我，我的客人对我有所求，他们都认为我比徐公美丽。如今的齐国，土地方圆千里，有一百二十座城池，宫中的姬妾和身边的近臣，没有不偏爱大王的；朝廷中的大臣，没有不惧怕大王的；国内的百姓，没有不对大王有所求的。由此看来，大王受蒙蔽一定很厉害了。"

齐威王说："说得好。"于是下了一道命令："所有的大臣、官吏、百姓，能够当面批评我的过错的，可得上等奖赏；能够上书劝谏我的，得中等奖赏；能够在众人集聚的公共场所指责、议论我的过失，并能传到我耳朵里的，得下等奖赏。"政令刚一下达，所有大臣都来进言规劝，宫门庭院就像集市一样喧闹。几个月以后，有时偶尔还有人进谏。一年以后，即使想进言，也没有什么可说的了。

燕、赵、韩、魏等国听说了这件事，都到齐国来朝见。这就是人们所说的在朝廷上战胜了敌国。

[第七十一章] 圣人不病

所以说，得道之人不是没有缺点，而是他们能够正视自己的缺点，并及时改正，如此他们才能缺点越来越少，以至于让别人不能发现缺点。

哲理引申

秦朝末年，政权被宦官赵高把持，秦二世整天只知道饮酒作乐，天下百姓陷入水深火热之中，只好起兵反秦。从陈胜、吴广发出第一声怒吼后，起义的烈火立刻燃遍了关东大地。

地方官吏无法镇压，只得向朝廷汇报，秦二世听到这个消息后，就召集群臣商讨对策。秦二世向身边的博士和儒生们问道："楚地派去守边的士兵半路造反，现在已经攻下蕲县，攻入了陈郡，你们说该怎么办？"三十多个博士儒生们都一齐说："做臣子的绝不能兴师动众，谁兴兵聚众那就是造反，对于造反的人绝不能宽恕，请陛下火速发兵前往剿灭。"秦二世一听脸色通红，原来他已经很久没有亲自打理政务了，平时都是自己饮酒作乐，由赵高处理这些事务的。而赵高向他汇报的国家情况都是四方边境不见狼烟，天下百姓安居乐业，人民都感激皇帝的恩德，整日歌功颂德。他得到发生起义的消息后，并不完全相信，而是认为这是地方官吏的小题大做，没想到这些博士儒生们竟然都相信天下发生起义了。

这时一位老博士忽然走出来说："他们刚才说的那些都是谬论。如今天下归为一统，各郡各县的城池都已铲平，民间所有的兵器都已销掉，这就早已向天下人宣布用不着这些东西了。当今又上有英明的皇帝，下有完备的法令，派出去的官吏都效忠于职守，四面八方都像辐条向着轴心一样地向着朝廷，在这种情况下，哪里还有什么人敢'造反'呢！那些人不过是一群偷鸡摸狗的盗贼，哪里还值得一提呢！各地的郡守郡尉们很快就可以把他们逮捕问罪了，有什么可担心的！"这位老博士名叫叔孙通，因为精通儒术被召进了朝廷，做了个待诏博士。

秦二世听了叔孙通的话，立刻转怒为喜，说："好。"然后又挨个问其他的博士儒生，博士们有的人说是"造反"，有的人说是"盗贼"。于是秦二世让御史把那些认为是造反的人都抓起来，投进了监狱，说造反根本就是不存在的，他们身为博士竟然相信这么明显的谎言，真是愚昧。而那些说是盗贼的人一律无事，都被放回，同时，秦二世皇帝还赐给了叔孙通二十匹丝绸，一套新衣服，并给他提升了职位。

叔孙通出了宫门，回到住所后，那些儒生们都斥责他说："你怎么能如此拍马屁呢，岂不违背了圣人的教诲？"叔孙通说："你们不了解，我刚刚是救了大家。皇帝被赵高蒙骗，已经听不进去正确的话了，如果大家都坚持说真话，惹怒了他所有人都会被投进大牢。"说罢，就卷起行李逃走了。秦二世相信了天下无事的谎言，继续沉迷于歌舞酒色之中，直到被赵高杀死也没有省悟过来。

真正的智者，唯恐不知道自己身上的缺点，每日要"三省其身"，听到别人指出他的缺点就欣喜不已。而愚者则唯恐别人发现、说出自己的缺点，所以他们每日生活在自己梦幻的完美之中，永远不会进步。

第七十二章
民不畏威

老子叙述了自己的政治理念和政治理想，又开始对统治者提出一系列的警告，本章就是警告统治者要认清人民的力量，不可肆意妄为。妄为虐民只能激怒百姓，给自己带来灭顶之灾。

原 文

民不畏威①，则大威至②。无狎其所居③，无厌其所生④。夫唯不厌，是以不厌⑤。是以圣人自知不自见⑥，自爱不自贵⑦。故去彼取此⑧。

注 释

①民不畏威：威，统治者的镇压和威慑。译为：百姓们不再畏惧统治者的压迫和威慑。

②大威至：指人民即将进行反抗斗争。

③无狎其所居：不要逼迫人民，使人民不得安居。

④无厌其所生：不要压榨人民，使人民无所安生。厌，压迫，压榨。

⑤厌：指人民对统治者的厌恶、反抗。

⑥不自见：不自以为是。

⑦自贵：自以为高贵、凌虐百姓。

⑧去彼取此：指舍去"自见"、"自贵"，而取"自知"、"自爱"。

译 文

当人民不再畏惧统治者的压迫和威慑时，那么人民的反抗就将到来了。

不要逼迫人民，使人民不得安居；不要压榨人民，使人民无所安生。只有不压迫人民，人民才不厌恶统治者。因此，圣人不但有自知之明，不会自以为是；有自爱之心，不会自以为高贵。所以要舍弃自见、自贵，而保持自知、自爱。

经典解读

老子提倡无为之治，反对过分地扰乱百姓，更反对残酷无道地压迫百姓、剥削百姓。他提倡用"道"来使人民依附，而不是通过强权武力来使百姓屈服。用强力来压迫百姓，就如同用堵塞的方法来治理洪水一样，一旦人民达到了承受的极限，所有的怒火就会完全爆发出来，那时统治者再知道祸患，已经来不及了。

所以说，重视百姓就是自重，爱护百姓就是自爱。统治者要深知"载舟覆舟"的道理，才能保持不陷入危机。夏桀文武双全，但却残暴无道，不知爱护百姓。他骄傲自大，狂妄地将自己比喻成太阳，说自己的统治就像太阳一样，永远不会衰亡。百姓听到了他的狂言，都指着太阳发出咒骂，说："你什么时候会灭亡呢，我愿意跟你同归于尽！"商汤看到夏桀残暴、大臣出走、百姓离德，于是兴兵讨伐他，在鸣条打败了夏桀的军队，流放了夏桀。唐朝末年皇帝昏庸无能，沉迷酒色娱乐，不理朝政，苛捐杂税严重，藩镇割据、宦官专权，而百姓则生活在水深火热之中，地方官员和大地主联合起来压榨百姓，农民为了维护自己的利益，只有纷纷起来反抗，终于导致了黄巢起义，为唐王朝敲响了丧钟。元朝后期，统治者锦衣玉食，手中掌握大量土地，而老百姓却耕无田、食无粮。蒙古贵族把从农民那里收夺来的土地，再以苛刻的条件租给农民，用租佃的方法进行剥削，"大家收谷岁至数百万斛，而小民皆无蓋藏"，结果人民忍无可忍，爆发了轰轰烈烈的农民起义，强大的元帝国轰然倒塌……

纵观历史，每个朝代几乎都是如此，建业时统治者尚能重视百姓、爱护百姓，等到末期，则骄奢淫逸、剥掠百姓，最后人民不堪重负，对统治者不再一味害怕，奋起反抗，一人振臂高呼，星星之火即成燎原之势，看似强大的统治机器，在人民的怒吼面前不堪一击。无论何时，老子爱民的思想都不会过时，即使在当代，官员们也应深记这个道理：民为天下之主，民威才是真正可畏的。

[第七十二章] 民不畏威

哲理引申

朱元璋从一介布衣白手起家，创建了大明王朝。他幼时饱尝生活的苦难，十分了解老百姓的心情，明白他们的痛苦和对贪官污吏的仇恨，于是采取了很多极端的反腐败手段，实现了一段官场清明的政治。

然而，到了明朝末年，皇帝大多昏庸无能，掌权的阁臣和太监多奢豪贪婪之人。国家越来越陈腐，百姓越来越困苦，加之天灾不断，很多地方变得民不聊生，而官府的税收却越来越重，权贵们的生活也越来越奢豪。很多农民没有田耕，而官僚宗藩的田却多得种不过来；百姓家中连储备的粗粮都没有，而官员的钱窖中却堆满金银。

严嵩、严世蕃父子，掌权多年，晚明笔记《泾林续记》载严世蕃储藏银锭："掘地深一丈，方五尺，四围及底，砌以纹石，运银实其中，三昼夜始满，外存者犹无算。"正德朝时，查封太监冯保家，聚得金银百余万两，外加珠宝无数。据赵翼的《廿二史札记》，正德朝时，大太监刘瑾被籍没家产，抄出"大玉带八十束，黄金二百五十万两，银五千万余两，他珍宝无算"；太监钱宁被籍没时，抄出"黄金十余万两，白金三千箱，玉带二千五百束"；权臣江彬籍没时，抄出"黄金七十柜，白金二千三百柜"。

太监、大臣如此，那些宗室藩王就更加奢华了。明神宗时一次就赏给自己的儿子福王朱常洵两万顷的土地，而且都是山东、湖广的良田。朱常洵就藩时带着无数金银财宝，陪同的队伍前后达一百多里。就国之后，福王横征暴敛，侵渔小民，千方百计搜刮钱财，坏事做绝，四方奸人亡命之徒，纷纷趋之若鹜，聚集在朱常洵门下。

这位王爷一辈子醉生梦死，终日闭阁畅饮美酒，体重达三百六十多斤。崇祯朝时，河南连年旱蝗大灾，人民易子而食，福王不闻不问，仍旧收敛赋税，连基本的赈济样子都不表示一下。四方征兵队伍行过洛阳，士兵纷纷怒言："洛阳富于皇宫，神宗耗天下之财以肥福王，却让我们空肚子去打仗，命死贼手，何其不公！"当时退养在家的明朝南京兵部尚书吕维祺多次入王府劝福王，即使只为自己打算，也应该开府库，拿出些钱财援饷济民。但福王嗜财如命，根本不听。

据说，后来，李自成率军攻陷洛阳，福王被农民军逮捕。李自成当众斥责他说："汝为亲王，富甲天下。当如此饥荒，不肯发分毫帑藏赈济百姓，汝奴才也！"于是，让手下人把福王绑上，剥光洗净，又从后园弄出几头鹿宰了，与福王同在一口巨锅

285

里共煮，在洛阳西关周公庙举行宴会，与部下同食，名曰"福禄宴"。李自成手下搬运福王府中金银财宝以及粮食，数千人人拉车载，数日不绝。

朱元璋打天下之时，善待百姓，天下人都跟随他。而到了明末，统治者只知道骄奢无度，最后导致大明王朝在轰轰烈烈的农民起义中轰然倒塌，这些统治者也终于自食恶果、引火烧身。所以，任何统治者都应时刻牢记：民不可欺！

第七十三章
天网恢恢

老子再次提出一个警告：应知进知退，不可恃勇妄为。告诫统治者，妄为妄争是祸患的根源。真正的得道之人会顺应自然，凡事依道而行。

原　文

勇于敢则杀，勇于不敢则活①。此两者，或利或害②。天之所恶，孰知其故？是以圣人犹难之。天之道③，不争而善胜，不应而善应，不召而自来，繟然而善谋④。天网恢恢⑤，疏而不失⑦。

注　释

①勇于敢则杀，勇于不敢则活：敢，勇敢、坚强；不敢，柔弱、软弱。此句意为勇于逞强的将会受挫失败，勇于守柔的则可以安然保全。

②或利或害：勇于柔弱则利，勇于坚强则害。

③天之道：自然的规律。

④繟然：安然、坦然。

⑤天网恢恢：天网指自然的范围；恢恢，广大、宽广无边。

⑥疏而不失：虽然宽疏但并不漏失。

译　文

勇于逞强的就会自取灭亡，勇于柔弱的就可以安然保全，这两种有的得利，有的受害。天所厌恶的，谁知道是什么缘故？甚至连得道之人也很难说清。自然的规律是，不斗争而善于取胜；不言语而善于应承；不召唤而自动到来，坦然而善于安排筹划。自然的范围，宽广无边，虽然宽疏但并不漏失。

经典解读

真正的勇敢不是肆意妄为，而是知进知退，知道坚守柔弱、下流。《吕氏春秋·贵公》上说"大勇不斗，大兵不寇"，就是这个道理。世人总以为勇敢就是"天不怕、地不怕"，以为能够凭借强力让身边的人畏惧、佩服为勇敢。尤其是那些还不懂事的青少年，总是觉得"牛哄哄的"、"痞子气的"是勇敢，觉得《古惑仔》电影中那些小混混是勇敢，其实这都是因为心智不成熟而造成的笑话。

真正的勇敢是有道德、有原则、怀着慈爱之心的勇敢。孔子认为勇是由仁者之心产生的，故而言"仁者必有勇"；荀子在《荣辱篇》中说过这样一段话："有猪狗般的勇敢，有奸商和盗贼的勇敢，有小人的勇敢，有士君子的勇敢。争喝抢吃，没有廉耻，不懂是非，不顾死伤，不怕众人的强大，眼红得只看到吃喝，这是猪狗般的勇敢。做事图利，争夺财物，没有推让，行动果断大胆而振奋，心肠凶猛、贪婪而暴戾，眼红得只看见财利，这是奸商和盗贼的勇敢。不在乎死亡而行为暴虐，是小人的勇敢。合乎道义的地方，就不屈服于权势，不顾自己的利益，把整个国家都给他他也不改变自己的观点，虽然看重生命，但是，坚持正义而不屈不挠，这是士君子的勇敢。"这些儒家的大师们认为符合仁义的才是勇敢，这和老子的看似有异，实则相通。

"勇于敢则杀"，看似是勇，实则非勇，也就是荀子所说的小人之勇，孔子所说的暴虎冯河之勇，是自取灭亡之道。而真正的勇则是"勇于不敢"，正是心中有"道"、有"德"、有"大义"、有"大志"，所以才能忍辱负重。于是乎，蔺相如回车避廉颇，韩信当街受胯下之辱。得道之人知道这个道理，所以不会逞强妄为，能够爱惜自己，远离灾祸。如何才能远离灾害呢？那就是回归于自然之道，不争、不先、不卖弄智慧。

万物都遵从自然规律而运作，它们不以人的主观意志为转移。自然的规范是宽广无边的，它看似虚无疏松，实则事事俱到，绝不会疏漏分毫。老子通过对两种不同的勇的论述来告诫统治者不可随意压迫百姓，不可任意凌辱邻国，不可倚仗威势让天下臣服；而是要能够顺从百姓的意愿，能够有所不为。

哲理引申

战国初期，崤山以东形成了六国争雄的局面，而一度强大的秦国则已经逐

[第七十三章] 天网恢恢

渐被大国遗忘。因为地处偏僻的雍州，秦国屡次东进都被强大的晋国阻断，之后又屡屡被魏国打败，失去了大量土地。曾经春秋一霸，沦落为中原诸侯国眼中的蛮夷之邦，连诸侯会盟大会都没有资格参加。

公元前362年，秦国迎来了一位新的君主——秦孝公。秦孝公即位以后以恢复秦穆公时期的霸业为己任，在国内颁布了著名的求贤令，向天下征集复国强兵之策。一位在魏国不得志的年轻人听到了秦国求贤的消息，于是离开中原，远赴关中，这个年轻人就是商鞅。

商鞅年轻时喜欢刑名法术之学，受李悝、吴起的影响很大。他听说秦孝公在国内发布求贤令，便携带李悝的《法经》投奔秦国，通过秦孝公的宠臣景监见孝公。商鞅连续用帝道、王道、霸道之术游说，秦孝公都不能接受。最后他再次进见秦孝公，畅谈法家富国强兵之策，秦孝公听得十分入迷，于是决定启用商鞅进行变法。

商鞅变法遭到了旧贵族势力的强烈反对，他们认为"利不百不变法，功不十不易器"，"法古无过，循礼无邪"。商鞅对他们进行了同样强烈的反击，坚持"反古者未必可非，循礼者未足多是"，并在秦孝公的支持下，强行推行变法。商鞅之法虽然改革了很多秦国腐朽的制度，但过于刻薄寡恩受到了众多指责。一次太子不小心触犯了法律，商鞅就下令将太子的老师公子虔处以劓刑，公孙贾处以黥刑。商鞅在秦国为相十年，秦国的宗室贵戚大多十分怨恨他。

商鞅不仅在变法中勇于惩戒那些阻挠者，在战争中也敢于采取特别手段。公元前341年，秦孝公趁魏国主力在东方同齐、赵作战，派商鞅进攻魏河东，魏国公子卬迎战。公子卬与商鞅在魏国即相识。两军对峙时，商鞅派使者送信给公子卬，说："我当初与公子相处得很快乐，如今你我成了敌对两国的将领，不忍心相互攻击，我可以与公子当面相见，订立盟约，痛痛快快地喝几杯然后各自撤兵，让秦魏两国相安无事。"公子卬应约赴会，却被商鞅埋伏的甲士俘虏，商鞅趁机攻击魏军，魏军大败。

宗室赵良劝说他效仿秦穆公时国相百里奚，多施仁政，减少酷刑，告别富贵，归隐田园，但未能被商鞅采纳。不久秦孝公去世，太子继位，商鞅失去了变法的靠山。这时，曾经被商鞅割去鼻子的公子虔立刻诬告商鞅谋反，商鞅自知怨恨众多，于是决定逃亡。当他逃亡到边关之时，天色已晚，曾经为了防止人民生乱，商鞅为秦国制定法律规定，晚上在路上走路是犯法的，于是他只好

289

投宿。客舍主人不知他是商鞅，见他未带凭证，告诉他，根据商鞅之法，留宿无凭证的客人是要治罪的。商鞅才知道自己制定的法律有多么严格，不近人情。

而后，商鞅准备逃到魏国去，但魏国人因为他欺骗公子印的缘故，不让他入境。商鞅只得逃往自己的封地，妄图用封地的守兵去攻打郑县，结果兵败被俘。秦惠王根据商鞅自己制定的法律，按谋反罪来处决他，下令将其车裂处死，并对国人宣布："不要像商鞅一样背叛国家！"

改革者将商鞅看为一个敢于同旧势力做斗争的勇士，一个富国强兵的功臣；而保守者多将其看为一个废弃仁政、一味凭借酷法的无道妄为之人。可以说这两方面因素他都具有，他的确使秦国强大了起来，但严刑酷法同时也埋下了秦国突然崩溃、灭亡的隐患。商鞅没能坚持老子"守下、无为"之道，虽然建立了功绩，却落得五马分尸的下场，不得不让人感慨深思。

第七十四章
民不畏死

人民不畏惧死亡，为什么用死来吓唬他们呢？老子告诫统治者不要用暴刑、死亡威胁人民，不要妄自决定人民的生死，否则必将自食其果。

原　文

民不畏死，奈何以死惧之。若使民常畏死，而为奇者①，吾得执而杀之②，孰敢？常有司杀者杀③。夫代司杀者杀，是谓代大匠斫④，希有不伤其手者矣。

注　释

①为奇：指为邪作恶的人。
②执：拘押、抓捕。
③司杀者：专门负责杀人的司法者。
④斫：砍、削。

译　文

人民不畏惧死亡，为什么用死来吓唬他们呢？假如人民真的畏惧死亡的话，对于为非作歹的人，我们就把他抓来杀掉。谁还敢为非作歹？始终有司法者去执行杀人的任务，代替司法者去杀人，就如同代替高明的木匠去砍木头，这样的人很少有不砍伤自己手指头的。

经典解读

统治者往往将自己手中的强权作为统治百姓的最有力武器，他们制定严酷的刑罚，采取苛刻的政策，滥杀百姓，压制民众。老子对这种违背民性的做法十分反感，他认为这样只会让人民忍无可忍，最后不再畏惧死亡，反抗并推翻统治者。而如果统治者能不肆意妄为，让老百姓能安居乐业，那么他们就会贵生而畏死，就会自觉地遵道尚德。这个时候，对那些不法分子实施惩罚，就能让人们感到对刑罚的敬畏。

可见，老子的思想并不要放纵那些为奸作恶者，也不是主张采用严刑峻法，而是把两方面状况考虑周全，既不使刑罚严酷到扰乱人民，又能以刑罚警示奸邪之人。

《左传》上说"政以治民，刑以正邪"，治理天下一定要用"政"来教化百姓，使他们该知道做什么；用"刑"来惩戒奸邪，使人民知道不能做什么。用老子的话来说就是：以"道"化之，以"刑"纠之。不可偏废任何一方面。所以老子既反对，通过严刑使"民不畏死"，同时也指出需要"为奇者，吾得执而杀之"。

《孔子家语》中有这样一段话：

仲弓问孔子说："我听说有严酷的刑罚就不需要用政令了，有完善的政令就不需要用刑罚了。有严酷的刑罚不用政令，夏桀、商汤的时代就是这样；有完善的政令不用刑罚，周朝成王、康王的时代就是这样。这是真的吗？"

孔子说："圣人治理教化民众，必须是刑罚和政令相互配合使用。最好的办法是用道德来教化民众，并用礼来统一思想，其次是用政令。用刑罚来教导民众，用刑罚来禁止他们，目的是为了不用刑罚。对经过教化还不改变，经过教导又不听从，损害义理又败坏风俗的人，只好用刑罚来惩处。专用五刑来治理民众也必须符合天道，执行刑罚对罪行轻的也不能赦免。"

虽然为政的依据有所不同——孔子说的是"道德"，老子说的是"道"——但在如何对待"政"与"刑"上，他们的思想却是相近的：既反对高压恐怖的严刑统治，又主张保持一定的惩戒手段。

哲理引申

中国古代有很多得道明君，也有很多荒淫无道的昏君，北齐文宣帝高洋就是一个残暴君主的典型。高洋是东魏权臣高欢的次子，在兄长高澄被刺后接手了权力，并篡夺了东魏的帝位。高洋在为政初期，颇有作为，励精图治，四方征伐，取得了不俗的成绩。但后来却变得暴虐无度，极尽奢侈。

高洋喜欢饮酒，饮醉后就肆意鞭打后宫的妃嫔或宫女，后来更是将杀人作

[第七十四章] 民不畏死

为游戏。左右大臣经常无故惨遭屠戮。大臣高隆之是高欢老臣，但因为劝谏高洋不要称帝，被高洋勒令卫士乱拳活活打死；大司农穆子容有事激怒高洋，暴君让老臣脱光趴在庭中，自挽弓弩射他，三发不中，高洋竟然拔起一根拴马橛，把这位老臣活活插死；东魏宗室元昂，是高洋皇后李氏的姐夫，高洋垂涎李氏，就将元昂召至内宫，"以鸣镝射一百余下，凝血垂将一石，竟至于死"；都督韩哲没有任何过错，只因为高洋看着不顺眼就将其杀死。官员们每天上朝都是战战兢兢的，唯恐皇帝喝醉了酒，自己一不小心做了冤死鬼，他们只好将邺下的死囚挑选出来，号为供御囚，以满足高洋酒醉后嗜杀的欲望。

清河王高岳（高洋的堂叔），家里有一名侑酒为欢的歌伎薛氏，被高洋看上，强占入宫，高洋怀疑薛氏与高岳有暧昧不清的关系，便以鸩酒赐高岳，逼高岳自杀。高洋仍不解恨，又亲自砍下薛氏的头，藏在怀中。恰巧朝廷举行宴会，群臣列宴时高洋突然探怀取物，把薛氏的头掷在盘子里，座中人人惊骇。高洋反而神色自若，抱着用死人做的琵琶且饮且弹，音色铿然，以致泪流满面。

典御丞李集对高洋的荒唐直陈面谏，称他是亡国的桀纣，以期震聋发聩。高洋令将李集绑起来扔在粪坑里，拉上来问道："你怎敢把我比作桀纣？"李集正色说："将陛下比作桀纣，是看得起你。不客气地说，陛下尚不及桀纣！"高洋又将他扔进粪坑里。如是三次，李集始终不改初衷。高洋忽然大笑说："天下有如此痴人，始知关龙逢、比干，未是俊物！"挥手让李集走了。不久李集又欲进言，还没开口，高洋就令左右将李集推出腰斩。从此再无人敢直谏。

一次，他问一个亲信："西汉末年王莽夺了刘家的天下，为什么又失于光武帝刘秀之手？"那亲信也不知高洋何意，老实回答说："因为王莽没有把刘氏宗亲斩草除根，以致逢春发芽。"高洋幡然醒悟，马上捕戮东魏皇族四十四家。男子无论少长，一律杀死，数千具尸体弃于漳水。百姓取鱼剖腹，往往能看见人的指甲，从此沿河再也无人敢吃鱼肉。

因为极度嗜杀、嗜酒，高洋三十一岁就暴毙而亡。有人说他是死于精神分裂，有人说是死于饮酒过度，也有人称高洋是遭了天谴。作为一个统治者，高洋不知道爱护百姓，善待臣下，却残忍无道，嗜杀成性，即使不死，那么早晚也会像完颜亮一样被政变推翻。嗜杀，永远不会长久，唯一的结果就是被钉在历史的耻辱柱之上。

293

第七十五章
民穷在于官富

人民所以饥不果腹,就是由于统治者征收的赋税太多;人民之所以难于统治,也是由于统治者政令繁苛、胡作妄为。老子对繁重的经济剥削进行指责,告诫统治者不要贪虐害民。

原 文

民之饥,以其上食税之多,是以饥。民之难治,以其上之有为①,是以难治。民之轻死,以其上求生之厚②,是以轻死。夫唯无以生为者③,是贤于贵生④。

注 释

①有为:繁苛的政治,统治者强作妄为。
②以其上求生之厚:由于统治者奉养过于丰厚奢侈。
③无以生为:不要使生活上的奉养过分奢侈丰厚。
④贤:胜过的、超过。贵生:厚养生命。

译 文

人民所以饥不果腹,就是由于统治者征收的赋税太多,所以人民才陷于饥饿。人民之所以难于统治,是由于统治者政令繁苛、胡作妄为,所以难以治理。人民之所以轻生冒死,是由于统治者厚待自己、残虐百姓,所以人民不畏惧死亡。只有不去追求生活享受的人,才比过分看重自己生命的人高明。

[第七十五章] 民穷在于官富

经典解读

在这几章中老子一直对统治者的暴政进行抨击，告诫他们要善待百姓。本章更是指出了百姓之所以陷入苦难的根源就是统治者的贪婪，他们通过征收赋税，搜刮民脂民膏，所以百姓才会四季勤劳而不能饱腹；正是因为它们肆意妄为，所以百姓才会不知所从，而作奸犯科；正是因为统治者为了自己的欲望而凌虐百姓，所以人民才会不知生之可乐，不知死之可畏。

有学者评价老子的思想是在为统治者服务，在为统治者如何更加隐秘地盘剥人民而出谋划策。这只是断章取义，是对老子思想的误读。关于本章内容，张松如先生就曾对这种观点进行反驳，他说："本章揭示了劳动人民与封建统治者之间阶级矛盾的实质：人民的饥荒，是统治者沉重的租税造成的；人民的轻生，是统治者无厌的聚敛造成的。这种说法，当然同贯穿《老子》书中的'无为'思想相通着，可是它岂不也反映了被压迫的人民群众的要求吗？岂不正是作为人民群众主体的广大农民阶级思想的流露吗？"

老子指出统治者做法中的缺陷，对他们进行批判，就是为了让他们回归"道"，不要违背百姓的本性。当然老子限于当时的认识局限，不可能想到所谓的"人人平等，按劳分配"，他只能在当时的社会环境下，呼吁统治者采取更加人性化的措施，善待百姓，做一个得道的明君。

"官者，所以正民也"。统治者应该明白，自己之所以存在并不是为了吃喝享乐，为了擅权作威，百姓之所以供养官员是为了让他们协调社会中的矛盾，来保护百姓、教化百姓的。统治者只有认识到"民贵官轻"的道理，才能保持其地位；一个社会只有认识到"人民为天下主"的道理才能保持安稳。反之，若一个政权下，所有的资源都被官员垄断，百姓民不聊生，而当官的却脑满肠肥，人民居无住宿，当官的却歌舞声乐，锦衣玉食，那么这个政权一定不会太长久了。

哲理引申

历史学家常常认为北宋是整个中国封建社会最发达的时代，陈寅恪先生就称："华夏民族之文化，历数千年之演进，造极于赵宋之世。"然而这样一个文人心中的盛世王朝为何却忽然被金人覆灭了呢？是金人武力太强大吗？其实，并非如此。

任何一个王朝的覆灭都是从自身开始的，北宋也毫不例外。宋朝立国之初，皇帝们都提倡节俭。宋太祖赵匡胤就倡导节俭并以身作则。他生活一直很朴素，睡的宫殿里只挂着青布和苇帘，用的丝织品都没有绣图案。有一次，赵匡胤把一件用麻做的衣服展示给身边的人看，说："这是我以前穿过的衣服。"他的御轿已经修理过好几次了，且无装饰。皇后问他："陛下既做天子，怎么不坐一个好的轿子，并用金银装饰一下呢？"赵匡胤严肃地说："我以四海之富而富我，别说轿子，我管的金银就是装饰宫殿也用不完。但是，天下的子民若都用金银装饰，则不能装饰一个纽扣。国家之财是天下百姓之财，我不能随便用。天子要以有余奉天下，以后你不要再说这种话了。"

平定了后蜀之后，后蜀的亡国之君孟昶到了开封，进献给赵匡胤一个精美绝伦的尿壶，上面装饰着七彩珠宝。赵匡胤看到这个精美的尿壶后，把它摔到地上，让侍卫砸碎，并声色俱厉地对孟昶说："一个尿壶竟然如此奢华，那用什么东西来贮藏食物？如此骄奢淫逸，怎能不亡国？"

宋仁宗同样一生节俭。有天内宴，端上螃蟹二十八只，在得知食一只蟹要一千钱后，仁宗竟不忍下箸。百司曾奏请扩大苑林，宋仁宗说："吾奉先帝苑囿，犹以为广，何以是为？"

然而到了北宋后期的宋徽宗之时，一改先祖节俭之风，大肆铺张浪费。他信任蔡京、王黼、童贯、梁师成等贪官，疯狂地榨取民脂民膏。百姓无不咬牙痛恨，暗地里称他们是"贪贼"。宋徽宗过着极尽侈靡的生活，蔡京千方百计地迎合他，提出了一个"丰亨豫大"（即丰盛、亨通、安乐、阔气的意思）的口号。在大造庙宇、宫殿和园林的同时，组织大批人力，从全国各地寻找"绝世美女"。

宋徽宗酷爱花石，最初，蔡京取江浙花石进呈，后来，规模越来越大，他主持苏杭应奉局，专门索求奇花异石等物，运往东京开封。凡民家有一木一石、一花一草可供玩赏的，应奉局立即派人以黄纸封之，称为供奉皇帝之物，强迫居民看守，稍有不慎，则获"大不恭"之罪，搬运时，破墙拆屋而去。凡是应奉局看中的石块，不管大小，或在高山绝壑，或在深水急流，都不计民力千方百计搬运出来。那些差官、兵士乘机敲诈勒索，被征花石的人家，往往被闹得倾家荡产，有的人家卖儿卖女，到处逃难。"花石纲"给东南人民造成极大的灾难，最后激起了轰轰烈烈的方腊起义。宋徽宗奢侈浪费导致的国库空虚，人们离心，最终也将北宋带向了灭亡。

不单单北宋，其他任何时期都是如此，从一个统治者的生活上就可以看出一个朝代的盛衰，所以箕子看到纣王用一双象牙筷子就知道殷朝将要灭亡了。统治者一定要体恤百姓，珍惜劳动人民的血汗，国家才能兴旺发达。

第七十六章
柔取生，强取亡

兵势强劲就会遭到灭亡，树木繁盛就会遭到砍伐。坚强的东西倾向于死，柔弱的东西倾向于生。坚守雌柔才是保全生命的根本，一味逞强只会自取灭亡。

原 文

人之生也柔弱①，其死也坚强②。草木之生也柔脆③，其死也枯槁④。故坚强者死之徒⑤，柔弱者生之徒⑥。是以兵强则灭，木强则折。强大处下，柔弱处上。

注 释

①柔弱：指人活着的时候身体是柔软的。
②坚强：指人死了以后身体就变成僵硬的了。
③柔脆：指草木形质的柔软脆弱。
④枯槁：干硬枯槁。
⑤死之徒：倾向于死亡。
⑥生之徒：倾向于生存。

译 文

人活着的时候身体是柔软的，死了以后就变得僵硬了。草木生长时是柔软脆弱的，死了以后就变得干硬枯槁了。所以坚强的东西倾向于死亡，柔弱的东西倾向于生存。因此，兵势强劲就会遭到灭亡，树木繁盛就会遭到砍伐。凡是

[第七十六章] 柔取生，强取亡

强大的，总是处于下位，凡是柔弱的，反而居于上位。

经典解读

无论人还是草木，活着的时候都是柔软脆弱的，而死了以后则是坚硬枯槁的。老子通过对社会和人生的深入观察，清晰地认识到了这个现象。于是总结出"坚强者死之徒，柔弱者生之徒"的道理，即坚强的东西倾向于死亡，柔弱的东西则能够长期生存。因此，老子认为，人生在世，不可逞强斗胜，而应柔顺谦虚，有良好的处世修养。

对于一个人来说，要知道"守下"、"不争"的道理，遇到争论时，不妨对自己说："忍一时风平浪静，退一步海阔天空。"争强好胜，不仅浪费时间，浪费精力，还会扰乱自己的心情，破坏自己的形象，同时这也不是一个君子应该具有的美德。孟子就说，"无辞让之心非人也！"作为一个统治者则更应该明白这个道理，不可恃强凌弱，不可残虐人民，只有甘居下流，才能容纳百川，才能为天下谷。

孔子听闻老子贤能有道，就率领弟子去向老子求教，希望在他身上可以得到人生智慧。见面以后，孔子恭敬地向老子请教为人处世之道。老子看了看他们，什么话也没说，只是张开嘴，伸了伸舌头然后就继续静坐冥想了。孔子的弟子们都十分不解，离开以后，问孔子老子想要表达什么。孔子说："他张开嘴是要我们看他的牙齿已经快掉光了，伸了伸舌头是告诉我们他的舌头还灵活得很呢。这是在教导我们，越是柔弱的东西越是能够保存长久，越是坚硬的东西，越容易损毁。"《菜根谭》中"舌存常见齿亡，刚强终不胜柔弱"就是从此而来的。

哲理引申

人生就像大海，不会永远风平浪静，当危难的狂风暴雨袭来时，如何才能保全自己呢？很多时候，困难远远超出自己的力量，一味地抗争只能导致失败，甚至死亡。这个时候，不妨想想老子说的"柔取生，强取亡"，暂时退一步，暂时忍一会儿，雌伏待机，相时而动。历史上唐宣宗李忱就是通过守下、守辱最后登上了皇帝的大位。

李忱是唐宪宗李纯的第十三个儿子，他的母亲地位很低，是作为叛臣的罪奴而被送进皇宫的。因此李忱不被周围人看好，尤其是在他幼年时，父亲唐宪宗就被宦官杀害了，李忱与母亲相依为命，在宫中可谓孤苦伶仃。

唐宪宗死后，穆宗李恒登基，四年后穆宗服长生药病逝。之后穆宗之子李湛接任，但他只活到了十八岁就驾崩了，驾崩后文宗李昂、武宗李炎相继接任。在这长达二十年的时间中，李忱作为皇叔地位十分尴尬。李忱不仅得不到侄子们的信任，甚至屡受猜疑，尤其是文宗、武宗两位皇帝对其心存芥蒂，非但不以礼相待，还想方设法地找机会迫害他。李忱深陷危机，几乎随时都有被杀的危险，于是他低调为人，不接触朝廷大事，平时也闭门谢客，不与大臣们相互往来。在唐武宗登基之时，李忱为了避祸，便"寻请为僧，行游江表间"，远离是非之地。

为僧的李忱法号"琼俊"，远离朝廷，居住于深山之中。但他并未归心于佛，而是如诸葛亮躬耕南阳，姜太公垂钓渭水一样韬光养晦。一方面他深入底层，了解民间疾苦；另一方面不停地通过秘密渠道，打探宫内的情况，为自己以后的崛起做铺垫。与人相处时，李忱谨言慎行，不谈世事，但雄才大略却从未忘却。

一日，李忱与黄蘖和尚在山中闲聊，面对山崖对面的飞瀑，黄蘖和尚出口吟出一道上联："千岩万壑不辞劳，远看方知出处高。"李忱略加思索，脱口而出："溪涧岂能留得住，终归大海作波涛。"黄蘖听了，欣赏有加，也知道了李忱的大志仍在，暂居佛门只是静待时机。

经历了"千岩万壑"之后，李忱果然很快迎来了他的"大海"。公元846年，忍辱负重二十多年的李忱，在太监们的拥戴下从侄儿手中夺取了大权，登基为唐宣宗。由于他在民间流连多年，深知黎民疾苦，于是躬行节俭，采取了很多利国利民的措施，颇有作为。

第七十七章
损有余而补不足

本章体现了老子的一种平均思想,他反对财富集中在作为统治者的一小部分人手中,提倡"损有余而补不足",号召统治者能以民心为心,以民欲为欲,厚待百姓,回归谦虚、俭朴。

原 文

天之道①,其犹张弓与?高者抑下,下者举之,有余者损之,不足者补之。天之道,损有余而补不足。人之道②,则不然,损不足以奉有余。孰能有余以奉天下,唯有道者。是以圣人为而不恃,功成而不处,其不欲见贤。

注 释

①天之道:自然的规律。
②人之道:指人类社会现实中的法则、律例。

译 文

自然的规律,不是很像张弓射箭吗?弦拉高了就把它压低一些,低了就把它举高一些,拉得过满了就把它放松一些,拉得不足了就把它补充一些。自然的规律,是减少有余的补给不足的。人类社会,则不是这样的,要减少不足的,来奉献给有余的人。那么,谁能够减少有余的,以补给天下人的不足呢?只有有道的人才可以做到。因此,圣人有所作为而不占有,有所成就而不居功,不愿意显示自己的贤能。

经典解读

"天之道"即自然规律，茫茫宇宙之中万事万物都保持着有序的平衡，多了的会自然损减，少了的会自然补全。然而，人类社会却不是这样的，那些掌权的统治者本来就占有了大量资源，却依然不满足，还想尽各种方式来压榨人民、盘剥人民；而那些居于社会底层的劳动者，不仅仅要承担沉重的社会生产任务，还要被统治者征税、服劳役，常常不堪重负，以至于"不畏死亡"。

"人法地，地法天"，不与天道相合的社会制度是不会稳定的，不依从于天道调整自己行为的统治者也是不会长久的。故而，老子主张"人之道"要效法"天之道"，统治者要像那些有道的圣人一样，有所作为而不占有，有所成就而不居功，自己在生活上保持谦虚节俭而厚待百姓。

当今社会，无论在中国还是在国外，资源、财富迅速地向少数人手中聚集都足以引起所有学者、统治者的关注。几十年前，马克思就在《资本论》中说："事实上，原始的积累方法绝不是田园诗式的东西。"抨击了资本的聚集，资源占有者对劳动者的掠夺。最近，法国经济学家托马斯·皮克迪，在其新著《21世纪资本论》中更是提到："近几十年来，世界的贫富差距正在严重恶化，而且据预测将会继续恶化下去。"

《论语》中说道："不患寡，而患不均；不患贫，而患不公"正是因为不公平现象的广泛存在让社会变得充满敌视和仇恨，充满各种奸邪和罪恶。如何才能效法"天之道"，做到"损有余而补不足"，是所有统治者应该仔细思考的问题。

哲理引申

汉初采取的宽松治理政策，促进了社会生产力的恢复和国家的不断富足，但同时也产生了很多负面的因素。很多地方出现了一个不同于普通民众的阶层，史书上将其称之为"豪强"。各地的豪强们通过各种手段占据了大量的生产资料，同时也具有极大的社会影响力。他们可以"交通王侯"，甚至"封君皆低首仰给"，《史记·平准书》在谈到"豪强地主"时指出"役财骄溢，或至兼并豪党之徒，以武断于乡曲"，他们"役财"而成"豪党"，经济上进行兼并，政治上"武断于乡曲"，成为地方土霸王。董仲舒则愤慨地揭露豪强兼并的严酷现实："富者田连阡陌，贫者亡立锥之地。又颛山泽之利，管山林之饶，荒淫越

[第七十七章] 损有余而补不足

制,逾侈以相高。邑有人君之尊,里有公侯之富,小民安得不困?……故贫民常衣牛马之衣,而食犬彘之食。重以贪暴之吏,刑戮妄加,民愁亡聊,亡逃山林,转为盗贼,赭衣半道,断狱岁以千万数。"

汉武帝之时这些豪强势力更大,遇上天灾百姓经常有食无粮、居无房的情况,而那些巨富豪强们则"馆舍林立,前堂罗钟鼓,立曲旅,后房妇女以百数。诸侯奉金玉狗马玩好,不可胜数"。而且这些有了钱财势力的豪强们经常行不法之事,聚集亡命犯罪之徒,横行乡里,连政府官吏都不敢与之争锋。比如,著名的洛阳豪强郭解,杀的人很多,还藏匿亡命徒去犯法抢劫,还私铸钱币、盗挖坟墓,洛阳城中有了纠纷人们都不找官府,而找郭解进行调节。

豪强虽然也有豪放侠义之辈,但他们严重扰乱了社会秩序,损害了国家利益。于是汉武帝决定对这些豪强进行打击抑制。朝廷下令将势力极大的一些豪强家族迁往茂陵居住,以便朝廷监管;朝廷设置十三州刺史以监察地方,并将豪强大族"田宅逾制"作为重要的监察内容;同时汉武帝启用了大批法家酷吏。著名的酷吏如周阳由、赵禹、义纵、王温舒、尹齐、杨仆、咸宣、田光明等,他们所到之处,必夷其豪,族灭豪猾之属,连坐奸豪之家,一时间很多曾经受豪强横行危害的郡县"道不拾遗、无犬吠之盗"。著名的豪强郭解,也被抓捕处死。

对豪强的抑制,加强了中央政府对地方的控制,增加了政府的财政收入,也缓解了百姓的苦难和对政权的不满,使得汉武帝能够集中力量对抗北方的匈奴,能够有足够的精力、财力去四方开疆拓土,使他成为我国历史上最有作为的君主之一。

纵观历史,所有的王朝灭亡原因大部分都在于富者对财富的垄断和兼并,导致底层人民不满,而引起的农民起义,汉武帝的政策无疑极大地推迟了这种状况在西汉的到来。如今,人们常说要建设一个橄榄型的社会,就是使财富分配更加平均、更加合理,这才是一个稳定的社会。此时,老子"损有余,补不足"的观点和汉武帝抑制豪强的举措仍然十分具有启发意义。

第七十八章
正言若反

弱可以胜强、柔可以胜刚，统治者要能够"受国之垢"、"受国不祥"。一方面，应该像水一样，以柔弱达到手段；另一方面，应该敢于担当。

原　文

天下莫柔弱于水，而攻坚强者莫之能胜，以其无以易之①。弱之胜强，柔之胜刚，天下莫不知，莫能行。是以圣人云："受国之垢②，是谓社稷主；受国不祥③，是为天下王。"正言若反④。

注　释

①无以易之：没有什么能够代替它。
②受国之垢：承担全国的屈辱。
③受国不祥：承担全国的祸难。
④正言若反：正面的话好像反话一样。

译　文

天下没有什么东西比水更柔弱了，但攻坚克强却没有什么东西可以胜过水。弱胜过强，柔胜过刚，天下没有人不知道，但是没有人能践行。所以圣人说："承担全国的屈辱，才能成为国家的君主；承担全国的祸灾，才能成为天下的君王。"正面的话好像在反说一样。

经典解读

"柔克刚，弱胜强"是老子一贯的思想，在第七十六章之中老子已经论述了

"柔取生，强取亡"的道理，本章他再次指出统治者只有像柔弱的水一样，甘居下流，甘于受国之垢才能作为社稷主、天下王。

本章对于所有的领导者都极具启发意义。一方面，老子告诉领导者不能一味依恃强力，而应该像水一样，以柔弱达到手段，以柔和来赢得下属的尊崇。另一方面，老子告诉领导者应该敢于担当。这是一个领导者是否能让下属心服口服，让下属心甘情愿地团结在自己身边的重要品质。

哲理引申

韩信被拜为大将后，为刘邦定计，先攻取了关中，然后东渡黄河，打败并俘虏了背叛刘邦、听命于项羽的魏王豹，接着准备往东攻打赵王歇。汉高祖三年（前204年）十月，韩信率新招募的汉军越过太行山，向东攻打赵国。此时，赵国掌握兵权的是当时的名士成安君陈余，为了对抗汉军，陈余集中了二十万兵力，占据了太行山以东的咽喉要地井陉口，准备给韩信迎面一击。井陉口以西，有一条长约百里的狭道，两边是山，道路狭窄，是韩信的必经之地。

赵军广武君李左车认为：汉军千里匮粮，士卒饥疲，且井陉谷窄沟长，车马不能并行，宜守不宜攻。只要严守，就可以万无一失。于是，他向主帅陈余陈述其利害，并自请带兵三万，从间道出其后，断绝汉军粮草。李左车的计划可谓十分稳健，能使赵军立于不败之地。但陈余立刻拒绝了，他说："兵法上讲，十倍于敌人的兵力就包围它，一倍于敌人的兵力就与之交战。韩信虽号称数万人，其实不过数千人，千里迢迢来奔袭我们，士兵早已疲惫之极，我们却避而不击，若更强大的敌人前来，我们将如何对付？诸侯一定会认为我们胆怯，会轻易地攻打我们。"

韩信手下的将军们对赵军庞大的人数和战力都十分担心，但韩信却成竹在胸。他探知陈余拒绝李左车固守井陉口的消息后，迅速率领汉军进入井陉狭道，在离井陉口三十里的地方扎下营来。半夜，韩信派两千轻骑，每人带一面汉军旗帜，从小道迂回到赵军大营的后方埋伏，韩信告诫说："交战时，赵军见我军败逃，一定会倾巢出动追赶我军，你们火速冲进赵军的营垒，拔掉赵军的旗帜，竖起汉军的红旗。"其余汉军吃了些简单干粮后，马上向井陉口进发。到了井陉口，大队渡过绵蔓水，韩信又下令部队背水列下阵势，高处的赵军远远见了，都笑话韩信不知兵法。

天亮后，韩信设置起大将的旗帜和仪仗，率众前进。陈余率全军蜂拥而出，要生擒韩信。韩信假装抛旗弃鼓，逃回河边的阵地。陈余下令赵军全营出击，直逼汉军阵地。汉军背后就是大河，因无路可退，个个奋勇争先。双方厮杀半日，赵军都无法获胜。这时已经疲乏的赵军想要退回营垒，却发现自己大营里全是汉军旗帜，队伍立时大乱。原来韩信留下的两千轻骑趁着赵军进攻早就攻占了营垒，将赵军的旗帜换成了汉军的。韩信趁势反击，惊惶的赵军溃散而逃，即使将领不断斩杀逃走的士兵也不能制止颓势，陈余战死，赵王歇被俘。

战后，韩信向被俘的李左车请教攻燕、伐齐之事。李左车辞谢说："我听说，败军之将不可言勇，亡国之臣不敢语政。俘虏，哪里有资格同你谈论国家大事？"韩信说："我听说百里奚在虞国时，虞国灭亡，在秦国而秦国称霸，这不是因为他在虞国时愚蠢，在秦国时聪敏，而是在于国君是否重用他，是否采纳他的意见。假使成安君陈余听了你的计策，那我韩信如今已成了阶下囚了。"于是李左车进献了"先声夺人"的计策，韩信采纳后轻易地平定了燕地。

"正言若反"，很多正确的建议听起来可能多余，甚至没有道理，但如果能够集思广益，多吸取正确的智慧，那么成功的概率就要大很多。陈余不听良言而身死，韩信听取正确意见而创立了功勋，由此可知，人可以有自己的意见，但绝不能自大自傲，不听劝告，否则只会招致败亡。

第七十九章
天道无亲，常与善人

为政者不可蓄怨于民，不要激化与老百姓之间的矛盾，积怨太深，就会无法和解。为了防患于微，为政者应该行"无为"之治，以"德"化民，给予而不索取，不扰害百姓。

原　文

和大怨，必有余怨；报怨以德，安可以为善？是以圣人执左契①，而不责于人②。有德司契，无德司彻③。天道无亲④，常与善人。

注　释

①契：契约。
②责：索取所欠。
③司彻：掌管税收的官职。
④无亲：没有偏亲偏爱。

译　文

和解大怨，必然还会留有余怨；即使再用德来报答怨恨，也不能算是妥当的方法。因此，有道的圣人保存借据，但并不以此苛责别人。有"德"之人就像持有借据的圣人那样宽容，没有"德"的人就像掌管税收的人那样苛刻刁诈。自然规律对任何人都没有偏爱，永远帮助有德的善人。

经典解读

老子希望人们做有德行善之人，这样才能得到天道的庇护。自然的规律对万事万物都是公正平等的，它不会对哪一物有特别的感情，有德行善之人，之所以得到"天"的帮助，是因为他顺应自然规律的结果，是他自身努力的结果。统治者即使手中握有权力，就像百姓的债主一样，也应积德行善，而不要扰害百姓，否则会受到自然规律的惩罚。

老子特别强调用"德"和解重大的怨仇，也肯定还留下残余的怨恨，所以最好的办法，就是不要与人结下怨仇，统治者实行清静无为之政，辅助百姓而不干涉他们；给与百姓而不向他们索取；这样就不会积蓄怨仇，这便是治国行政的上策。向百姓征收了税赋，让百姓服了徭役以后再用仁政去和柔他们，这是治国行政的中策。通过严刑峻法对百姓肆意掠夺、肆意凌虐，这是最不明智的下策。

"有德司契，无德司彻"，司契是按照契约、法规办事，即按规定而行；司彻是指收税的人，当时有些收税人员常常利用自己手中的权力，漫天要价、中饱私囊，老子这里引用"司彻"是指贪得无厌、肆意妄为的行为。即有德的人按规律办事，不会肆意妄为，而无德的人，则反之而行。

哲理引申

战国之时齐国孟尝君田文好招揽门客，依附于他的人多达数千，一个叫冯谖的听说田文好客，便穿着草鞋远道而来投奔他。孟尝君接见他说："先生远道而来，有什么指教我的？"冯谖回答说："我听说您乐于养士，因为贫穷想归附您谋口饭吃。"孟尝君见冯谖没有表现出特别的才能，便有些轻视，没再说什么便把他安置在下等食客的住所里。

孟尝君的仆人都觉得冯谖是个混饭吃的，于是给他很差的饮食。不久，冯谖依着柱子弹剑高歌："长剑啊！我们回家吧！这里没有鱼可吃！"仆人向孟尝君汇报了这一情况，孟尝君下令提高冯谖的待遇，让他可以吃鱼。过不久，冯谖又倚柱弹剑："长剑啊！我们回家吧！出门没有车！"仆人都在笑他，又汇报给孟尝君，孟尝君下令提高冯谖的待遇，让他有车可乘。过了不久，冯谖再次倚柱弹剑："长剑啊！我们回家吧！这里无法养家活口！"仆人都觉得冯谖贪心不足，非常讨厌他。孟尝君问冯谖："先生有亲人吗？"冯谖说："家中有老母。"孟尝君于是派人供给冯谖的母亲生活用品。

一天，孟尝君征求可以替他至封邑薛地收债的人，冯谖自愿前往。孟尝君高兴地说："没想到先生还有这等才能，以前真是小看您了。"临行前，冯谖问：

[第七十九章] 天道无亲，常与善人

"债收完了，有什么东西要买呢？"孟尝君说："您看着我家里缺少什么就买点什么吧！"冯谖去了薛地，要欠债的人将债券全部拿出来，在核对完这些债券后，他下令将这些债券全部烧毁，称是孟尝君免去了人们的债务。薛地的百姓都高呼"万岁"。

冯谖便乘着车回去了，孟尝君奇怪他怎么如此快就回来了，于是问："先生买了什么回来呢？"冯谖说："您说家中缺什么买什么，我看您家中丰衣足食，犬马美女用之不尽，所以我买了'义'回来。"孟尝君吃惊地问："什么是买'义'呢？"冯谖说："您拥有薛地，却不爱惜百姓，而加以高利，人民苦不堪言。我于是伪造了您的命令，烧毁了所有的债券，百姓都欢呼万岁，这就是买'义'。"孟尝君听完后很不高兴，说："好了，先生请去休息吧！"

过了一年，齐湣王对孟尝君产生了疑忌，于是对他说："寡人不敢以先王之臣为臣！"于是削除了他的职位。孟尝君失落地回到封邑，人们听说孟尝君到来，感激他免去债务的恩德，都到路上去迎接他，夹道延绵好几里地，孟尝君这才明白冯谖市义的用心，彻底地佩服了他的先见之明。

有德的人不会会拿着契约来逼迫百姓，而会爱护百姓，冯谖正是明白了这个道理，才为孟尝君购买了义，让他在落魄之时也有安身之地。天道虽然无亲，但行善的人永远不会殆亡。

第八十章
小国寡民

老子心中的乌托邦，一幅充满田园气息的农村欢乐图，一个人民安居乐业的世外桃源：治理达到极致，人民饮食甘甜，服装美好，居所安适，安于纯朴的风俗。

原　文

小国寡民①。使有什伯之器而不用②；使民重死而不远徙③；虽有舟舆④，无所乘之；虽有甲兵⑤，无所陈之⑥。使人复结绳而用之⑦。至治之极。甘美食，美其服，安其居，乐其俗⑧，邻国相望，鸡犬之声相闻，民至老死不相往来。

注　释

①小国寡民：使国家变小，使人民稀少。

②使：即使。什伯之器：大而贵重的器具。

③重死：看重死亡，即不轻易冒着生命危险去做事。徙：迁移、远走。

④舆：车子。

⑤甲兵：武器装备。

⑥陈：陈列。即布阵打仗。

⑦结绳：文字产生以前，人们以绳记事。

⑧甘其食，美其服，安其居，乐其俗：人民饮食甘甜，服装美好，居所安

适,安于纯朴的风俗。

译 文

　　使国家变小,使人民稀少。即使有贵重的器具,也不使用;使人民重视死亡,而不向远方迁徙;有车有船,却没乘坐的需要;有武器装备,却没有用武之地;使人民再回复到远古结绳记事的自然状态之中。国家治理得好极了,人民饮食甘甜,服装美好,居所安适,安于纯朴的风俗。国与国之间互相望得见,鸡犬的叫声都可以听得见,但人民从生到死,也没有必要不互相往来。

经典解读

　　老子在本章的文字中塑造了一个他心目中的世外桃源,一个小国寡民的乌托邦。这里国家不大,人民稀少,生活资料充足却不奢侈,百姓安逸却不沉湎于享乐,国与国之间相邻,却没有争端。在这里百姓饮食甘甜,服装美好,居所安适,可以说是乐生安死,无忧无虑。

　　然而,也有人认为老子的思想是一种倒退,认为这是消极的复古,甚至认为老子希望人们"老死不相往来"是一种反社会的思想。这其实都是断章取义,是对老子思想的误解。老子之所以构建出这样一个乌托邦,是因为看到了当时战乱不断、民不聊生的现实。他一方面将现实和理想对比,通过理想中的美好来反衬现实中存在的种种黑暗和邪恶——这一切都是因为统治者不知道爱惜百姓、肆意妄为造成的。从而告诫统治者应采取无为而治的治理方式,不可任意干扰残害百姓。另一方面,他通过"小国寡民"的理想状态,希望能转变统治者争强争霸、武力扩张的错误观念。希望他们不要贪多求大,而是将教化百姓、爱惜百姓放在首位。

　　同样"老死不相往来",在老子的语境中并不是要人们断绝和其他人的关系,而是大家都安居乐业,过着衣食充足的生活,没必要互相往来、互相打扰。

　　老子"小国寡民"、"老死不相往来"的乌托邦理想既不反动,也不落后,而是具有极强的启示意义,对现代的社会建设、城市规范、资源分配都极具参考意义。

哲理引申

　　老子塑造了一个"小国寡民"的理想社会,这里"至治之极。甘美食,美其服,安其居,乐其俗,邻国相望,鸡犬之声相闻,民至老死不相往来。"数千年来不知引起了多少文人的幻想,从《列子》中描述的华胥氏之国,到《聊斋志异》中刻画的神仙居所,人们一直在寻找一个没有战乱、纷争的社会。

陶渊明是东晋时期最著名的大诗人,他是东晋大司马陶侃的后人,少年之时即抱有"大济于苍生"的宏伟愿望,可惜当时政治混乱,礼乐崩乱,陶渊明空有一腔抱负,却完全无法实现。开始,他做过州县里的小官,但其性格耿直、清正廉明,对污浊沉潾的官场氛围十分厌恶,不愿意屈膝权贵,因此仕途坎坷。

为了生存,也因为理想还没完全破灭,陶渊明在义熙元年(405年)最后一次做官,出任彭泽令。此时,他已过了"不惑之年"。但倔强的性格和正直的为人让他当官后与周围环境显得格格不入。有一次,县里派督邮来了解情况。同僚们告诉陶渊明说:那是上面派下来的人,应当穿戴整齐、恭恭敬敬地去迎接。陶渊明听后长长叹了一口气,感慨道:"我不愿为了小小县令的五斗薪俸,就低声下气去向这些家伙献殷勤。"说完,就辞掉官职,回家去了,从此永远脱离了官场。

在归乡之时,陶渊明写下了著名的《归园田居》,显示了自己宁愿贫贱,不愿与世俗同流合污的决心。此后,他一面读书为文,一面参加农业劳动。由于农田受灾,房屋又被火烧,他的家境越来越恶化。但他始终不愿向世俗低头,甚至连江州刺史送来的米和肉也坚拒不受。朝廷看重他的才华,曾征召他任著作郎,也被拒绝了。

陶渊明并非悲观厌世,他在自己的文章中构建着自己的理想社会,追求着自己的人生梦想。受到老子思想的启发,他在《桃花源记》中塑造了一个与世隔绝、淳朴安详的小村:"土地平旷,屋舍俨然,有良田美池桑竹之属。阡陌交通,鸡犬相闻。其中往来种作,男女衣着,悉如外人。黄发垂髫,并怡然自乐。"这几乎是对老子"小国寡民"的理想社会的详细描述。

然而,这么一个美好的地方却"不复得路"、"遂无问津者"。也许这正是陶渊明的感悟,正是他心中的悲哀。桃源这样的理想所在只能存在于文学作品之中,在欲望肆虐、贪虐横行的当时,根本无法实现。陶渊明在贫病交加中离开了人世。然而,他笔下的在现实中并不存在的桃源,却为后世文人提供了一处灵魂的寄托。李白《古风》诗曰:"一往桃花源,千春隔流水。"杜甫《北征》

诗说:"缅思桃源内,益叹身世拙。"明代张煌言《赠卢牧舟大司马》诗:"并州正有来苏望,忍说桃源可避秦。"桃花源便是陶渊明为后人留下的宝贵的精神财富,这里不仅有恬静、安宁的生活,也有独立、自由的人格,它让千百年中的理想者在此休憩心灵,在此获得慰藉。

老子"小国寡民"、"老死不相往来"的理想社会在现实中可能很难实现,但老子所提到的美好品质——不争守下、戒骄戒躁、寡言厚德等,都是人们可以亲身践行的。只要努力做到如此,何处又不是桃源呢?

第八十一章
为而不争

《道德经》的结语，人生主旨、治世要义皆在此中。老子最后一次告诫世人：坚守虚空，甘居下位，利民而不害，善为而不争，不要被美言所迷惑，不要为虚名而逞巧，不要为虚荣而炫耀。

原 文

信言不美①，美言不信。善者不辩②，辩者不善。知者不博③，博者不知。圣人不积④，既以为人己愈有⑤，既以与人己愈多⑥。天之道，利而不害⑦。圣人之道⑧，为而不争。

注 释

①信言：真实可信的话。

②善者：有德的人。辩：巧辩、能说会道。

③博：向别人展示自己渊博。

④圣人不积：有道的人不自私，没有占有的欲望。

⑤既以为人己愈有：已经把自己的一切用来帮助别人，自己反而更充实。

⑥多：与"少"相对，此处意为"丰富"。

⑦利而不害：利养万物而不伤害它们。

⑧圣人之道：圣人的行为准则。

译 文

真实可信的话不漂亮，漂亮的话不真实。有德的人不巧辩，巧辩的人德行不完满。真正有智慧的人不卖弄，卖弄自己懂得多的人不是真有智慧。圣人是不存占有之心的，而是尽力照顾别人，他自己也更为充足；他尽力给予别人，自己反而更丰富。自然的规律是利养万物而不害。圣人的行为准则是，有所作为而不争。

经典解读

"信言不美，美言不信"。真实的话语是朴质而不华丽的，那些听起来华美的语言往往不是真实的。一方面，告诫世人要"言善信"。另一方面，也告诉人们，应回归于朴素，不要被华美的外表所迷惑。

"善者不辩，辩者不善"。大道是无言无声的，所以守道的圣人也不会夸夸其谈。他们"致虚极，守静笃"，用合乎道的行动，来教化世人。口舌是致祸之源，贺若弼多言身死，郦食其能说亡身，孔子说："巧言令色，鲜矣仁。"无论是个人还是国家的统治者，都应牢记"善者不辩"的道理。

"知者不博，博者不知"。真正的智者隐藏自己的智慧还来不及，哪能到处炫耀，自以为是呢？而如杨修一样的人，看似聪明实则愚钝。这是老子为人处世之道的一个总结。

"圣人不积，既以为人己愈有，既以与人己愈多。天之道，利而不害。圣人之道，为而不争。"圣人以天下百姓之心为心，不会为了满足自己的贪欲而积聚财富，取怨于人民。他们深明"载舟覆舟"之道，通过使百姓获利来自己获利，使百姓富足而保持自己不殆。他们有所作为却不胡作妄为，成功之后将功劳让与百姓，不居功自傲，因此百姓爱戴他们，尊崇他们，如水流向下一样归附于他们。这是老子治世之道的一个总结，即"利民"、"不争"。

哲理引申

大多数人都希望别人能了解自己的才能，钦佩自己的知识。只有真正的智者才能做到大智若愚，才能含光于内而不显。苏轼是中国古代文学上的天才，他诗词书画无所不通，在各个方面都取得了不俗的成绩，其为人洒脱豁达更是成为世人的典范，受到后世文人的敬仰钦佩。然而，在其年轻之时，也曾经喜欢炫耀才能，并因此受到过别人的捉弄。

苏轼和佛印和尚是好朋友，两人经常相互开玩笑，捉弄对方。一次二人游玩，苏轼笑着问佛印看自己像什么，佛印回答说："我看你像佛。"苏轼哈哈大笑，佛印问他为何发笑，苏轼回答道："你看我像佛，我看你像狗屎！"说着又笑得直不起腰来。过了好一会儿，等他不笑了佛印说："相由心生，心中有什么就能看到什么。"苏轼才知道自己本想捉弄别人，却被别人捉弄了。

还有一次，苏轼悟出了一首禅诗："稽首天中天，毫光照大千。八风吹不动，端坐紫金莲。""八风"是指人们生活中常遇到的"称、讥、毁、誉、利、衰、苦、乐"八种境况。他觉得自己的体悟很深，于是立刻让童子过江拿去给佛印禅师看。佛印看完后，知道这是苏轼在向他炫耀自己的文采，于是想捉弄一下他，立刻题了四个字，让童子送给苏轼。苏轼打开一看，竟然是"放屁！放屁！"四字。他立刻起身，前去同佛印理论。

苏轼见面就嚷道："禅师！我的诗，你看不上没关系，也不能侮辱人呀！"佛印平静地说："我什么时候侮辱你啦？"苏轼拿出纸说："今天你一定要给我个说法！"禅师顿时哈哈大笑起来："你不说'八风吹不动'吗！怎么'一屁就打过江'了呢？"苏轼听后十分羞愧，知道自己的修为还不够。

苏轼在朝廷当官之时，一次去拜访王安石，恰好王安石不在，苏轼就在书房中等待，他看到桌上摆着一首只写了两句尚未写完的诗——"明月枝头叫，黄狗卧花心。"苏轼瞧了又瞧，觉得王安石真是乱写，明月怎能在枝头叫呢？黄狗又怎么会在花心上卧呢？于是提笔一改，将诗句改为："明月当空照，黄狗卧花荫。"

王安石回来后，见到苏轼改他的诗极为不满，就将他贬到合浦。苏轼知道自己没有别的过错，觉得王安石真是小心眼儿。一天，他出外散步，见一群小孩子围在一堆花丛前猛喊"黄狗罗罗"。苏轼出于好奇心，走过去问小孩喊什么。小孩说："我们叫虫子快点出来，好捉它。"苏东坡凑近花前一看，见有几条芝麻大的小虫在花蕊里蠕动。问小孩这是什么虫？小孩说："黄狗虫。"苏轼离开花丛，听到不远处树上一阵清脆的鸟叫声，问旁人："这是什么鸟叫？"旁人答道："这叫明月鸟。"此刻苏东坡才恍然大悟，知自己自以为是，改错了王安石的诗，所以王安石才给自己一个教训。

经过这些戏弄和教训以后，苏轼开始变得内敛，不再故意在人前显摆，并写了一首诗"人皆养子望聪明，我被聪明误一生。唯愿吾儿愚且鲁，无病无灾到公卿"来表达自己守愚不骄的思想。